135 ΜΥΘΟΙ
ΤΟΥ ΑΙΣΩΠΟΥ

Εξώφυλλο: *Νίκος Μαρουλάκης*
Εικονογράφηση: *Μιχάλης Βενετούλιας*
Διόρθωση κειμένου: *Νέστορας Χούνος*

Δ. Α. ΠΑΠΑΔΗΜΗΤΡΙΟΥ Α.Β.Ε.Ε.
Κηφισού 85, 12241 ΑΘΗΝΑ
Η παρούσα 12η έκδοση 2001
Τηλ.: 34.59.321 - 34.55.276
e-mail: agyra@agyra.gr • www.agyra.gr

ISBN: 960-234-143-2

ΛΟΓΟΤΕΧΝΙΚΗ ΒΙΒΛΙΟΘΗΚΗ

135 ΜΥΘΟΙ ΤΟΥ ΑΙΣΩΠΟΥ

Διασκευή
Γ. ΤΣΟΥΚΑΛΑ

αγκυρα

Ο Βοριάς κι ο Ήλιος

Μια φορά, ο Ήλιος κι ο Βοριάς έπιασαν μια μεγάλη συζήτηση για το ποιος από τους δυο ήταν ο δυνατότερος.

– Εγώ, έλεγε ο Ήλιος.

– Όχι, εγώ, έλεγε ο Βοριάς.

Κι είχαν τόσο πείσμα, ώστε κανένας τους δεν υποχωρούσε μπροστά στον άλλον.

Έτσι όμως, δεν έβγαινε συμπέρασμα, ούτε θα 'βγαινε ποτέ, τόσο πεισματάρηδες που ήταν κι οι δυο τους.

–Σου προτείνω ένα στοίχημα! είπε τέλος ο Βοριάς.

–Τι στοίχημα; ρώτησε ο Ήλιος.

–Να διαλέξουμε στην τύχη έναν άνθρωπο κι όποιος από τους δυο μας καταφέρει και τον γδύσει, εκείνος θα 'ναι ο δυνατότερος.

–Το δέχομαι το στοίχημα! είπε ο Ήλιος.

Σε λίγο, φάνηκε στον κάμπο ένας άνθρωπος, που πήγαινε ολομόναχος.

Άρχισε τότε, ο Βοριάς, να φυσάει δυνατά.

Ο διαβάτης έσκυψε το κεφάλι του και σταύρωσε τα χέρια του

πάνω στο στήθος, για να προφυλαχτεί από τον αέρα.

Ο Βοριάς φύσηξε πιο δυνατά κι ο διαβάτης, κούμπωσε το ρούχο του κι επειδή ο Βοριάς δυνάμωνε το φύσημά του, ο καημένος ο άνθρωπος έβγαλε μια μάλλινη κουβέρτα, που την κουβαλούσε σ' ένα σακί, και τυλίχτηκε μ' αυτήν, για να μην ξεπαγιάσει.

Όσο πιο δυνατά φυσούσε ο Βοριάς, τόσο πιο σφιχτά τυλιγότανε στην κουβέρτα του ο διαβάτης.

Στο τέλος, ο Βοριάς βαρέθηκε κι έπαψε να φυσάει. Γύρισε στον Ήλιο και του είπε:

– Η σειρά σου τώρα να δοκιμάσεις να τον γδύσεις.

Ο Ήλιος πρόβαλε στον ουρανό, μόλις σταμάτησε να φυσάει ο Βοριάς, κι αμέσως ο διαβάτης έβγαλε από πάνω του την κουβέρτα και την έβαλε στο σακί.

Δυνάμωσε τη λάμψη του ο Ήλιος κι ο διαβάτης ξεκούμπωσε το ρούχο του.

Αλλ' ο Ήλιος δυνάμωνε όλο και πιο πολύ τη λάμψη του κι ο διαβάτης, που είχε αρχίσει να ιδρώνει, άρχισε να βγάζει ένα - ένα τα ρούχα του, ώσπου, στο τέλος απόμεινε ολόγυμνος και κοιτούσε δεξιά κι αριστερά, μήπως δει κανένα δέντρο για να πάει να ξαπλωθεί στον ίσκιο του.

Επειδή όμως δεν έβρισκε δέντρο, έπεσε στο ποτάμι, που περνούσε εκεί κοντά κι έμεινε στο νερό, ώσπου ο Ήλιος, σιγά - σιγά, λιγόστεψε τη λάμψη του.

– Εσύ είσαι ο δυνατότερος! παραδέχτηκε ο Βοριάς, αποχαιρετώντας τον Ήλιο.

Ο Δουλευτάρης κι ο Ακαμάτης

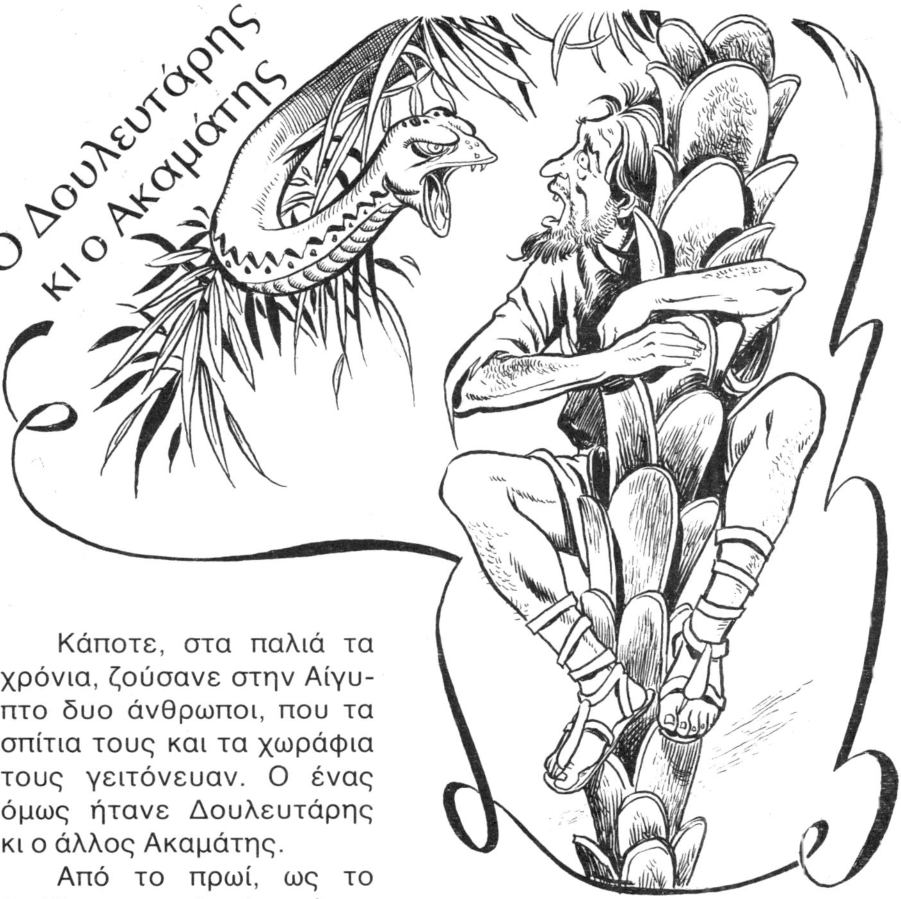

Κάποτε, στα παλιά τα χρόνια, ζούσανε στην Αίγυπτο δυο άνθρωποι, που τα σπίτια τους και τα χωράφια τους γειτόνευαν. Ο ένας όμως ήτανε Δουλευτάρης κι ο άλλος Ακαμάτης.

Από το πρωί, ως το βράδυ, ο Δουλευτάρης όργωνε τα χωράφια του, έσπερνε, σκάλιζε, πότιζε, θέριζε, ανάλογα με την εποχή που ήτανε, κι όταν τελείωνε τη δουλειά του στα χωράφια και γυρνούσε στο σπίτι του, κάτι έβρισκε κι εκεί να κάνει: πότε διόρθωνε το αλέτρι του, πότε κάρφωνε κανένα παράθυρο, που είχε σπάσει, πότε περιποιότανε τις κότες του, πότε σκάλιζε τα λαχανικά του. Όλο δούλευε κι όλο πρόκοβε και, σιγά - σιγά, έγινε ο πιο πλούσιος του τόπου.

Ο γείτονάς του όμως, ο Ακαμάτης, έβρισκε πάντοτε προφάσεις για να μη δουλέψει. Το πρωί δεν ξυπνούσε χαράματα, όπως ο Δουλευτάρης, αλλά κοιμόταν ώσπου ο ήλιος ανέβαινε ένα κοντάρι στον ουρανό, γιατί έλεγε πως, όσο περισσότερο κοιμότανε, τόσο ξεκούραστος θα 'ταν και τόσο πιο καλά θα δούλευε στο χωράφι του. Αλλά όταν έφτανε στο χωράφι, κόντευε πια μεσημέρι κι έτσι, ως το βράδυ, δεν πρόφταινε να κάνει πολλά πράγματα. Και το χωράφι του δεν έδινε ούτε καλό, ούτε πολύ καρπό. Κι έτσι, χρόνο με το χρόνο, γινότανε φτωχότερος, ώσπου έγινε ο πιο φτωχός του τόπου.

Ζήλευε λοιπόν το γείτονά του τον Δουλευτάρη κι έλεγε πως εκείνος ήτανε μάγος κι έκανε μάγια στα δικά του τα χωράφια να δίνουν πολύ καρπό, και στο χωράφι του γείτονά του να μη δίνει καθόλου.

Μια μέρα, οι δυο γείτονες συζητούσαν για τις σοδειές τους κι επειδή ο Δουλευτάρης είπε ότι μόνο με τη δουλειά προκόβει κανείς, ο Ακαμάτης θύμωσε και, σηκώνοντας το τσεκούρι του, τον χτύπησε στο κεφάλι και τον σκότωσε.

Οι συγγενείς του Δουλευτάρη έτρεξαν να τον σηκώσουν κι όταν είδαν πως ήταν πια πεθαμένος, άρχισαν να κυνηγούνε το φονιά.

Αλλ' ο Ακαμάτης είχε προχωρήσει πολύ και τους ξέφυγε, τρέχοντας προς το Νείλο.

Στρέφοντας πίσω του είδε πως οι συγγενείς του σκοτωμένου ήταν ακόμη μακριά, αλλ' έτρεχαν κι αυτοί προς το ποτάμι. Θέλησε τότε να εξακολουθήσει το δρόμο του αλλά, ξαφνικά, είδε να παρουσιάζεται ένας λύκος.

Φοβήθηκε πως ο λύκος θα τον φάει, γιατί δεν είχε κανένα όπλο μαζί του για να τον χτυπήσει.

Καθώς κοιτούσε γύρω του με απελπισία, για να βρει τρόπο να σωθεί, πρόσεξε μια ψηλή χουρμαδιά, που βρισκότανε στην όχθη του Νείλου και που τα μεγάλα, πλατύφυλλα κλαδιά της έγερναν πάνω από τον ποταμό.

—Σώθηκα! μουρμούρισε. Τώρα θα γλιτώσω κι από το λύκο κι από τους ανθρώπους!

Κι έτρεξε προς τη χουρμαδιά, σκαρφάλωσε στον κορμό της και, σιγά - σιγά, ανέβηκε ως τα πρώτα κλαδιά και κρύφτηκε μέσα στα πλατιά φυλλώματα.

Ο λύκος, βλέποντας ότι του ξέφυγε ο άνθρωπος, έτρεξε κι αυτός να φύγει, για να βρει κανένα άλλο κυνήγι.

Ξαφνικά, ο φονιάς άκουσε κάτι να σέρνεται μέσα στα κλαδιά πάνω από το κεφάλι του. Κοιτάζει, και τι να δει: Ένα θεόρατο φίδι σερνόταν ανάμεσα από τα κλαδιά, σφυρίζοντας.

Κοίταξε κάτω τρομαγμένος: ο λύκος είχε φύγει, αλλ' οι συγγενείς του σκοτωμένου πλησίαζαν τρέχοντας κι ασφαλώς θα τον έβλεπαν, όταν κατέβαινε από το δέντρο, και θα τον έπιαναν. Κι ήξερε πως, άμα έπεφτε στα χέρια τους, ήτανε χαμένος!

Να μείνει στο δέντρο, δεν μπορούσε, γιατί το φίδι πλησίαζε. Τότε σκέφτηκε το ποτάμι:

—Θα πηδήσω στο νερό, μουρμούρισε, και θα βγω, κολυμπώντας, στην αντικρινή όχθη.

Και πήδησε αμέσως στο νερό.

Αλλ' ο Νείλος είναι γεμάτος κροκόδειλους κι ένας απ' αυτούς, μόλις είδε τον άνθρωπο να πέφτει, όρμησε απάνω του, άνοιξε το τεράστιο στόμα του και τον έκοψε στη μέση!

Κι έτσι, ο φονιάς βρήκε την τιμωρία του.

Το Παιδί που έκλεβε κι η Μητέρα του

Κάποτε ένα παιδί μικρό έκλεψε από το σχολείο την πλάκα ενός άλλου παιδιού και, το μεσημέρι, όταν γύρισε στο σπίτι, την έδειξε στη μητέρα του.

–Πού τη βρήκες; το ρώτησε εκείνη.

–Στο σχολείο μου, αποκρίθηκε το παιδί.

–Σε ποιο μέρος στο σχολείο σου;

–Την είχε αφήσει ένα άλλο παιδί κι εγώ του την πήρα χωρίς να με καταλάβει!

–Μπράβο! είπε η μητέρα ενθουσιασμένη. Φαίνεσαι έξυπνος.

Γιατί πίστευε πως ήταν εξυπνάδα που το παιδί της πήρε την ξένη πλάκα χωρίς να το καταλάβει ο συμμαθητής του.

Ύστερα από λίγο καιρό, της πήγε στο σπίτι ένα πανωφόρι παιδικό.

–Πού το βρήκες; το ρώτησε η μητέρα του.

–Στο σχολείο, αποκρίθηκε το παιδί.

–Σε κατάλαβαν που το πήρες;

–Όχι. Το 'κρυψα κάτω από το δικό μου κι έκανα κι εγώ πως ψάχνω να το βρω, μαζί με τ' άλλα τα παιδιά.

—Μπράβο! είπε η μητέρα ενθουσιασμένη. Φαίνεσαι έξυπνος.

Γιατί πίστευε πως ήταν εξυπνάδα που το παιδί της πήρε το ξένο πανωφόρι, χωρίς να το καταλάβουν, το έκρυψε κάτω από το δικό του, κι έπειτα έκανε πως έψαχνε να το βρει μαζί με τ' άλλα τα παιδιά.

«Το παιδί μου είναι πολύ έξυπνο και θα προκόψει στη ζωή!», έλεγε μέσα της.

Κι ήταν κατενθουσιασμένη που είχε ένα τόσο έξυπνο παιδί κι ο ενθουσιασμός της, όσο περνούσε ο καιρός, μεγάλωνε πιο πολύ, γιατί ο γιος της κουβαλούσε στο σπίτι όλο και περισσότερα πράγματα κλεμμένα.

Το παιδί μεγάλωσε, έγινε άντρας κι είχε γίνει ο πιο επιτήδειος κλέφτης της πολιτείας.

Κάποτε όμως τον έπιασαν, την ώρα που λήστευε ένα σπίτι, τον δίκασαν και τον καταδίκασαν σε θάνατο.

Την ώρα που τον έσερναν δεμένο για να τον πάνε στον τόπο, όπου ο δήμιος θα του 'κοβε το κεφάλι, η μητέρα του έτρεχε πίσω από τη συνοδεία κι έκλαιγε, χτυπώντας το στήθος της με απελπισία.

—Γιε μου! Πού σε πάνε; Γιε μου! Πού σε πάνε; φώναζε απελπισμένα.

Τότε ο κατάδικος σταμάτησε και παρακάλεσε εκείνους που τον φύλαγαν να τον αφήσουν να πει κάτι κρυφά στη μητέρα του.

Εκείνοι δέχτηκαν, μια που λίγη ώρα είχε ακόμα να ζήσει.

Τότε ο κατάδικος έσκυψε, τάχα να πει κάτι στ' αυτί της μητέρας του και της το ξερίζωσε με τα δόντια του.

—Δεν ντρέπεσαι, καταραμένο παιδί! φώναξε εκείνη, ουρλιάζοντας από τους πόνους. Δεν σου φτάνουν τόσα εγκλήματα που έκανες, μόνο φέρνεσαι έτσι και στη μητέρα που σε γέννησε;

—Εσύ φταις για το κατάντημά μου! της αποκρίθηκε ο κατάδικος. Αν με μάλωνες όταν έκλεψα για πρώτη φορά εκείνη την πλάκα και σου την έφερα, σήμερα δε θα με πήγαιναν να μου κόψουν το κεφάλι.

Η Αλκυόνα

Η αλκυόνα, το πουλί, ζούσε πρώτα στα δάση και στις λαγκαδιές, αλλά την κυνηγούσαν τόσο πολύ οι άνθρωποι, ώστε αποφάσισε να φύγει από κει.

Διάλεξε λοιπόν τα πιο ερημικά μέρη, για να στήσει τη φωλιά της, αλλά πουθενά δεν έβρισκε την ησυχία της, γιατί πάντοτε κάποιος άνθρωπος θα περνούσε από κείνο το ερημικό μέρος και θα της χαλούσε τη φωλιά, για να πάρει τα πουλάκια της.

Είδε κι απόειδε η καημένη η αλκυόνα κι έφυγε κι από κει.

Καθώς πετούσε, ψάχνοντας να βρει μέρος ήσυχο κι ερημικό, για να χτίσει τη φωλιά της, έφτασε σ' ένα μακρόστενο ακρωτήρι, που προχωρούσε βαθιά στη θάλασσα. Το ακρωτήρι ήταν ένας βράχος, χωρίς καμιά πρασινάδα απάνω του κι η αλκυόνα σκέφτηκε πως σ' αυτό το μέρος, σίγουρα δεν θα 'ρχονταν ποτέ οι άνθρωποι.

Έφτασε λοιπόν, πετώντας, ως τη μύτη του ακρωτηριού κι εκεί είδε ένα ψηλό λιθάρι, που ορθωνόταν άκρη - άκρη στη θάλασσα.

«Εδώ θα είμαι ασφαλισμένη από τους ανθρώπους», σκέφτηκε η αλκυόνα.

Πέταξε λοιπόν στο δάσος, μάζεψε φρύγανα κι έστησε στην κορυφή του λιθαριού, τη φωλιά της. Εκεί μέσα γέννησε τα αυγά της και κάθισε να τα κλωσήσει.

Όταν έσπασαν τ' αυγά και φάνηκαν τα κεφαλάκια των πουλιών, η αλκυόνα τρελάθηκε από τη χαρά της.

Όλο πετούσε στο δάσος, για να βρει σκουληκάκια και μύγες, να ταΐσει τα πουλάκια της, κι εκείνα είχαν ολοένα ανοιχτά τα ράμφη τους, γιατί ήταν αχόρταγα. Αλλ' η αλκυόνα δεν κουραζότανε να πετάει για να τους βρει τροφή, γιατί χαιρότανε, που τα πουλάκια της θα μεγάλωναν ήσυχα - ήσυχα, χωρίς κανένα φόβο μήπως της τ' αρπάξουν οι άνθρωποι.

Μια μέρα όμως, που έλειπε στο δάσος για να πιάσει μύγες και σκουλήκια, φύσηξε άνεμος δυνατός, η θάλασσα φουρτούνιασε και σηκώθηκαν κύματα πελώρια, που σκέπασαν το λιθάρι της ακτής και σάρωσαν τη φωλιά με τα πουλάκια.

Όταν γύρισε αργότερα η αλκυόνα κι είδε την καταστροφή, κάθισε και κελάηδησε πικρά.

—Δυστυχία μου! έλεγε. Έφυγα από τη στεριά, όπου όλοι με κυνηγούσαν, κι ήρθα στη θάλασσα, μα κι αυτή μου στάθηκε άπιστη.

Λιοντάρι και Ποντίκι

Μια φορά, ένα λιοντάρι κοιμότανε στη σπηλιά του. Είχε φάει αποβραδίς ένα βόδι ολόκληρο, είχε πιει μπόλικο νερό και τώρα είχε βυθιστεί στον ύπνο κι έβλεπε όνειρα λιονταρίσια.

Ξαφνικά, ένιωσε στον ύπνο του πως κάτι το γαργαλούσε, σαν να περπατούσε κάποιος –πολύ ελαφρά, είναι αλήθεια– πάνω στο κορμί του.

Άνοιξε τα μάτια του και τι να δει; Ήταν ένα ποντίκι!

Θύμωσε τότε το λιοντάρι, που ένα τόσο ταπεινό και μικρούλικο ζωάκι τόλμησε να του χαλάσει την ησυχία του κι αρπάζοντάς το με το πόδι του, ετοιμάστηκε να το χάψει.

Αλλά το ποντικάκι άρχισε να παρακαλάει, κλαίγοντας.

–Άφησέ με, βασιλιά μου, να ζήσω, κι εγώ μπορεί μια μέρα να σου ξεπληρώσω την καλοσύνη που θα μου κάνεις!

Το λιοντάρι, που ήτανε πια χορτάτο και δεν μπορούσε να φάει ούτε έναν ποντικό, γέλασε με τα λόγια που άκουσε κι είπε:

–Σου χαρίζω τη ζωή, μόλο που ποτέ δεν θα μπορούσες εσύ να με βοηθήσεις!

Το ποντικάκι τον ευχαρίστησε και το 'βαλε στα πόδια.

Πέρασε καιρός, και το λιοντάρι είχε ξεχάσει και το ποντικάκι και το επεισόδιο.

Κάποτε, όμως, ο βασιλιάς των αγριμιών έπεσε σ' ένα λάκκο - παγίδα, που είχαν ανοίξει κάποιοι κυνηγοί, κι εκείνοι του έδεσαν τα πόδια με χοντρά σχοινιά και τ' άφησαν για να πάνε στο χωριό τους να φέρουν κι άλλους ανθρώπους, να τους βοηθήσουν για να το κουβαλήσουν, επειδή ήταν πολύ βαρύ.

Ύστερα από λίγη ώρα, έτυχε να περνάει από κει ο ποντικός κι άκουσε βογκητά.

Κατέβηκε τότε στο λάκκο, είδε το δεμένο λιοντάρι και το γνώρισε.

—Κάποτε μου χάρισες τη ζωή, του είπε. Τώρα θα σου ξεπληρώσω την καλοσύνη σου και θα σ' ελευθερώσω.

—Εσύ θα μ' ελευθερώσεις; ρώτησε απορώντας το λιοντάρι. Πώς είναι δυνατό;

—Τώρα θα δεις! είπε το ποντίκι.

Κι άρχισε, με τα σουβλερά δόντια του, να ροκανίζει τα χοντρά σχοινιά, που έδεναν τα πόδια του λιονταριού.

Ύστερα από τρεις - τέσσερις ώρες, τα σχοινιά ήταν κομμένα και το λιοντάρι μπόρεσε, μ' ένα πήδημα, να βγει από το λάκκο - παγίδα.

Δεν έφυγε όμως αμέσως, γιατί περίμενε να σκαρφαλώσει και το ποντίκι απάνω, μια που αυτό δεν μπορούσε να βγει μ' ένα πήδημα.

—Σ' ευχαριστώ πολύ! του είπε συγκινημένο το λιοντάρι.

—Σου είχα υποσχεθεί πως θα ξεπλήρωνα την καλοσύνη που μου έκανες, και κράτησα την υπόσχεσή μου, αποκρίθηκε το ποντίκι. Τότε γέλασες μαζί μου, γιατί δεν πίστευες ότι εγώ, ένα μικρό κι αδύνατο ποντίκι, θα μπορούσα να βοηθήσω εσένα, το βασιλιά των αγριμιών. Πρέπει να ξέρεις, όμως, πως κι οι πιο αδύνατοι μπορούν να ξεπληρώσουν το καλό που τους κάνουν οι δυνατότεροί τους.

Ο Σκύλος, ο Πετεινός κι η Αλεπού

Ένας σκύλος κι ένας πετεινός, που κακοπερνούσαν στο σπίτι του αφεντικού τους, είχανε πιάσει μεγάλη φιλία και συχνά έλεγε ο ένας στον άλλον τα βάσανά του.

Μια μέρα, ο σκύλος, που είχε φάει ξύλο από το αφεντικό του, είπε στο φίλο του τον πετεινό:

– Δεν είναι ζωή αυτή που κάνουμε εδώ μέσα.

– Είδα τι ξύλο έφαγες και σε λυπήθηκα, του λέει ο πετεινός.

– Εγώ λέω να φύγουμε. Τι λες; Έρχεσαι μαζί μου;

– Πού να πάμε;

– Όπου να 'ναι, φτάνει να μην έχουμε αυτό το αφεντικό, που μας βασανίζει.

– Καλή είναι η ιδέα σου, αλλά πώς θα ζήσουμε;

– Σκέφτηκα να πάμε στο δάσος να ζήσουμε, μαζί με τ' αγρίμια και τ' αγριοπούλια. Εγώ θα κυνηγάω και συ θα βοσκάς. Θα τρώμε καλύτερα από δω!

– Και δεν θα 'χουμε και το αφεντικό πάνω από το κεφάλι μας.

– Καλά το σκέφτηκες. Πότε λες να φύγουμε;

—Τα ξημερώματα. Την ώρα που θα φωνάξεις εσύ το πρώτο «κουκουρίκου», θα 'ρθω να σε πάρω.

—Σύμφωνοι! είπε ο πετεινός.

Νύχτα ακόμα, προτού ξημερώσει, λάλησε ο πετεινός κι ο σκύλος πήγε και τον βρήκε.

—Πάμε! του είπε.

Πήδησαν από τη μάντρα του σπιτιού, πέρασαν, τρέχοντας, το χωριό, και την ώρα που έβγαινε ο ήλιος, είχανε φτάσει στο μεγάλο δάσος του βουνού.

—Τώρα είμαστε πια ελεύθεροι! γάβγισε χαρούμενα ο σκύλος.

—Κουκουρίκου! Κουκουρίκου! ξελαρυγγιάστηκε να λαλεί ο πετεινός.

Πέρασαν περίφημα, την πρώτη εκείνη μέρα της ελευθερίας τους.

Ο σκύλος έβγαλε κάτι αγριοκούνελα και πρόφτασε ν' αρπάξει δυο απ' αυτά, που τα' φαγε με πολλή όρεξη.

Ο πετεινός πάλι βρήκε σκουλήκια μπόλικα κι έφαγε όσο δεν είχε φάει ποτέ στη ζωή του ως τότε.

Όταν νύχτωσε, διάλεξαν ένα γέρικο κουφαλιασμένο δέντρο, για να περάσουν τη νύχτα τους.

Ο πετεινός κούρνιασε στο πιο ψηλό κλαδί του δέντρου κι ο σκύλος πλάγιασε μέσα στην κουφάλα του.

Προτού να ξημερώσει ακόμα, ο πετεινός ξύπνησε κι άρχισε να φωνάζει δυνατά:

—Κουκουρίκου! Κουκουρίκου!

Μια αλεπού, που τον άκουσε, παραξενεύτηκε, γιατί ποτέ ως τότε δεν είχε ακούσει λάλημα πετεινού μέσα στο δάσος.

Πήγε λοιπόν κάτω από το δέντρο, σήκωσε ψηλά το κεφάλι της κι είδε τον κουρνιασμένο πετεινό.

—Τι όμορφα που λαλείς! του είπε. Ποτέ μου δεν άκουσα τέτοιο λάλημα πετεινού. Κατέβα κάτω να σε φιλήσω!

—Η πόρτα είναι κλειδωμένη και το κλειδί το έχει ο πορτιέρης, της αποκρίθηκε ο πετεινός. Ξύπνησέ τον να σου το δώσει. Κοιμάται στο ισόγειο.

Η αλεπού ετοιμάστηκε να μπει στην κουφάλα, για να ξυπνήσει τον πορτιέρη, αλλ' ο σκύλος, που την είχε μυριστεί, πήδηξε απάνω της και την κυνήγησε.

Όσο κι αν ήτανε πονηρή η αλεπού, δεν μπόρεσε να πετύχει το σκοπό της, γιατί ο πετεινός, σαν φρόνιμος που ήταν, ήξερε πως δεν μπορούσε να τα βάλει μαζί της και την έστειλε στο φίλο του το σκύλο, που ήτανε πιο δυνατός.

Το ερωτευμένο Λιοντάρι κι ο Γεωργός

Ένας γεωργός είχε μια κόρη πολύ όμορφη, τόσο όμορφη, ώστε, μια μέρα, που είχε πάει στο δάσος για να μαζέψει χουρμάδες, την είδε ένα λιοντάρι και τα 'χασε από την ομορφιά της. Τα έχασε μάλιστα τόσο πολύ, ώστε, αντί να πηδήσει απάνω της και να την φάει, έμεινε ακίνητο και την θαύμαζε.

Την άλλη μέρα, η πεντάμορφη κοπέλα ξαναπήγε στο δάσος για χουρμάδες, άφοβη, γιατί πρόσεξε πως το λιοντάρι δεν έδειχνε σκοπό να την πειράξει.

Το λιοντάρι πάλι, όταν την ξαναείδε, στάθηκε να την κοιτάξει και κατάλαβε πως εκείνη η γυναίκα ήταν πιο όμορφη απ' όλες τις λιονταρίνες του δάσους και πως, αν ήτανε να παντρευτεί, μόνο αυτήν θα 'παιρνε γυναίκα του κι όχι καμιά λιονταρίνα.

Μέρα με την ημέρα, η αγάπη του για την κόρη του γεωργού μεγάλωνε και, στο τέλος, μη μπορώντας πια να κρατηθεί, της το είπε:

– Σ' αγαπώ και θέλω να γίνεις γυναίκα μου!

Η κοπέλα, για να μη δείξει πως τρόμαξε και για να μη θυμώσει το λιοντάρι και την φάει, του είπε:

—Αν με θέλεις γυναίκα σου, πρέπει να με ζητήσεις από τον πατέρα μου!

—Θα σε ζητήσω! υποσχέθηκε το λιοντάρι.

Κι επειδή η κοπέλα, που είχε τρομοκρατηθεί, δεν ξαναπήγε στο δάσος, το ερωτευμένο λιοντάρι ξεκίνησε και πήγε να βρει το γεωργό.

—Αγαπώ την κόρη σου και θέλω να την κάνω γυναίκα μου! του είπε.

Ο γεωργός τρόμαξε και δεν ήξερε τι να κάνει.

Ούτε να δώσει την κόρη του στο λιοντάρι ήθελε, αλλ' ούτε και να το διώξει τολμούσε.

—Θα της το πω της ίδιας, τραύλισε.

—Της το είπα εγώ κι εκείνη με συμβούλεψε να την ζητήσω από σένα, του εξήγησε το λιοντάρι.

—Ναι, έτσι γίνεται σ' εμάς τους ανθρώπους, είπε ο γεωργός. Αλλά συνηθίζουμε να ρωτάμε τα κορίτσια μας προτού δώσουμε το λόγο μας.

—Καλά! Θα 'ρθω αύριο, τέτοιαν ώρα, να πάρω την απάντησή σου! είπε το λιοντάρι.

Κι έφυγε, αφήνοντας ένα βροντερό βρυχηθμό, που έκανε το αίμα του γεωργού να παγώσει μέσα στις φλέβες του.

Όλη εκείνη τη νύχτα, ο καημένος ο γεωργός, δεν έκλεισε μάτι από την αγωνία του. Σκέφτηκε μάλιστα να πάρει την κόρη του και να φύγουν, αλλά φοβήθηκε μήπως τους παραφύλαγε το λιοντάρι και τότε πια δεν γλίτωναν από τα νύχια του και τα δόντια του.

Τέλος, πήρε μιαν απόφαση.

Όταν, την άλλη μέρα, ήρθε το λιοντάρι να τον βρει, του είπε χαμογελώντας με καλοσύνη:

—Η κόρη μου δέχεται να σε πάρει άντρα της, αλλά πρέπει να βγάλεις πρώτα τα δόντια σου και να κόψεις τα νύχια σου, γιατί έτσι όπως είσαι, σε φοβάται.

—Θα κάνω ό,τι μου ζητάει! υποσχέθηκε το λιοντάρι, που ήτανε τόσο πολύ ερωτευμένο, ώστε είχε χάσει πια τα λογικά του.

Και, πραγματικά, την άλλη μέρα, όταν ξαναπήγε στο σπίτι του γεωργού, δεν είχε ούτε νύχια, ούτε δόντια.

Τότε ο γεωργός, που δεν το φοβήθηκε πια, έπεσε απάνω του κι άρχισε να το χτυπάει με μιαν αξίνα τόσο δυνατά, ώστε το λιοντάρι, που δεν είχε πια δύναμη για ν' αντισταθεί, έπεσε κάτω και ψόφησε.

Οχιά και Νεροφίδα

Ζούσανε κάποτε, σε μιαν ερημιά, μια οχιά και μια νεροφίδα.

Η οχιά είχε τη φωλιά της σ' ένα βραχότοπο, κι όλη η περιφέρεια τριγύρω ήτανε δική της: Εκεί κυνηγούσε, εκεί έτρωγε, εκεί κοιμότανε, εκεί έπινε νερό σ' ένα μικρό αυλάκι νερού, που κυλούσε πάνω από το βουνό, ανάμεσα από τις πέτρες και τ' αγριόχορτα.

Η νεροφίδα πάλι ζούσε μέσα σε μια πηγή νερού, που έβγαινε από τη ρίζα ενός θεόρατου πλάτανου, μέσα στο πυκνό δάσος.

Όσο αγριότοπος ήτανε το μέρος όπου ζούσε η οχιά, τόσο καταπράσινο και δροσερό ήταν εκείνο όπου έμενε η νεροφίδα που, τις περισσότερες ώρες της, τις περνούσε μέσα στην πηγή του νερού, στη ρίζα του πλάτανου, που σχημάτιζε μια σωστή μικροσκοπική λιμνούλα, κι από κει χυνόταν, σ' ένα μικρό αυλάκι, κι έφτανε στην αγριοτοπιά της οχιάς.

Μια μέρα, η οχιά, που διψούσε και πήγε στ' αυλάκι να πιει νερό, το βρήκε τόσο βρώμικο, ώστε αηδίασε και δεν ήπιε. Διψούσε όμως και, για να ξεδιψάσει, αποφάσισε ν' ακολουθήσει το αυλάκι, ως την πηγή του, για να βρει νερό πιο καθαρό.

Σύρθηκε με την κοιλιά, όπως κάνουν όλα τα φίδια κι οι οχιές και, κατά το μεσημέρι, ήτανε στη ρίζα του πλάτανου, απ' όπου έβγαινε το νερό, σχηματίζοντας μια μικρή λιμνούλα, που θαρρείς κι ήταν από κρύσταλλο.

«Εδώ είναι καλά», σκέφτηκε η οχιά. «Εδώ θα 'ρχομαι να πίνω νερό και να κυνηγάω, κι έπειτα θα γυρίζω στη φωλιά μου για να κοιμάμαι».

Έσκυψε λοιπόν κι ήπιε πεντακάθαρο νερό, κι ευχαριστήθηκε.

Αλλά δεν ευχαριστήθηκε καθόλου η νεροφίδα, όταν την είδε να πίνει από το δικό της το νερό, όπου ζούσε ως τότε ολομόναχη.

–Άκουσε, κυρά οχιά, της είπε, αυτή η πηγή είναι δική μου και να μην ξανάρθεις να πιεις νερό από δω πέρα!

–Εγώ θα ξανάρθω και λέγε ό,τι θέλεις! αποκρίθηκε περιφρονητικά η οχιά.

Και πραγματικά, ξαναγύρισε την άλλη μέρα, κι όχι μόνο για να πιει νερό, αλλά και για να κυνηγήσει.

Η νεροφίδα έγινε έξω φρενών, όταν την είδε.

–Δεν φτάνει που πίνεις από το νερό μου, της φώναξε θυμωμένη, αλλά κυνηγάς και στην περιοχή μου! Να μην ξαναγίνει αυτό, τ' ακούς;

–Θα κάνω ό,τι θέλω! αποκρίθηκε η οχιά περιφρονητικά.

Και, πραγματικά, έκανε ό,τι ήθελε: κάθε μέρα ερχότανε στην περιοχή της νεροφίδας, κυνηγούσε, έπινε απ' το πεντακάθαρο νερό της πηγής κι έπειτα έφευγε, για να πάει στην ξεροτοπιά της να κοιμηθεί.

Η νεροφίδα δεν το βαστούσε αυτό. Όσα κι αν της έλεγε της οχιάς, εκείνη δεν άλλαζε γνώμη.

–Είμαι ελεύθερη να κυνηγάω όπου θέλω και να πίνω όποιο νερό μου αρέσει! έλεγε.

–Πώς εγώ δεν έρχομαι στην ξεροτοπιά σου και δεν πίνω νερό από τ' αυλάκι σου; τη ρωτούσε θυμωμένη η νεροφίδα.

–Γιατί δεν σου αρέσουν! της αποκρίθηκε η οχιά κοροϊδευτικά.

Τέλος, μια μέρα, αποφάσισαν να λύσουν τη διαφορά τους με μονομαχία. Όποια από τις δυο νικούσε, θα κυνηγούσε σ' εκείνη την περιοχή και θα 'πινε νερό από την πεντακάθαρη πηγή του πλάτανου.

Σ' εκείνη τη μικρή λιμνούλα της πηγής, ζούσανε και μερικοί

βάτραχοι, που δεν συμπαθούσαν καθόλου τη νεροφίδα, γιατί όλο στριφογύριζε μέσα στο νερό και τους χαλούσε την ησυχία τους.

Αποφάσισαν λοιπόν να υποστηρίξουν την οχιά, που θα έμενε αλλού και μόνο θα 'ρχότανε να ξεδιψάσει εκεί πέρα, κι έτσι θα είχαν ολότελα δική τους τη λιμνούλα.

– Έννοια σου, κυρά οχιά, και θα σε βοηθήσουμε! της είπαν.

Η οχιά κι η νεροφίδα άρχισαν τότε τη μονομαχία κι η καθεμιά προσπαθούσε να δαγκώσει την άλλη.

Οι βάτραχοι είχανε βγει από το νερό και παρακολουθούσαν τη μονομαχία φωνάζοντας μ' όλη τους τη δύναμη:

– Βρεκεκέξ! Κουάξ! Κουάξ!

Γιατί πίστευαν πως έτσι έδιναν θάρρος στην οχιά.

Όταν, στο τέλος, η οχιά νίκησε τη νεροφίδα, τα 'βαλε μαζί τους.

– Αυτή ήταν η βοήθεια που θα μου δίνατε; τους είπε.

– Εμείς δεν βοηθούμε με τα πόδια μας, αλλά με τη φωνή μας! της αποκρίθηκαν εκείνοι.

Η Καλιακούδα και τα Περιστέρια

Η καλιακούδα, που ζούσε στα χωράφια, παιδευόταν όλη μέρα να βρει κανένα σπόρο να φάει. Γιατί ήταν κι άλλες καλιακούδες, πεινασμένες όπως αυτή, σ' εκείνα τα χωράφια, κι έτσι δεν έβρισκαν αρκετή τροφή, για να χορτάσουν.

Πρόσεξε όμως η καλιακούδα πως τα περιστέρια, που ζούσαν στον περιστεριώνα του χωρικού, που είχε τα χωράφια, έτρωγαν κάθε μέρα πολύ, γιατί τα τάιζε καλά ο χωρικός.

Έσπαζε το κεφάλι της η καημένη η καλιακούδα για να καταλάβει γιατί τα περιστέρια τα τάιζε ο χωρικός, ενώ αυτήν την έδιωχνε με φωνές και με πέτρες από τα χωράφια του. Και, στο τέλος, νόμισε πως βρήκε το γιατί: τα περιστέρια ήταν άσπρα, ενώ αυτή δεν ήταν άσπρη!

«Πρέπει ν' ασπρίσω, για να με ταΐζει κι εμένα καλά», σκέφτηκε η καλιακούδα.

Και βάλθηκε να βρει τρόπο ν' ασπρίσει.

Μια μέρα, που κάποιος άλλος χωρικός έβαφε τις πόρτες του

σπιτιού του άσπρες, η καλιακούδα βουτήχτηκε μέσα στον κουβά με το χρώμα κι όταν βγήκε ήταν κάτασπρη.

Η χαρά της δεν περιγράφεται.

Πέταξε πρώτα πάνω σ' ένα δέντρο κι έμεινε εκεί, στον ήλιο, ώσπου στέγνωσε κι έπειτα, μαζί με τ' άλλα περιστέρια, χώθηκε κι αυτή στον περιστεριώνα. Τα περιστέρια δεν την κατάλαβαν κι έτσι την άφηναν να τρώει ελεύθερα από τους σπόρους, που τους έριχνε άφθονους ο χωρικός.

Τις πρώτες μέρες, η πεινασμένη καλιακούδα δεν σταματούσε να τρώει κι έτσι δεν έβγαζε μιλιά από το ράμφος της.

Όταν όμως χόρτασε την πείνα της, θέλησε κι αυτή να πιάσει συζήτηση με τα περιστέρια.

Αλλά, μόλις άνοιξε το στόμα της κι έβγαλε τον πρώτο κρωγμό, τα περιστέρια κατάλαβαν πως ήτανε ξένο πουλί κι έπεσαν όλα απάνω της κι άρχισαν να την ραμφίζουν.

Η δυστυχισμένη η καλιακούδα τρόμαξε να γλιτώσει από τις τσιμπιές τους και γύρισε στα χωράφια.

Αλλά, μόλις την είδαν εκεί οι άλλες καλιακούδες, δεν την άφησαν να τσιμπήσει ούτε ένα σπειρί, γιατί την πέρασαν για περιστέρι.

Έπεσαν, λοιπόν, κι αυτές απάνω της κι άρχισαν να την ραμφίζουν, ώσπου αναγκάστηκε να φύγει νηστική.

Το Κουνούπι και το Λιοντάρι

Μια μέρα, ένα κουνούπι στάθηκε αντίκρυ σ' ένα λιοντάρι και του είπε θαρρετά:

–Γιατί είσαι τόσο φαντασμένο και νομίζεις πως είσαι ο βασιλιάς όλων των ζώων και πως όλοι σε φοβούνται, ακόμα κι οι άνθρωποι; Εγώ, είμαι ένα μικρό κουνούπι κι ωστόσο δεν σε φοβάμαι.

–Εσύ δεν με φοβάσαι; ρώτησε γελώντας το λιοντάρι.

–Ναι, δεν σε φοβάμαι, ξαναείπε το κουνούπι. Άλλωστε, ποιά είναι η δύναμή σου, που καυχιέσαι γι' αυτήν; Ξέρεις και γρατσουνάς με τα νύχια σου και ξέρεις και δαγκώνεις με τα δόντια σου. Το ίδιο κάνει και μια γυναίκα, όταν μαλώνει με τον άντρα της. Εγώ, όμως, είμαι πιο δυνατό από σένα, κι αν δεν το πιστεύεις, έλα να πολεμήσουμε.

Το λιοντάρι τίναξε περιφρονητικά την ουρά του, αλλά δεν το πέτυχε. Και το κουνούπι, όλο ζουζούνιζε κοντά στ' αυτί του:

–Έλα να πολεμήσουμε και θα δεις ότι θα σε νικήσω.

Δεν κρατήθηκε πια το λιοντάρι και του είπε:

–Έλα λοιπόν να πολεμήσουμε, αφού το θέλεις.

Τότε το κουνούπι όρμησε απάνω του και το τσίμπησε στα ρουθούνια, εκεί που δεν υπήρχαν καθόλου τρίχες.

Το λιοντάρι πόνεσε, έβγαλε τη γλώσσα του, για ν' αρπάξει το κουνούπι, αλλ' εκείνο του ξέφυγε κι έπειτα κόλλησε πάλι απάνω στα ρουθούνια του.

Το λιοντάρι έγλειφε με τη γλώσσα τα πληγωμένα του ρουθούνια, χτυπούσε μανιασμένα τον αέρα με την ουρά του, πηδούσε σαν τρελό, αλλά το κουνούπι το τσιμπούσε ολοένα.

Έπειτα πέταξε πιο πέρα κι άρχισε να ζουζουνίζει χαρούμενο:

– Είδες πως δεν αξίζει τίποτα η δύναμή σου μπροστά στη δική μου; του έλεγε ειρωνικά.

Αλλά το λιοντάρι, που το έτσουζαν τα τσιμπήματα του κουνουπιού, δεν είχε όρεξη να συνεχίσουν τη συζήτηση, μόνο έφυγε τρέχοντας, για να χώσει το μουσούδι του στην κρύα πηγή, μήπως αλαφρώσουν οι πόνοι που ένιωθε.

Τότε πέταξε και το κουνούπι, περήφανο για την επιτυχία του.

Κι ήτανε τόσο περήφανο κι ευχαριστημένο που νίκησε το λιοντάρι, ώστε δεν πρόσεχε πού πετούσε κι έπεσε απάνω στο απλωμένο δίχτυ μιας αράχνης.

Από το δίχτυ εκείνο δεν μπόρεσε πια να ξεφύγει. Και καθώς η αράχνη πήγε κοντά του, για να το φάει, το δυστυχισμένο το κουνούπι άρχισε να κλαίγεται και να τα βάζει με τη μοίρα του:

– Είμαι άτυχο! έλεγε. Νίκησα το βασιλιά των ζώων και τώρα θα με φάει ένα τιποτένιο ζωύφιο, μια αράχνη!

Ο Βοσκός που αστειευόταν

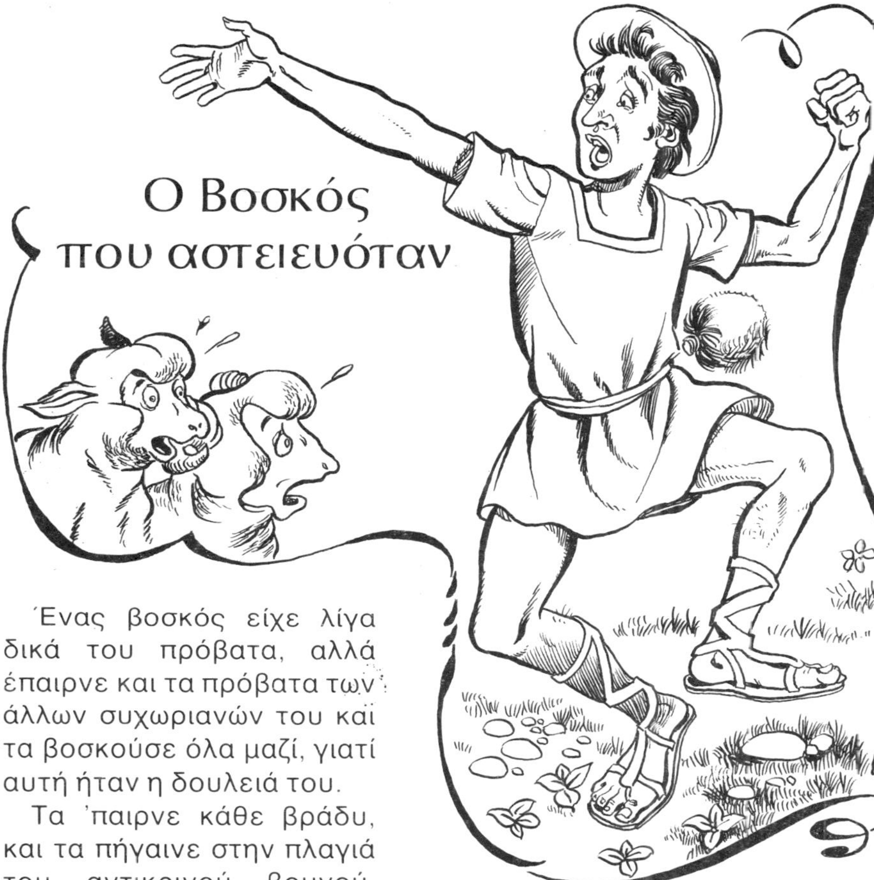

Ένας βοσκός είχε λίγα δικά του πρόβατα, αλλά έπαιρνε και τα πρόβατα των άλλων συχωριανών του καϊ τα βοσκούσε όλα μαζί, γιατί αυτή ήταν η δουλειά του.

Τα 'παιρνε κάθε βράδυ, και τα πήγαινε στην πλαγιά του αντικρινού βουνού, όπου το χωράφι ήταν παχύ και τα πρόβατα έβρισκαν να φανε όσο ήθελαν. Καθόταν εκεί όλη τη νύχτα και τα φύλαγε κι έπειτα, όταν έβγαινε ο ήλιος τα ξαναπήγαινε στο χωριό και τα 'κλεινε μέσα στο μαντρί για να ησυχάσουν.

Η δουλειά όμως που έκανε δεν του άρεσε. Όχι πως ήτανε κουραστική, γιατί, τις περισσότερες ώρες, καθότανε στη ρίζα κανενός δέντρου και έπαιζε τη φλογέρα του. Αλλ' από την πλαγιά του βουνού, όπου βρισκόταν, έβλεπε τα σπίτια του χωριού, βυθισμένα στο σκοτάδι με τα πορτοπαράθυρα κλειστά και σκεφτόταν πως, εκείνη την ώρα, οι συχωριανοί του κοιμόντουσαν ήσυχοι, κι αυτό τον έκανε να ζηλεύει. Γιατί, την ημέρα, που πήγαινε αυτός στο χωριό, δεν μπορούσε να κοιμηθεί τόσο ήσυχα, όσο θα κοιμόταν αν ήταν νύχτα. Ούτε πάλι μπορούσε να κοιμηθεί τη νύχτα, στο λιβάδι, γιατί φοβόταν μην πέσουν λύκοι στο κοπάδι και του το ρημάξουν.

Μια νύχτα, λοιπόν, εκεί που καθόταν και κοιτούσε από μακριά το χωριό, είπε μέσα του:

«Δεν είναι άδικο αυτοί να κοιμούνται κι εγώ να ξαγρυπνώ; Ας ξαγρυπνήσουν κι αυτοί μια βραδιά να δω πώς θα τους φανεί...».

Σηκώθηκε τότε απάνω κι άρχισε να φωνάζει όσο μπορούσε πιο δυνατά:

– Λύκοι! Λύκοι! Τρεχάτε, χωριανοί!...

Οι χωρικοί ξύπνησαν τρομαγμένοι από τις αγριοφωνάρες του κι έτρεξαν στην πλαγιά του βουνού, κρατώντας άλλος τουφέκι, άλλος αξίνα, άλλος ένα χοντρό ξύλο, για να διώξουν τους λύκους, προτού φάνε τα πρόβατά τους.

Όταν όμως έφτασαν στην πλαγιά, βρήκανε τα πρόβατα να βόσκουν ήσυχα και το βοσκό να στέκεται όρθιος και να τους περιμένει.

– Τι έπαθες; Πού είναι οι λύκοι; τον ρώτησαν λαχανιάζοντας από το τρέξιμο.

– Φοβήθηκαν από τις φωνές μου και κρύφτηκαν μέσα στο δάσος, τους εξήγησε ο βοσκός. Φοβάμαι όμως μην ξαναγυρίσουν...

– Θα μείνουμε ως το πρωί μαζί σου, του υποσχέθηκαν οι χωρικοί.

Και ξενύχτησαν μαζί του, χωρίς όμως να φανεί κανένας λύκος.

Ύστερα από λίγες μέρες, ο βοσκός, ένα βράδυ, έβαλε πάλι τις φωνές:

– Λύκοι! Λύκοι! Τρεχάτε, χωριανοί!

Πάλι έτρεξαν οι συχωριανοί του και πάλι δεν βρήκαν κανένα λύκο.

Ο βοσκός ήταν ευχαριστημένος με το παιχνίδι του.

Ένα βράδυ, όμως, παρουσιάστηκαν, πραγματικά, δυο λύκοι και τότε έβγαλε πιο δυνατές φωνές:

– Τρεχάτε, χωριανοί! Λύκοι! Λύκοι!

Αλλ' οι χωρικοί, μόλο που τον άκουσαν, προτίμησαν να συνεχίσουν τον ύπνο τους, παρά να κάνουν εκείνο τον κόπο άδικα, γιατί είχαν υποψιαστεί πως ο βοσκός τους κορόιδευε.

Οι λύκοι σκότωσαν καμιά δεκαπενταριά πρόβατα, τ' άλλα σκόρπισαν κι ο βοσκός γύρισε τρέμοντας κι ολομόναχος στο χωριό.

– Πού είναι τα πρόβατα; τον ρώτησαν οι χωρικοί σαστισμένοι.

– Τα 'φαγαν οι λύκοι, τους εξήγησε. Εγώ σας φώναζα, αλλά σεις δεν ήρθατε για να τους διώξουμε.

—Εσύ φταις, του είπαν θυμωμένοι οι χωρικοί. Μας είπες τόσες φορές ψέματα, ώστε, μια φορά που είπες την αλήθεια, δεν σε πιστέψαμε.

Το Λιοντάρι, η Αλεπού και το Ελάφι

Κάποτε, ένα λιοντάρι αρρώστησε βαριά και δεν μπορούσε πια να βγει, τη νύχτα, για να κυνηγήσει, μόνο έμενε, νύχτα και μέρα, πλαγιασμένο μέσα στη σπηλιά του.

Όλα τα ζώα του δάσους και της γύρω περιοχής, άγρια και ήμερα, χάρηκαν, όταν έμαθαν την αρρώστια του, γιατί το λιοντάρι τα κυνηγούσε όλα, κι όλα το φοβόντουσαν.

Και, φυσικά, κανένα ζώο δεν πήγαινε να δει το άρρωστο αγρίμι.

Μόνο μια γριά αλεπού, που η φωλιά της ήτανε κοντά στη σπηλιά, όπου έμενε το λιοντάρι, πήγαινε ταχτικά και το 'βλεπε.

—Πώς πας, λιοντάρι μου, σήμερα; το ρώτησε ένα πρωί, που πήγε να δει πώς είναι.

—Νιώθω μεγάλη αδυναμία, κυρά αλεπού μου! της αποκρίθηκε το λιοντάρι. Με τρώει κι η μοναξιά, γιατί κανένα ζώο δεν έρχεται να ρωτήσει πώς είμαι.

–Είναι όλα αχάριστα, λιοντάρι μου. Μην κοιτάς εμένα... Εγώ διαφέρω απ' όλα τ' αγρίμια. Δεν ξεχνάω ότι ποτέ δεν πείραξες καμιά κότα, ούτε πετεινό, γιατί ξέρεις ότι αυτά τα πουλερικά τα νοστιμεύομαι.

–Εσένα σ' εκτιμώ, κυρά αλεπού μου, και σου έχω εμπιστοσύνη. Κι αν δεν πεθάνω, θα το χρωστάω σ' εσένα...

–Τι θέλεις να πεις, λιοντάρι μου;

–Για να γιατρευτώ, κυρά αλεπού μου, πρέπει να φάω εντόσθια ελαφιού.

–Ώστε αυτό είναι το γιατρικό που σου χρειάζεται; Κρίμα που δεν μπορώ να σου βρω κανένα σκοτωμένο ελάφι, για να σου φέρω τα εντόσθιά του, να τα φας, να γίνεις καλά!

–Τώρα που είμαι άρρωστο, δεν είναι δυνατό να βρεις ελάφι σκοτωμένο, γιατί τα ελάφια τα σκοτώνουμε εγώ κι οι άνθρωποι. Και, καθώς ξέρεις, όταν οι άνθρωποι σκοτώνουν ένα ελάφι, δεν τ' αφήνουν στο δάσος, μόνο το κουβαλάνε στα σπίτια τους.

–Αυτό το ξέρω και γι' αυτό σου λέω ότι δεν θα μπορέσω να σου φέρω εντόσθια ελαφιού.

–Εσύ, όμως, με την εξυπνάδα σου, μπορείς να με βοηθήσεις...

–Πώς, λιοντάρι μου;

–Ξέρεις εκείνο το μεγάλο ελάφι, που ζει μέσα στο λόγγο;

–Και ποιος δεν το ξέρει;

–Ε, λοιπόν, πήγαινε να το βρεις και κατάφερέ το, με τα γλυκόλογά σου, να 'ρθει εδώ μέσα και τότε εγώ το σκοτώνω και τρώω τα εντόσθιά του.

–Πάω κι ελπίζω να τα καταφέρω! υποσχέθηκε η γριά αλεπού.

Έφυγε λοιπόν, τρέχοντας, από τη σπηλιά του λιονταριού και πήγε να βρει το ελάφι.

–Καλημέρα, ελάφι μου, του είπε όσο μπορούσε πιο τρυφερά. Τα 'μαθες τα νέα;

–Ποια νέα;

–Το λιοντάρι, ο βασιλιάς μας, πεθαίνει.

–Τόσο το καλύτερο, γιατί όλα τ' αγρίμια τα κυνηγούσε, αποκρίθηκε το ελάφι.

–Σ' αυτό έχεις δίκιο. Τ' άλλα τα νέα όμως δεν τα ξέρεις.

–Τι θέλεις να πεις;

–Είναι γείτονάς μου, καθώς ξέρεις, το λιοντάρι και, σαν γείτονας που είναι, μου τα λέει όλα. Μου είπε λοιπόν ότι, τώρα που είναι να πεθάνει, αποφάσισε να βάλει άλλο αγρίμι στη θέση του και να το κάνει βασιλιά.

–Και ποιο θα κάνει βασιλιά; ρώτησε περίεργο το ελάφι. Μήπως

το αγριογούρουνο;

—Όχι, γιατί είναι άμυαλο.

—Την αρκούδα;

—Αυτή όλο το χειμώνα πέφτει στον ύπνο και ξυπνάει την άνοιξη.

—Το λεόπαρδο;

—Θυμώνει με το παραμικρό, και δεν κάνει για βασιλιάς.

—Την τίγρη;

—Αυτή είναι πολύ φαντασμένη.

—Τότε, λοιπόν, ποιον λέει να βάλει βασιλιά; ρώτησε απορώντας το ελάφι.

—Εσένα, ελάφι μου, αποκρίθηκε η γριά αλεπού.

—Εμένα; Και πώς του ήρθε αυτή η ιδέα;

—Κι εγώ το ρώτησα και μου εξήγησε γιατί θέλει να σε κάνει βασιλιά. Είσαι, λέει, πολύ ψηλό και δυνατό, ζεις πολλά χρόνια και τα κέρατά σου τα φοβούνται όλα τ' αγρίμια, ακόμη και τα φίδια. Λοιπόν, τώρα τι θα μου δώσεις για την καλή είδηση που σου έφερα; Τάξε μου γρήγορα, γιατί βιάζομαι να γυρίσω στη φωλιά του λιονταριού. Τώρα που είναι άρρωστο, δεν μπορεί να κάνει χωρίς εμένα. Αν θέλεις, μάλιστα, ν' ακούσεις τη συμβουλή μου, έλα και συ μαζί μου, για να 'σαι εκεί, την ώρα που θα πεθάνει κι έτσι να γίνεις αμέσως βασιλιάς των αγριμιών.

Το ελάφι χάρηκε τόσο πολύ, που θα γινότανε βασιλιάς των αγριμιών, ώστε ακολούθησε τη γριά αλεπού, χωρίς να υποψιαστεί τίποτα.

Το λιοντάρι, μόλις το είδε να μπαίνει στη σπηλιά, χύμηξε απάνω του αλλά, καθώς ήταν άρρωστο, δεν μπόρεσε να το δαγκώσει στο λαιμό, αλλά στ' αυτί, που του το έκοψε και το ελάφι το 'βαλε στα πόδια.

—Αχ, τι έκανες! φώναξε απελπισμένη η γριά αλεπού. Κρίμα τους κόπους μου!

Το λιοντάρι βρυχήθηκε, θυμωμένο, γιατί δεν μπόρεσε να κατασπαράξει το ελάφι.

—Κάνε μου τη χάρη, κυρά αλεπού, την παρακάλεσε, να ξαναπάς να μου το φέρεις.

—Θα προσπαθήσω! υποσχέθηκε η γριά αλεπού.

Και ξαναβγήκε στο λόγγο, με το μουσούδι της στο χώμα, για να οσμίζεται πιο εύκολα τ' αχνάρια του ελαφιού.

Τέλος, βρήκε κάτι βοσκούς και τους ρώτησε:

—Μήπως είδατε ένα πληγωμένο ελάφι;

—Είναι εκεί πέρα, μέσα στις φτέρες ξαπλωμένο, της είπαν.

Η γριά αλεπού πήγε και το βρήκε.

—Φύγε από μπροστά μου, βρωμο - αλεπού! της φώναξε το ελάφι θυμωμένο. Μην έρθεις κοντά μου γιατί θα σε τρυπήσω με τα κέρατά μου. Πήγαινε να πουλήσεις τις πονηριές σου αλλού, γιατί εμένα δεν πρόκειται να με κοροϊδέψεις άλλη φορά!

—Δεν το περίμενα να είσαι τόσο φοβιτσιάρικο, ελάφι μου! του αποκρίθηκε η γριά αλεπού. Γιατί υποψιάζεσαι και φοβάσαι εμένα, που είμαι η καλύτερη φίλη σου; Έτσι φοβήθηκες κι υποψιάστηκες και το λιοντάρι και κινδυνεύεις να μη γίνεις βασιλιάς!

—Αφού χύμηξε απάνω μου να με φάει....

—Λάθος κάνεις! Σ' έπιασε από τ' αυτί για να σου δώσει κρυφά τις οδηγίες του και συ τρόμαξες και το 'βαλες στα πόδια κι έτσι έμεινε τ' αυτί σου στα δόντια του. Και τώρα θύμωσε μαζί σου και θέλει να κάνει το λύκο βασιλιά!

—Το λύκο; ρώτησε ταραγμένο το ελάφι.

—Ναι, ελάφι μου, το λύκο, και ξέρεις τι κακούργος είναι. Γι' αυτό, έλα γρήγορα, να προφτάσεις το λιοντάρι ζωντανό και να σε κάνει εσένα βασιλιά.

—Μου λες αλήθεια, κυρά - αλεπού; ρώτησε το ελάφι, διστάζοντας ακόμα.

—Σου ορκίζομαι σ' όλα τα φύλλα των δέντρων και σ' όλες τις πηγές του λόγγου, πως όσα σου λέω είναι αλήθεια.

—Τότε πάμε!

Και ξεκίνησαν για τη σπηλιά του λιονταριού. Αυτή τη φορά, όμως, το λιοντάρι περίμενε να πλησιάσει πρώτα το ελάφι κι έπειτα χύμηξε ξαφνικά απάνω του και του 'σπασε το σβέρκο με τα δόντια του. Έπειτα άρχισε να το κατασπαράζει και να τρώει με λαιμαργία το κρέας, τα κόκαλα, τα εντόσθια.

Η γριά αλεπού βρήκε την ευκαιρία κι αρπάζοντας την καρδιά του ελαφιού, την έφαγε γρήγορα - γρήγορα.

Όταν τελείωσε το φαγητό του, το λιοντάρι έψαξε να βρει και την καρδιά του ελαφιού.

—Πού είναι η καρδιά του; ρώτησε.

—Δεν είχε καρδιά! του αποκρίθηκε η πονηρή αλεπού και, για καλό και για κακό, έτρεξε κοντά στην είσοδο της σπηλιάς, για να μπορεί να το σκάσει πιο εύκολα.

—Πώς δεν είχε καρδιά; απόρησε το λιοντάρι.

—Τι καρδιά ήθελες να 'χει, αφού μπήκε δυο φορές μέσα στη σπηλιά σου, ώσπου το 'φαγες;

Το καημένο το ελάφι είχε καρδιά, αλλά μυαλό δεν είχε. Γιατί, αν είχε μυαλό, δεν θα ήτανε φιλόδοξο, κι αν δεν ήτανε φιλόδοξο, δεν θα πίστευε τις ψεύτικες υποσχέσεις της αλεπούς.

Αλεπού και Μαϊμού

Μια φορά, μαζεύτηκαν όλα τα ζώα του δάσους για να διαλέξουν βασιλιά.

—Οι άνθρωποι έχουν βασιλιάδες και γι' αυτό είναι αφέντες μας, έλεγαν. Γιατί οι βασιλιάδες κάθε τόσο κηρύχνουν τον πόλεμο κι οι άνθρωποι έμαθαν να πολεμούνε. Ενώ εμείς δεν έχουμε βασιλιά, που να κηρύχνει τον πόλεμο κι έτσι, αντί να πολεμάμε, κυνηγάμε το καθένα για λογαριασμό του, ίσια - ίσια για να βρίσκουμε την τροφή μας. Πρέπει λοιπόν να 'χουμε κι εμείς βασιλιά, για να πολεμούμε όπως οι άνθρωποι!

Κι έτσι, εκείνη τη νύχτα, μαζεύτηκαν σ' ένα ξέφωτο του μεγάλου δάσους όλα τ' αγρίμια, για να εκλέξουν το βασιλιά τους. Είχανε συμφωνήσει πως, όποιο αγρίμι ήθελε να γίνει βασιλιάς, θα έδειχνε τι άξιζε κι έπειτα, όλα μαζί, θα διάλεγαν όποιον έκριναν καλύτερο.

Παρουσιάστηκε πρώτο το λιοντάρι, που άρχισε να βρυχιέται τόσο δυνατά, ώστε όλα τ' αγρίμια τρόμαξαν και λίγο έλειψε να το βάλουν στα πόδια.

—Εμένα με φοβούνται οι άνθρωποι και γι' αυτό πρέπει να γίνω βασιλιάς σας! είπε το λιοντάρι.

—Σε φοβούνται οι άνθρωποι, αλλά σε φοβούμαστε κι εμείς, φώναξαν τ' άλλα τ' αγρίμια. Γι' αυτό, δεν μας κάνεις για βασιλιάς μας.

Έπειτα από το λιοντάρι, παρουσιάστηκε ο ελέφαντας.

–Κι εμένα με τρέμουν οι άνθρωποι, είπε σφυρίζοντας με τη μακριά προβοσκίδα του.

–Κι εμείς σε τρέμουμε, φώναξαν τα μικρότερα ζώα, γιατί κινδυνεύουμε κάθε τόσο να μας κάνεις λιώμα με τις ποδάρες σου.

Κι επειδή τα μικρότερα αγρίμια ήταν περισσότερα από τα μεγάλα, πέρασε η δική τους γνώμη κι ο ελέφαντας δεν έγινε βασιλιάς.

Το ένα ύστερα από τ' άλλο, παρουσιάζονταν τα διάφορα αγρίμια και ζητούσαν ν' ανέβουν στο θρόνο, αλλά κανένα δεν ψηφίστηκε για βασιλιάς: Ο αετός γιατί μπορούσε και πετούσε ψηλά κι ίσως ν' άφηνε τους υπηκόους του, ο κροκόδειλος γιατί μόνο σε ποτάμια και σε λίμνες μπορούσε να κινηθεί γρήγορα, η καμηλοπάρδαλη γιατί είχε ψηλό λαιμό και θα την έπιαναν εύκολα οι άνθρωποι με κανένα λάσο.

Τέλος, παρουσιάστηκε κι η αλεπού.

–Εγώ είμαι πολύ έξυπνη και κάνω για βασιλιάς σας! είπε.

–Είσαι πονηρή και φοβιτσιάρα, της φώναξαν τ' άλλα τ' αγρίμια. Μόνο ν' αρπάζεις κότες ξέρεις και το σκας τρομαγμένη όταν καταλάβεις ότι κινδυνεύεις.

Πήδησε τότε, από το δέντρο, όπου καθόταν ως εκείνη την ώρα, η μαϊμού και, χωρίς να πει λέξη, άρχισε να χορεύει, να κάνει τούμπες, να βγάζει τη γλώσσα της, να ξύνει το κεφάλι της, κι ήταν τόσο κωμική, ώστε όλα τ' αγρίμια γέλασαν με τα καμώματά της κι άρχισαν να φωνάζουν:

–Εσύ θα 'σαι η βασίλισσά μας, γιατί ξέρεις να μας διασκεδάζεις.

Είχανε βαρεθεί κιόλας, τόσην ώρα, κι έτσι ψήφισαν τη μαϊμού βασίλισσά τους και σκόρπισαν ευχαριστημένα.

Η αλεπού το φυσούσε και δεν κρύωνε, που τα ζώα προτίμησαν τη μαϊμού για βασίλισσα κι όχι αυτήν. Κι αποφάσισε να εκδικηθεί.

Μια μέρα, λοιπόν, που τριγυρνούσε στο δάσος, είδε ένα δόκανο, μ' ένα κομμάτι κρέας, που το είχαν στήσει κάποιοι κυνηγοί, για να πιάσουν κανένα αγρίμι.

Έτρεξε τότε να βρει τη μαϊμού και της είπε:

–Βασίλισσά μου, βρήκα ένα φαγητό περίφημο, αλλά δεν το 'φαγα για να το φας εσύ.

–Πού είναι; ρώτησε περίεργη η μαϊμού.

–Πάμε να σου το δείξω, της πρότεινε η πονηρή αλεπού.

Και την πήγε εκεί, όπου ήτανε στημένο το δόκανο.

Η λαίμαργη μαϊμού άπλωσε το χέρι της για ν' αρπάξει το κρέας, αλλά, μόλις το άγγιξε, το δόκανο έκλεισε κι έμεινε εκεί πιασμένη.

—Γιατί μου το 'κανες αυτό; παραπονέθηκε στην αλεπού.

—Γιατί, ενώ είσαι κουτή, ήθελες να γίνεις βασίλισσά μας! της αποκρίθηκε η αλεπού.

Τα δυο Σκαθάρια

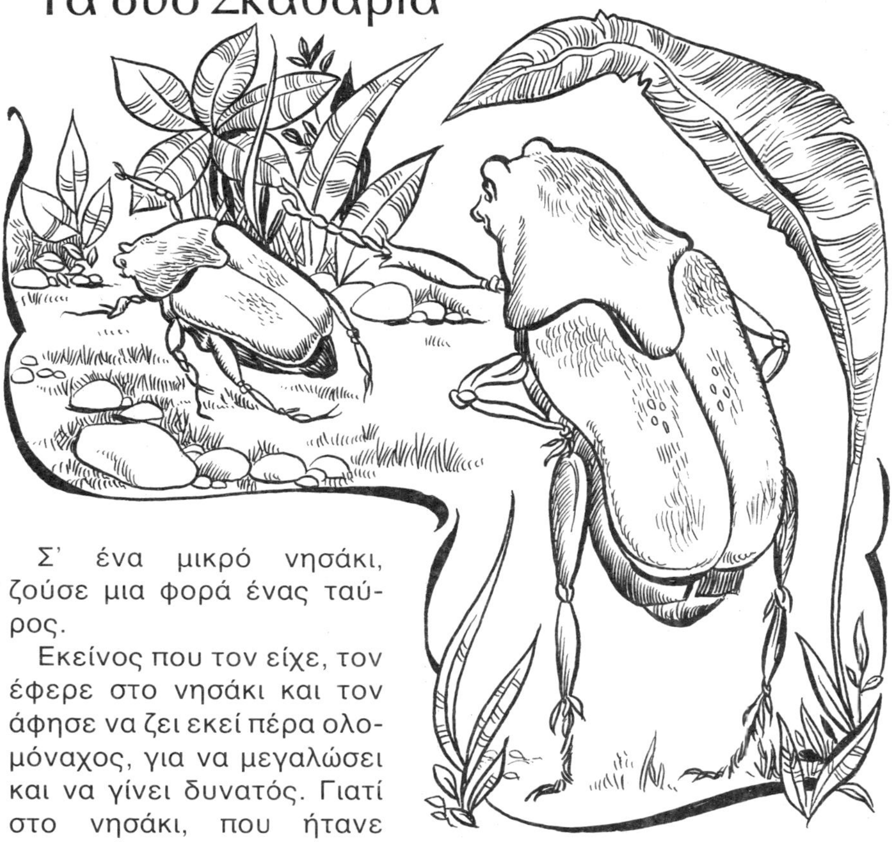

Σ' ένα μικρό νησάκι, ζούσε μια φορά ένας ταύρος.

Εκείνος που τον είχε, τον έφερε στο νησάκι και τον άφησε να ζει εκεί πέρα ολομόναχος, για να μεγαλώσει και να γίνει δυνατός. Γιατί στο νησάκι, που ήτανε πολύ μικρό, υπήρχε άφθονο χορτάρι και μια πηγή με δροσερό νερό.

Δυο σκαθάρια, που έτυχε να βρίσκονται εκείνο το καλοκαίρι στο νησί, ήταν η μόνη συντροφιά του ταύρου. Για να λέμε την αλήθεια όμως, δεν έκαναν συντροφιά, ούτε είχανε σχέσεις μαζί του, αλλ' αυτά τα δυο ήταν τα μόνα ζωντανά πλάσματα, που έβλεπε ο ταύρος στο νησάκι, όλο εκείνο το καλοκαίρι.

Πάντως, τα δυο σκαθάρια ήταν ενθουσιασμένα με τον ταύρο, γιατί, όχι μόνο δεν τα πείραζε, αλλ' έκανε και μπόλικη σβουνιά κάθε μέρα, μια που έτρωγε πολύ και, καθώς ξέρουμε, τα σκαθάρια ζουν από τις σβουνιές.

Αλλ' αυτή η ευτυχία των δυο σκαθαριών δεν βάσταξε πολύ: βάσταξε ακριβώς όσο και το καλοκαίρι.

Μόλις έφτασε το φθινόπωρο κι άρχισαν τα πρωτοβρόχια, εκείνος που είχε τον ταύρο ήρθε μια μέρα στο νησάκι, τον πήρε, τον πήγε στη στεριά και τον έκλεισε μέσα σ' ένα στάβλο, όπου θα 'τρωγε πάλι, θα 'πινε και θα κοιμόταν, χωρίς να φοβάται ούτε βροχές, ούτε κρύα.

Τα καημένα τα σκαθάρια κανείς δεν τα σκέφτηκε και κανείς δεν τα πήρε να τα κλείσει μέσα στο στάβλο, μαζί με το φίλο τους τον ταύρο, για να μη βρέχονται, να μην κρυώνουν και να 'χουνε κάθε μέρα τη σβουνιά τους.

Στην αρχή, δεν κατάλαβαν πως ο ταύρος είχε φύγει, γιατί, κι όσον καιρό είχε μείνει πάνω στο νησάκι, τα δυο σκαθάρια περισσότερο πρόσεχαν τη σβουνιά του, παρά αυτόν.

Και δεν κατάλαβαν, τις πρώτες μέρες, πως είχε φύγει, γιατί ο ταύρος, καθώς είπαμε, έτρωγε πολύ κι έκανε μπόλικη σβουνιά, κι έτσι τα δυο σκαθάρια έβρισκαν ακόμη να μαζεύουν.

Τέλος, η σβουνιά του ταύρου τελείωσε μια μέρα και δεν έβρισκαν πια τίποτα. Τότε το ένα σκαθάρι, που ήταν πολύ τολμηρό, είπε στο σύντροφό του:

—Ξέρεις τι σκέφτηκα;

—Τι;

—Να πετάξω στην αντικρινή στεριά.

—Τι θα πας να κάνεις εκεί πέρα;

—Για να βρω σβουνιά. Εδώ, καθώς βλέπω, δυσκολευόμαστε να βρούμε. Θα πετάξω λοιπόν στην αντικρινή στεριά, κι αν βρω σβουνιά, θα σου φέρω κι εσένα.

—Θα σε περιμένω, του είπε το άλλο σκαθάρι.

Το τολμηρό σκαθάρι πέταξε λοιπόν στην αντικρινή στεριά και το άλλο σκαθάρι περίμενε στο νησάκι να του φέρει τη σβουνιά, που του είχε υποσχεθεί.

Περίμενε, περίμενε, περίμενε, ώσπου πέρασε ο χειμώνας.

Το τολμηρό σκαθάρι είχε βρει μπόλικη σβουνιά στη στεριά, έτρωγε κάθε μέρα, πάχυνε κι όταν ήρθε η άνοιξη κι έφεραν πάλι τον ταύρο στο νησάκι, γύρισε κι αυτό εκεί πέρα.

—Πού είναι η σβουνιά που μου έταξες; ρώτησε το σκαθάρι, που είχε μείνει όλο το χειμώνα στο νησάκι κι είχε αδυνατίσει από την πείνα κι από τις κακουχίες.

—Ξέρεις, δικαιολογήθηκε το τολμηρό σκαθάρι. Ο τόπος, όπου είχα πάει, ήταν ιδιότροπος. Να φας εκεί πέρα σβουνιά, μπορείς, να πάρεις όμως μαζί σου δεν σ' αφήνουν.

Το αδύνατο σκαθάρι του νησιού κούνησε το κεφάλι του και δεν είπε τίποτα, γιατί κατάλαβε πως ο σύντροφός του δεν ήτανε φίλος ειλικρινής, μια που φρόντιζε μόνο για τον εαυτό του.

Ο Γεωργός και τα Σκυλιά

Ένας γεωργός ξεκίνησε, μια μέρα φθινοπωρινή, να γυρίσει στον τόπο του. Το καλοκαίρι, είχε πάει, με λίγα πρόβατα, λίγες κατσίκες και δυο βόδια που είχε, ψηλά στο βουνό, για να βοσκήσουν καλύτερα. Είχε και δυο σκυλιά μαζί του για να φυλάνε το κοπάδι. Όταν όμως μπήκε το φθινόπωρο, αποφάσισε να γυρίσει στον τόπο του, στον κάμπο, για να ξεχειμωνιάσει.

Αλλά δεν πρόφτασε. Γιατί, καθώς κατέβαινε από το βουνό, έπιασε μια τέτοια βαρυχειμωνιά κι έπεσε τόσο χιόνι, ώστε όλα τα μονοπάτια κλείστηκαν.

Ο γεωργός βρήκε μια καλυβούλα κι εκεί μέσα έβαλε τα πρόβατα, τις κατσίκες και τα βόδια και τα σκυλιά του και μπήκε κι αυτός, περιμένοντας ν' ανοίξει ο καιρός, για να συνεχίσει το δρόμο του.

–Ευτυχώς, έχω να φάω! σκέφτηκε ο γεωργός.

Κι έσφαξε ένα πρόβατο, το 'ψησε και το 'φαγε.

Σε τρεις - τέσσερις μέρες όμως πάλι δεν είχε να φάει και η βαρυχειμωνιά δεν έλεγε να σταματήσει.

–Ας φάω κι άλλο ένα πρόβατο, είπε ο γεωργός. Μου μένουν ακόμα τέσσερα και τρεις κατσίκες. Έχω και τα δυο βόδια μου, για να οργώνω το χωράφι μου, κι έτσι δεν θα στερηθώ πολλά πράγματα. Άλλωστε, θα γεννήσουν την άνοιξη οι προβατίνες μου κι οι κατσίκες μου και του χρόνου θα 'χω περισσότερες.

Κι έσφαξε και το δεύτερο πρόβατο και το 'ψησε κι αυτό.

Κάθε μέρα, ο γεωργός καθάριζε το χιόνι μπροστά στην πόρτα της καλύβας, για να μπορεί να βγαίνει έξω, να βλέπει τι καιρό κάνει, αλλά, κάθε νύχτα, το χιόνι σωριαζότανε πάλι εκεί μπροστά και, την άλλη μέρα, χρειαζότανε περισσότερη ώρα για να το καθαρίσει.

Αλλά δεν απελπιζότανε, γιατί σκεφτότανε πως, αν έσφαζε και τρίτο πρόβατο και το 'ψηνε, θα περνούσε μισή βδομάδα ακόμα και, στο μεταξύ, θα 'στρωνε ο καιρός και θα γύριζε στον τόπο του. Και πάλι λογάριαζε πως θα όργωνε το χωράφι του με τα δυο βόδια, πόσα αρνιά και πόσα κατσικάκια θα του γεννούσαν οι προβατίνες κι οι κατσίκες, που του απόμεναν, κι έβρισκε ότι δεν έχανε και πολλά πράγματα, με τα τρία πρόβατα που θα του έλειπαν.

Αλλ' εκείνο το χρόνο το χιόνι δεν έλεγε να σταματήσει κι όλο έπεφτε πυκνό, τόσο, που δεν έβλεπες πια πού ήτανε βράχος και πού δέντρο.

–Αλίμονό μου! έλεγε ο γεωργός. Κι αν σταματήσει ακόμα το χιόνι, θα περάσει ένας μήνας τουλάχιστον ώσπου ν' ανοίξουν οι δρόμοι! Και θ' αναγκαστώ να φάω και τ' άλλα τρία πρόβατά μου!

Αλλ' έφαγε τα τρία πρόβατα, έφαγε και τις τρεις κατσίκες κι οι δρόμοι δεν άνοιγαν.

Όταν έφαγε και την τελευταία κατσίκα, είδε πως για να μην πεθάνει της πείνας έπρεπε να σφάξει κι ένα από τα βόδια του και να το ψήσει.

–Θα οργώσω τα χωράφια μου με το ένα βόδι! σκέφτηκε. Κι όσο για πρόβατα και για κατσίκες, όταν θερίσω τα στάρια μου, αγοράζω άλλα!

Κι έσφαξε και το ένα βόδι και το 'ψησε.

Τα δυο σκυλιά του γεωργού έτρωγαν τα κόκαλα που τους έριχνε κι ήταν ξαπλωμένα μέρα - νύχτα γιατί δεν είχαν τι να φυλάξουν. Αλλά δεν κοιμόντουσαν και καταλάβαιναν τι γινότανε γύρω τους. Κι όταν είδαν το αφεντικό τους να σφάζει το ένα του βόδι, είπανε μεταξύ τους:

–Αφού έσφαξε το βόδι, που του δούλευε, σίγουρα θα σφάξει κι εμάς που τεμπελιάζουμε.

Και το 'σκασαν κρυφά, για να γλιτώσουν, γιατί ήταν έξυπνα σκυλιά κι ήξεραν ότι πρέπει να φυλάγεται κανείς από κείνους που δεν διστάζουν να κάνουν κακό ακόμα και στους δικούς τους.

Ο Ξυλοκόπος κι ο Ερμής

Ήτανε μια φορά, στ' αρχαία τα χρόνια, ένας ξυλοκόπος που ζούσε κόβοντας ξύλα.

Μια μέρα, έκοβε κλαδιά, ανεβασμένος πάνω σ' ένα δέντρο, στην ακροποταμιά. Καθώς τα πελεκούσε όμως με δύναμη, του ξέφυγε το τσεκούρι του κι έπεσε μέσα στο ποτάμι.

Ο ξυλοκόπος κατέβηκε αμέσως από το δέντρο, πήγε κοντά στο ποτάμι και κοίταξε μήπως είχε πέσει στην όχθη το τσεκούρι του. Αλλά δεν το βρήκε πουθενά και κατάλαβε πως είχε πέσει μέσα στο νερό, που ήταν βαθύ σ' εκείνο το μέρος.

Κάθισε λοιπόν στην ακροποταμιά κι άρχισε να κλαίει για την ατυχία του.

Ήτανε πολύ φτωχός και δεν είχε παρά μόνο ένα τσεκούρι στην καλύβα του. Για να βρει άλλο, έπρεπε να πάει στην πολιτεία ν' αγοράσει, κι η πολιτεία ήτανε μακριά και χρειαζόταν να κάνει μιας μέρας δρόμο, πηγαίνοντας και γυρίζοντας. Θα 'χανε λοιπόν μιας μέρας δουλειά και, για ν' αγοράσει καινούριο τσεκούρι, έπρεπε να δώσει τόσα χρήματα, όσα έβγαζε δουλεύοντας μιαν ολόκληρη βδομάδα.

–Τι άτυχος που είμαι! έλεγε αναστενάζοντας πικρά. Πρέπει να δουλέψω μια βδομάδα, για να ξεπληρώσω το τσεκούρι και να χάσω και μια μέρα, για να το αγοράσω. Και πώς θα ζήσω εγώ όλες αυτές τις μέρες; Με τι θα πάρω ψωμί κι ελιές, για να χορτάσω την πείνα μου;

Κι ο φτωχός ο ξυλοκόπος έκλαιγε με δάκρυα πικρά.

Εκείνη την ώρα, έτυχε να περνάει από την ακροποταμιά ο Ερμής, ο Θεός. Είδε τον ξυλοκόπο, που έκλαιγε κι αναστέναζε, και πήγε κοντά του.

–Τι έπαθες και κλαις έτσι; τον ρώτησε περίεργος.

–Είναι να μην κλαίω, που μου 'πεσε το τσεκούρι μου μέσα στο ποτάμι κι είμαι ένας φτωχός ξυλοκόπος και δεν έχω λεφτά ν' αγοράσω άλλο; του αποκρίθηκε εκείνος.

Και του διηγήθηκε τι είχε πάθει.

–Μην κάνεις έτσι κι εγώ θα σου βρω το τσεκούρι σου! του υποσχέθηκε ο Ερμής.

Και, με μια βουτιά, βρέθηκε μέσα στο ποτάμι και, κολυμπώντας, έφτασε στο βυθό.

Έψαξε λίγο, και βρήκε ένα τσεκούρι ολόχρυσο.

Ανέβηκε αμέσως στην επιφάνεια του νερού, βγήκε στην ακροποταμιά και πήγε κοντά στον ξυλοκόπο.

–Να το τσεκούρι σου, το βρήκα! του είπε χαρούμενος.

Ο ξυλοκόπος πήρε το τσεκούρι, το κοίταξε και το 'δωσε πίσω στον Ερμή.

–Αυτό δεν είναι το δικό μου το τσεκούρι, είπε λυπημένος. Το τσεκούρι το δικό μου είχε λαβή ξύλινη, ενώ αυτό εδώ έχει λαβή ολόχρυση. Κάποιος άλλος θα το 'χει χάσει!

Ο Ερμής τα 'χασε, γιατί δεν περίμενε μια τέτοια απάντηση από ένα φτωχό άνθρωπο, που του 'διναν ολόχρυσο τσεκούρι κι εκείνος ζητούσε το δικό του με την ξύλινη λαβή.

–Θα βουτήξω πάλι στο ποτάμι, του είπε, και θα σου βρω το τσεκούρι σου. Μη στενοχωριέσαι!

Πήδησε λοιπόν πάλι στο νερό, κατέβηκε στο βυθό του ποταμού και, σε λίγο, ξαναγύρισε στην ακροποταμιά κι έδωσε στον ξυλοκόπο ένα τσεκούρι μ' ασημένια λαβή.

Αλλά και πάλι ο φτωχός ο ξυλοκόπος κούνησε το κεφάλι του λυπημένος.

–Σ' ευχαριστώ για τον κόπο που έκανες, δυο φορές, για μένα, είπε στο Θεό, αλλ' ούτε αυτό είναι το δικό μου το τσεκούρι. Έχει καθώς βλέπεις, λαβή ασημένια, ενώ το δικό μου είχε ξύλινη. Κάποιος άλλος θα το 'χασε!

—Καλά! είπε ο Ερμής και ξαναβούτηξε στο ποτάμι.

Αυτή τη φορά, έφερε το τσεκούρι με την ξύλινη λαβή.

—Ναι, αυτό είναι το δικό μου το τσεκούρι, είπε χαρούμενος ο ξυλοκόπος. Σ' ευχαριστώ πολύ!

Ο Ερμής τότε συγκινήθηκε για την τιμιότητά του και του 'δωσε και τ' άλλα δυο τσεκούρια, το χρυσό και το ασημένιο.

—Πάρε τα κι αυτά, σου τα χαρίζω, γιατί είσαι άνθρωπος τίμιος κι ειλικρινής! του είπε.

Κι έγινε αμέσως άφαντος.

Ο Κόρακας κι η Αλεπού

Μια φορά, ένας χωρικός είχε σφάξει ένα αρνί, το είχε κρεμάσει σ' ένα δέντρο και το 'κοβε κομμάτια, για να το πουλήσει.

Ένα κοράκι, που πετούσε εκείνη την ώρα από πάνω, είδε το κρέας και, μια στιγμή που ο χωρικός δεν πρόσεχε, χαμήλωσε το πέταγμά του, άρπαξε με το ράμφος του ένα κομμάτι και ξαναπέταξε ψηλά.

Όταν το κατάλαβε ο χωρικός, ήταν πια αργά, γιατί το κοράκι είχε ξεμακρύνει πολύ, πετώντας προς το γειτονικό δάσος.

Εκείνη την ώρα, τριγυρνούσε μέσα στο δάσος μια αλεπού πεινασμένη κι έψαχνε να βρει κάτι να φάει. Καθώς περνούσε κάτω από ένα δέντρο, μυρίστηκε φρέσκο κρέας και σήκωσε το μουσούδι της, για να καταλάβει από πού ερχόταν εκείνη η μυρωδιά.

Τότε πήρε το μάτι της το κοράκι, που καθότανε πάνω στο κλαδί του δέντρου, κρατώντας στο ράμφος του το κομμάτι το κρέας.

Η πεινασμένη αλεπού το λιγούρεψε αμέσως κι έψαχνε να βρει τρόπο για να το φάει. Ακόμα κι αν μπορούσε να σκαρφαλώσει στο δέντρο, θα 'χανε τον κόπο της, γιατί το κοράκι θα πετούσε μακριά και θα 'τρωγε αλλού το κρέας που είχε αρπάξει.

Πονηρή όμως όπως ήταν, σκέφτηκε να μεταχειριστεί άλλο μέσο για να πετύχει το σκοπό της.

Στάθηκε λοιπόν κάτω από το δέντρο, στήριξε τα μπροστινά της πόδια στον κορμό του και κοίταξε καλά το κοράκι.

—Εσύ είσαι, κυρ - κόρακα; του φώναξε.

Το κοράκι γύρισε το κεφάλι του και την κοίταξε, χωρίς ν' αφήσει το κομμάτι το κρέας.

—Ναι, εσύ είσαι! συνέχισε η αλεπού. Το ξέρεις πως δεν σε γνώρισα στην αρχή;

Το κοράκι την κοιτούσε περίεργο, χωρίς ν' απαντάει.

—Και πώς να σε γνωρίσω; ξαναείπε η αλεπού, κάνοντας όσο πιο τρυφερή μπορούσε τη φωνή της. Εσύ, καλέ μου κυρ - κόρακα, μεγάλωσες κι ομόρφηνες από τον καιρό που έχω να σε δω.

Το κοράκι, που κολακεύτηκε από τα λόγια της αλεπούς, φούσκωσε το στήθος του και τίναξε δυο - τρεις φορές τις φτερούγες του, χωρίς όμως να σηκωθεί από το κλαδί κι ούτε ν' αφήσει το κομμάτι το κρέας, που κρατούσε με το ράμφος του.

—Ναι, ναι, συνέχισε πολύ ζωηρά τώρα η αλεπού. Εσύ μεγάλωσες κι ομόρφηνες. Και τι κατάμαυρο χρώμα που έχουνε τα φτερά σου. Καλά το 'λεγα εγώ πως εσύ πρέπει να είσαι βασιλιάς των πουλιών του δάσους.

Το κοράκι έγειρε το κεφάλι του για ν' ακούσει καλύτερα.

—Προχτές είχαμε αυτή τη συζήτηση, συνέχισε η αλεπού. Εγώ έλεγα πως εσένα έπρεπε να κάνουμε βασιλιά των πουλιών, τ' άλλα αγρίμια όμως δεν υποστήριξαν τη γνώμη μου, γιατί έλεγαν πως δεν έχεις όμορφη φωνή. Αν είχες όμορφη φωνή, έλεγαν, θα σ' έβαζαν αμέσως βασιλιά όλων των πουλιών του δάσους.

Το κοράκι ζαλίστηκε όταν τ' άκουσε. Να γίνει βασιλιάς των πουλιών του δάσους— τι άλλο ήθελε; Και πώς τολμούσαν να λένε ότι δεν είχε όμορφη φωνή; Τώρα θ' άκουγαν...

Κι ανοίγοντας το στόμα του, άρχισε να φωνάζει, όσο μπορούσε πιο δυνατά:

—Κρα! Κρα!

Στο μεταξύ, όμως, το κομμάτι το κρέας, που κρατούσε ως εκείνη τη στιγμή στο ράμφος του, έπεσε καταγής κι η πονηρή αλεπού τ' άρπαξε και το 'φαγε, αμέσως.

—Όμορφη φωνή έχεις, κυρ - κόρακα, του είπε, γυρίζοντας για να φύγει. Αν είχες και μυαλό, σου άξιζε να γίνεις βασιλιάς των πουλιών του δάσους!

Ο Αγριόγατος κι ο Πετεινός

Ένας αγριόγατος κυνηγούσε, μια μέρα, μέσα στο δάσος, αλλ' ως το μεσημέρι δεν είχε κατορθώσει να πιάσει παρά μόνο τρία πουλάκια, που τα 'φαγε αμέσως. Τι να του έκαναν όμως τα τρία εκείνα πουλάκια; Αυτός ήθελε να φάει τουλάχιστον είκοσι για να χορτάσει.

Όπου, μια στιγμή, εκεί που παραφύλαγε, κουλουριασμένος πάνω στο κλαδί ενός δέντρου, μήπως καθίσει κανένα πουλί, για να τ' αρπάξει, είδε να περνάει από κάτω ένας πετεινός.

Οι κότες βοσκούσαν σ' ένα χωράφι, δίπλα στο δάσος, κι ο πετεινός είχε προχωρήσει, μόνος του, ανάμεσα από τα δέντρα, ψάχνοντας να βρει πιο νόστιμα σκουλήκια.

Όταν τον είδε ο αγριόγατος, σκέφτηκε πως ήτανε το καλύτερο φαγητό, που θα μπορούσε να ονειρευτεί, και πήδησε απάνω του.

Ο πετεινός όμως πρόφτασε να του ξεφύγει κι ετοιμάστηκε να τον χτυπήσει με το ράμφος του και με τις οπλές του, που ήταν κοφτερές σαν σπιρούνια.

– Γιατί θέλεις να με φας; ρώτησε. Εσύ δεν είσαι αλεπού για να τα βάζεις μαζί μου, ούτε εγώ είμαι κανένα πουλάκι από εκείνα που κυνηγάς.

—Θέλω να σε φάω, γιατί λυπάμαι τους ανθρώπους, αποκρίθηκε ο αγριόγατος, που έπιασε τη συζήτηση, για να βρει μια κατάλληλη στιγμή να ορμήσει απάνω του.

—Λυπάσαι τους ανθρώπους; Τι θες να πεις μ' αυτό; ρώτησε απορώντας ο πετεινός.

—Τους λυπάμαι γιατί τους ενοχλείς.

—Δεν μπορώ να σε καταλάβω, αγριόγατε. Πώς τους ενοχλώ τους ανθρώπους;

—Γιατί αρχίζεις, από τα μεσάνυχτα κιόλας, να ξεφωνίζεις τα «κουκουρίκου» σου και δεν τους αφήνεις να κοιμηθούν και να χορτάσουν τον ύπνο, ενώ ξέρεις πόσο κουράζονται όλη την ημέρα.

—Κάνεις λάθος, αγριόγατε. Εγώ δεν τους ενοχλώ, αλλά τους εξυπηρετώ.

—Και τι εξυπηρέτηση τους κάνεις;

—Αν δεν ήμουν εγώ με τα «κουκουρίκου» μου, αυτοί δεν θα ξυπνούσαν.

—Καλύτερα γι' αυτούς, γιατί θα χόρταιναν τον ύπνο.

—Θα χόρταιναν τον ύπνο και θα ξυπνούσαν όταν ο ήλιος θα 'τανε δυο κοντάρια πάνω από το βουνό.

—Και τι σε πειράζει εσένα;

—Είσαι κουτός, αγριόγατε, γιατί δεν ξέρεις τους ανθρώπους και τις συνήθειές τους. Αν δεν σηκώνονταν νωρίς, την ώρα που τους ξυπνάω εγώ με τα κουκουρίκου μου, δεν θα πρόφταιναν ως το βράδυ να τελειώσουν όλες τις δουλειές τους...

Ο αγριόγατος, που δεν έβρισκε τι ν' απαντήσει στα λόγια του πετεινού, αλλά δεν έβρισκε ακόμη και την ευκαιρία που ζητούσε, για να χυμήξει απάνω του, άλλαξε κατηγορία.

—Ας πούμε πως έχεις δίκιο που ξυπνάς τους ανθρώπους από τη νύχτα, είπε. Πρέπει όμως να σε φάω γιατί δεν έχεις μια γυναίκα μονάχα, αλλ' έχεις όλες τις κότες του κοτετσιού δικές σου.

—Αν δεν τις είχα όλες δικές μου, δεν θα γεννούσαν πολλά αυγά, αποκρίθηκε ο πετεινός.

—Επειδή βρίσκεις εσύ όμορφες δικαιολογίες, εγώ δεν πρέπει να μείνω νηστικός! είπε ο αγριόγατος.

Και, βρίσκοντας την ευκαιρία, που ζητούσε τόσην ώρα, πήδησε πάνω στο λαιμό του πετεινού και τον έπνιξε.

Αετός και Αλεπού

Ένας αετός και μια αλεπού έπιασαν μεγάλες φιλίες.

Μια μέρα, ο αετός είπε στην αλεπού:

—Ξέρεις τι σκέφτηκα;

—Τι; τον ρώτησε εκείνη.

—Να χτίσουμε τις φωλιές μας κοντά - κοντά, μια που είμαστε τόσο φίλοι. Έτσι, θα βλεπόμαστε κάθε μέρα και θα τα λέμε καλύτερα.

—Καλά το σκέφτηκες, είπε η αλεπού. Έτσι ας γίνει!

Ο αετός λοιπόν διάλεξε ένα ψηλό δέντρο, στην κορυφή του βουνού, έστησε ανάμεσα στα κλαδιά του τη φωλιά κι έβαλε μέσα τ' αετόπουλά του.

Κάτω από το δέντρο, μέσα σε κάτι πυκνούς θάμνους, έφτιασε κι η αλεπού τη φωλιά της κι έβαλε μέσα τ' αλεπουδάκια της.

Οι δυο φίλοι περνούσαν καλά τις πρώτες μέρες.

Ο αετός κυνηγούσε λαγούς, αγριοκάτσικα, κι ό,τι έπεφτε στα νύχια του, το 'φερνε πάνω στο δέντρο, το 'τρωγε και τάιζε και τα αετόπουλα, που ήταν μικρά ακόμα και δεν είχαν φτερά για να πετάξουν και να κυνηγήσουν μόνα τους.

Η αλεπού πάλι έβγαινε τη νύχτα, κατέβαινε στο χωριό, έμπαινε σιγά - σιγά σε κανένα κοτέτσι, έπνιγε μερικές κότες κι έπειτα τις κουβαλούσε στη φωλιά της, όπου τις έτρωγε και τάιζε και τ' αλεπουδάκια της, που ήταν πολύ μικρά και δεν μπορούσαν να βγούνε τη νύχτα να κυνηγήσουν μοναχά τους.

Μια μέρα, όμως, ο αετός βγήκε στο κυνήγι, όπως πάντοτε, αλλά δεν μπόρεσε να πιάσει τίποτα. Δεν βρήκε ούτε πρόβατο, ούτε αγριοκάτσικο, ούτε καν ένα λαγό.

Γύρισε, βράδυ, στη φωλιά του πεινασμένος και θυμωμένος για την ατυχία του.

Τ' αετόπουλα πεινούσαν κι αυτά κι άνοιγαν τα μικρούλια ράμφη τους, περιμένοντας να τους δώσουν να φάνε.

Ο αετός, όσο έβλεπε τα μικρά του πεινασμένα, τόσο θύμωνε περισσότερο.

Είχε πια νυχτώσει, δεν μπορούσε να βρει τίποτα, γιατί μόνο την ημέρα κυνηγούν οι αετοί και καθότανε συλλογισμένος στη φωλιά του.

Όπου, εκεί που καθότανε στη φωλιά του, άκουσε κάτω από το δέντρο δυνατά τσιριχτά: Ήταν τα μικρά τ' αλεπουδάκια, που πεινούσανε κι αυτά, και τσίριζαν, γιατί η μητέρα τους, η αλεπού, δεν είχε γυρίσει ακόμα από το κυνήγι για να τους φέρει να φάνε.

Τα μάτια του αετού άστραψαν στο σκοτάδι.

«Βρήκα φαγητό για μένα και για τα παιδιά μου!», είπε μέσα του.

Και, χωρίς να χάσει καιρό, πέταξε κάτω, στους πυκνούς θάμνους, άρπαξε με τα νύχια του τα καημένα τ' αλεπουδάκια, τ' ανέβασε στη φωλιά του κι εκεί τα 'φαγε και τάισε τ' αετόπουλά του.

Όταν, ξημερώνοντας πια, γύρισε κι η αλεπού από το κυνήγι, βρήκε αδειανή τη φωλιά της.

Έψαξε γύρω, φώναξε και, ξαφνικά είδε αίματα να στάζουν από τη φωλιά του αετού και τότε κατάλαβε πως εκείνος της είχε αρπάξει τα παιδιά της και της τα είχε φάει.

– Καταραμένος να είσαι! του φώναξε η καημένη η αλεπού. Δεν σεβάστηκες τη φιλία μας, δεν λυπήθηκες τα καημένα τ' αλεπουδάκια μου, μου τα 'φαγες. Καταραμένος να είσαι.

Ο αετός δεν είπε τίποτα, γιατί κοιμότανε βαριά, έτσι χορτάτος καθώς ήταν.

Η αλεπού, που δεν μπορούσε να τον εκδικηθεί, έφυγε από κει και πήγε αλλού να στήσει τη φωλιά της.

Την ίδια μέρα, ο αετός στάθηκε τυχερός στο κυνήγι του:

Βρήκε κάτι ανθρώπους που είχανε βάλει πάνω στη θράκα κομμάτια κρέας και το 'ψηναν και, πέφτοντας απάνω τους, άρπαξε ένα μεγάλο κομμάτι μισοψημένο κρέας και το πήγε στη φωλιά του.

Αλλ' επάνω στο κρέας ήταν κολλημένα ένα - δυο καρβουνάκια αναμμένα. Τα ξερόκλαδα της φωλιάς του αετού έπιασαν τότε φωτιά, το δέντρο ολόκληρο λαμπάδιασε και κάηκαν κι η φωλιά και τ' αετόπουλα, που ήταν μικρά ακόμη και δεν είχανε φτερούγες για να μπορέσουν να πετάξουν.

Κι έτσι τιμωρήθηκε ο αετός που είχε προδώσει τη φιλία του με την αλεπού. Δεν μπόρεσε να τον τιμωρήσει η καημένη η αλεπού αλλ' ο Θεός δεν τον άφησε ατιμώρητο.

Ο Ληστής και η Μουριά

Ήτανε μια φορά, στα παλιά τα χρόνια, ένας ληστής, που τον έτρεμε όλος ο κόσμος. Στο δάσος, όπου είχε το λημέρι του, δεν τολμούσε να περάσει άνθρωπος, γιατί ο ληστής έπεφτε απάνω του, τον σκότωνε και του έπαιρνε ό,τι είχε.

Η φήμη του είχε απλωθεί σ' όλα τα γύρω μέρη, κι έτσι, σιγά - σιγά, όλοι οι άνθρωποι είχανε μάθει πια πως μέσα σ' εκείνο το δάσος κρυβόταν ένας αιμοβόρος ληστής και κανένας πια δεν περνούσε από κει. Προτιμούσαν να κάνουν μεγαλύτερο δρόμο, παρά να περάσουν μέσα από το επικίνδυνο δάσος.

Όταν πια κανένας ταξιδιώτης, ντόπιος ή ξένος, δεν περνούσε μέσα από το δάσος, ο ληστής δεν έβρισκε άνθρωπο να ληστέψει και, μέσα στην απελπισία του, αποφάσισε να βγει στη δημοσιά και να παραφυλάει για να ληστέψει τους διαβάτες.

Μια μέρα λοιπόν, που παραφύλαγε στο δρόμο, είδε από μακριά να 'ρχεται ένας άνθρωπος που, από τη φορεσιά του, φαινόταν πολύ πλούσιος.

–Αυτός θα 'χει πολλά χρήματα απάνω του! μουρμούρισε ο ληστής.

Και, μόλις ο άνθρωπος εκείνος πλησίασε κοντά του, ο ληστής πήδησε απάνω του, τον σκότωσε κι ετοιμάστηκε να τον ληστέψει.

Αλλά δεν πρόφτασε, γιατί, λίγο πιο πάνω από τον άγνωστο, έρχονταν κι άλλοι άνθρωποι. Κι έτσι ο ληστής αναγκάστηκε να το βάλει στα πόδια, βουτηγμένος στο αίμα του δύστυχου εκείνου.

Όταν οι άλλοι άνθρωποι πήγαν κοντά κι είδαν το σκοτωμένο, κατάλαβαν πως ο φονιάς του θα ήταν εκείνος που έτρεχε, μακριά, στην άλλη άκρη του δρόμου.

Άρχισαν λοιπόν να τον κυνηγούνε, φωνάζοντας:

–Πιάστε το φονιά! Πιάστε το φονιά!

Στο μεταξύ, από τα διπλανά δρομάκια, ακούγοντας εκείνες τις φωνές, έτρεχαν κι άλλοι άνθρωποι.

Ο κακούργος, βλέποντας ότι κινδύνευε να πιαστεί, άρχισε κι αυτός να φωνάζει, καθώς έτρεχε, όσο πιο γρήγορα μπορούσε:

–Πιάστε το φονιά! Πιάστε το φονιά!

Ένας - δυο που ήταν πολύ κοντά του, τον ρώτησαν:

–Τι συμβαίνει;

–Κάποιος σκότωσε έναν άνθρωπο και τώρα τον κυνηγούμε, αποκρίθηκε ο φονιάς.

–Και συ γιατί είσαι καταματωμένος;

–Δεν είναι αίματα, αυτά που βλέπετε απάνω μου, τους εξήγησε ο κακούργος. Είχα ανέβει σε μια μάντρα κι έτρωγα μούρα και το ζουμί τους μου έβαψε τα ρούχα και τα χέρια.

Αυτοί τον πίστεψαν και θα τον άφηναν να φύγει, αλλ' εκείνη τη στιγμή έφτασαν κι οι άλλοι, που τον κυνηγούσαν, κι έπεσαν απάνω του.

–Αυτός είναι ο φονιάς! φώναξαν.

Ο κακούργος έτρεμε από το φόβο του, αλλά δεν μπορούσε πια να ξεφύγει, γιατί είκοσι άνθρωποι τουλάχιστον είχανε πέσει απάνω του και τον κρατούσαν γερά.

–Θάνατος στο φονιά! φώναζαν.

Κάποιος πρότεινε να τον καρφώσουν σ' ένα δέντρο κι εκεί να τον αφήσουν να πεθάνει από την εξάντληση.

Δίπλα στο δρόμο, ήτανε μια μεγάλη μουριά και, στον κορμό της, κάρφωσαν τον κακούργο κι έφυγαν.

Η μουριά όμως είχε ακούσει τι έλεγε πριν λίγο ο φονιάς, κι όταν οι άλλοι έφυγαν, έγειρε τα κλαδιά της και του είπε:

–Χαίρομαι που βοηθάω για να πεθάνεις, επειδή έχυσες αίμα κι ήθελες να το ρίξεις απάνω μου!

Ο Γάτος και τα Ποντίκια

Κάποτε, σ' ένα μεγάλο αρχοντικό σπίτι, με πολλά δωμάτια, έμενε μια γριά.

Το σπίτι ήτανε παμπάλαιο, κανείς δεν το περιποιότανε πια κι οι τοίχοι του είχαν αρχίσει να ραΐζουν, οι σοβάδες να πέφτουν, τα πατώματα να σαπίζουν.

Η γριά, που έμενε σ' αυτό το παλιό αρχοντικό σπίτι, κρατούσε μόνο δυο δωμάτια ανοιχτά, όπου έμενε αυτή στο ένα και, στο άλλο, η υπηρέτριά της. Όλα τ' άλλα τα δωμάτια τα είχανε κλειστά και δεν άνοιγαν ποτέ τις πόρτες και τα παράθυρά τους, ούτε έμπαιναν ποτέ εκεί μέσα.

Όπου στα κλεισμένα δωμάτια, έστησαν φωλιά δυο ποντίκια που, σιγά - σιγά, έγιναν μια πολυάριθμη οικογένεια, στρατός ολόκληρος από ποντίκια, που αλώνιζαν εκεί μέσα.

Κανείς δεν τα πείραζε κι εκείνα, μέρα - νύχτα, ροκάνιζαν ό,τι έβρισκαν μπροστά τους κι έγιναν όλα τετράπαχα.

Μια μέρα, ένας γάτος του δρόμου, βρίσκοντας ανοιχτή την εξώπορτα του σπιτιού, μπήκε μέσα για να προφυλαχτεί από το κρύο και χώθηκε κάτω από το κρεβάτι της γριάς.

Όταν τον είδε, την άλλη μέρα, η γριά χάρηκε, που θα τον είχε συντροφιά.

Μα κι ο γάτος ευχαριστήθηκε εκεί μέσα, όχι μόνο γιατί τον χάιδευε η γριά, μα και γιατί κάτω από το κρεβάτι της, σε μια γωνιά του τοίχου, ανακάλυψε μια ποντικοφωλιά κι έφαγε όλα τα ποντίκια της, ένα - ένα, καθώς έβγαιναν από την τρύπα τους.

Κι επειδή τρώγοντας έρχεται η όρεξη, ο γάτος βγήκε, ένα βράδυ, από το δωμάτιο της γριάς κι άρχισε να τριγυρνάει στο απέραντο παμπάλαιο σπίτι. Στον πρώτο διάδρομο που μπήκε, αντίκρισε κοπάδι ολόκληρο από ποντίκια κι έπεσε απάνω τους με μανία. Εκείνα, συνηθισμένα καθώς ήταν να μην τα πειράζει κανείς, άργησαν να καταλάβουν τον κίνδυνο που τ' απειλούσε, κι ώσπου να κρυφτούνε στις τρύπες τους, ο γάτος έφαγε αρκετά.

Πού να ξεκολλήσει τώρα ο γάτος από το διάδρομο! Η γριά τον έχανε, γιατί εκείνος, μέρα - νύχτα, παραφύλαγε στο διάδρομο για ποντίκια.

Έπειτα, βρίσκοντας μια τρύπα σε κάποια πόρτα, μπήκε και σ' ένα δωμάτιο, κι από κει σ' άλλο κι έτρωγε τόσα ποντίκια, όσα δεν είχε φάει σ' όλη του τη ζωή κανένας γάτος, σ' όλο τον κόσμο.

Σιγά - σιγά όμως, ξύπνησαν και τα ποντίκια και κατάλαβαν πόσο επικίνδυνος εχθρός τους ήταν εκείνος ο γάτος. Κρύφτηκαν λοιπόν μέσα στις τρύπες τους και δεν ξαναβγήκαν.

Ο γάτος περίμενε μια, δυο, τρεις μέρες, αλλά κανένα ποντίκι δεν φαινότανε κι αυτός άρχισε να πεινάει.

Σκέφτηκε λοιπόν να τα ξεγελάσει και, πηδώντας πάνω σ' ένα ξύλινο χοντρό καρφί, στον τοίχο, κρεμάστηκε απ' αυτό κι έκανε τον ψόφιο.

Ύστερα από δυο - τρεις ώρες, ένα ποντίκι, καθώς δεν άκουγε τις πατημασιές του γάτου, τόλμησε να μισοβγεί από την τρύπα του. Κοίταξε γύρω, είδε το γάτο που παράσταινε τον ψόφιο, κρεμασμένος στο καρφί, και κατάλαβε τι είχε γίνει.

— Άκουσε, κυρ - γάτο, του φώναξε. Και σακί να σε δω να γίνεις και να σε κρεμάσουν σε καρφί, εγώ δεν έρχομαι κοντά σου.

Και κρύφτηκε, πάλι, όσο πιο βαθιά μπορούσε, μέσα στην τρύπα του.

Ο Λύκος κι η Κατσίκα

Μια κατσίκα, που έβοσκε στην πλαγιά του βουνού, προχώρησε, σιγά - σιγά, χωρίς να το καταλάβει, σ' ένα δύσβατο μέρος, εκεί όπου δεν υπήρχε κανένα μονοπάτι, παρά μόνο βράχοι απότομοι και θεόρατοι γκρεμοί.

Ανάμεσα σ' εκείνους τους απόκρημνους βράχους όμως, φύτρωναν, πού και πού, μερικά βλαστάρια, που η κατσίκα τα νοστιμευότανε και σκαρφάλωνε ως εκεί, τέντωνε το λαιμό της και τα'τρωγε.

Ένας λύκος, που βρισκότανε μέσα στο δάσος, μυρίστηκε τ' αχνάρια της κατσίκας και τ' ακολούθησε, με τη μύτη στο χώμα.

Όταν έφτασε στο βραχότοπο, έχασε τ' αχνάρια, αλλ' ένιωθε ακόμα τη μυρωδιά της κατσίκας. Σήκωσε το κεφάλι του και την είδε, ψηλά, πάνω στον πιο απόκρημνο βράχο. Ήτανε μια κατσίκα μεγάλη, καλοθρεμμένη, κι ο λύκος σκέφτηκε πως, αν την έπιανε θα χόρταινε για δυο μέρες τουλάχιστον.

Πώς να την πιάσει, όμως; Εκεί απάνω, που είχε σκαρφαλώσει η κατσίκα, αυτός δεν θα τολμούσε ποτέ του ν' ανεβεί γιατί οι λύκοι δεν μπορούν να σκαρφαλώσουν στα βράχια με τόση ευκολία, όπως οι κατσίκες.

Σκέφτηκε λοιπόν να χρησιμοποιήσει την πονηριά του και της φώναξε:

–Καλημέρα, κυρά - κατσίκα!

–Καλημέρα, κυρ - λύκο, του αποκρίθηκε εκείνη, χωρίς να τον φοβηθεί καθόλου.

–Κάτι πολύ ψηλά βλέπω ότι ανέβηκες, κυρά - κατσίκα.

–Ήρθα να πάρω τον αέρα μου, κυρ - λύκο μου.

–Εγώ δεν ανεβαίνω ποτέ μου τόσο ψηλά, γιατί ζαλίζομαι.

–Εγώ όμως δεν ζαλίζομαι ποτέ μου.

–Είναι επικίνδυνο μέρος αυτού που στέκεσαι, κυρά - κατσίκα.

–Γιατί, κυρ - λύκο;

–Μπορεί να γκρεμιστείς και να πέσεις.

–Έννοια σου κι εγώ δεν γκρεμίζομαι....

–Και δεν βρίσκεις και τίποτε αυτού πάνω για να φας, κυρά - κατσίκα.

–Πώς δεν βρίσκω, κυρ - λύκο; Έχει κάτι αγριοβλάσταρα πολύ νόστιμα.

–Είναι λιγοστά όμως.

–Σ' αυτό έχεις δίκιο, παραδέχτηκε η κατσίκα.

–Εδώ πιο κάτω, κυρά - κατσίκα, είναι ένα λιβάδι με χορτάρι τόσο παχύ, που ποτέ μου δεν είδα άλλο. Έλα να βοσκήσεις όσο θέλεις.....

–Άκουσε, κυρ - λύκο μου, αποκρίθηκε η κατσίκα, δεν με προσκαλείς για να βοσκήσω, αλλά για να με φας. Μη χάνεις λοιπόν τα λόγια σου άδικα, γιατί δεν έχω σκοπό να κατέβω από δω πάνω.

Ο λύκος κατάλαβε πως δεν θα τα κατάφερνε να κοροϊδέψει την κατσίκα κι έτσι έβαλε κάτω το κεφάλι του κι έφυγε, μήπως βρει κανένα άλλο κυνήγι, πιο βολικό.

Ελάφι και Λιοντάρι

Μια νύχτα, ένα ελάφι βγήκε να βοσκήσει.

Το μέρος ήταν ερημικό, κάμπος απέραντος, άνθρωπος κανείς δεν ήταν εκεί κοντά και τ' αγρίμια κυνηγούσαν μέσα στο μεγάλο, πυκνό δάσος, που κι αυτό βρισκότανε πολύ μακριά.

Το ελάφι λοιπόν βόσκησε με την ησυχία του και, χαράματα, ξεκίνησε να γυρίσει στο δάσος, όπου έμενε.

Στο δρόμο του δίψασε και πήγε σε μια πηγή με βαθιά και πεντακάθαρα νερά, για να ποτιστεί.

Καθώς έσκυβε να πιει, είδε, στην ήρεμη επιφάνεια του νερού, που έμοιαζε με κρυστάλλινο καθρέφτη, ν' αντικαθρεφτίζεται το κορμί του και, μόλο που ήταν διψασμένο, στάθηκε μια στιγμή, να δει καλύτερα το αντικαθρέφτισμά του.

– Έχω όμορφο κεφάλι και πολύ όμορφα κέρατα! μουρμούρισε ικανοποιημένο το ελάφι. Κανένα αγρίμι μέσα στο δάσος δεν έχει τέτοια κέρατα, όπως εγώ. Άλλα έχουν μικρά, ή γυριστά, άλλα μεγάλα και ίσια, άλλα έχουν δόντια σουβλερά, κέρατα όμως κλαδωτά, τόσο μεγάλα και τόσο αρχοντικά, κανένα αγρίμι δεν τα 'χει!

Κι αφού ήπιε νερό και ξεδίψασε, στάθηκε λίγο, για να σβήσουν οι κύκλοι πάνω στην επιφάνεια της πηγής και να ξαναγίνουν τα νερά σαν καθρέφτης κρυστάλλινος, γιατί ήθελε να δει ακόμα μια φορά τα ωραία, κλαδωτά του κέρατα, προτού γυρίσει στο δάσος.

Σιγά - σιγά, οι κύκλοι μέσα στο νερό αραίωναν κι η επιφάνειά του απλώθηκε ήρεμη, κρυστάλλινη, χωρίς καμιά ρυτίδα απάνω της, όμοια με καθρέφτη.

Και πάλι είδε τα μεγάλα, κλαδωτά του κέρατα το ελάφι και του φάνηκαν πολύ όμορφα και τα θαύμασε. Αλλά, μια στιγμή, καθώς έγερνε το κεφάλι του, για να τα δει καλύτερα μέσα στο νερό, πρόσεξε το στήθος του, που ήτανε πλατύ και δυνατό, κι από κάτω τα μπροστινά του πόδια, πολύ αδύνατα, τόσο, που απορούσες, όταν τα 'βλεπες, πώς μπορούσαν και σήκωναν εκείνο το δυνατό κορμί, εκείνο το περήφανο κεφάλι, με τα θαυμάσια, μεγάλα, κλαδωτά κέρατα.

Τα είδε το ελάφι και στενοχωρήθηκε, γιατί τα βρήκε πολύ αδύνατα, πετσί και κόκαλο μονάχα.

—Θεέ μου! μουρμούρισε, τι άσχημα πόδια που έχω! Κανένα αγρίμι μέσα στο δάσος δεν έχει τόσο άσχημα πόδια, όπως τα δικά μου!

Κι ένα δάκρυ κύλησε από τα όμορφα, εκφραστικά του μάτια, γιατί τα ελάφια κλαίνε, όταν είναι λυπημένα, όπως κλαίνε οι άνθρωποι.

Θυμήθηκε τ' άλλα αγρίμια και τα πόδια τους: το άγριο άλογο, με τις θαυμάσιες καμπύλες των καπουλιών του, την τίγρη, μ' εκείνα τα δυνατά κι όμορφα πόδια, ακόμη και τον ελέφαντα, που είχε άσχημα, χοντρά πόδια, αλλά που, τουλάχιστον, ήταν ανάλογα με το κορμί του.

Και το ελάφι έφυγε, αναστενάζοντας για την ατυχία του, που δεν είχε κι αυτό όμορφα πόδια.

Ύστερα από λίγην ώρα, ένα λιοντάρι, που είχε βγει νύχτα στον κάμπο για κυνήγι και το βρήκε η μέρα, γυρνούσε κι αυτό μέσα στο δάσος και, περνώντας από την πηγή, στάθηκε να πιει νερό.

Καθώς έπινε νερό όμως, μυρίστηκε τ' αχνάρια του ελαφιού κι αποφάσισε να το κυνηγήσει, γιατί δεν είχε χορτάσει ακόμα, μ' ένα - δυο λαγούς που είχε φάει εκείνη τη νύχτα.

Πήδησε αμέσως, ακολουθώντας το ελάφι και βρυχήθηκε γιατί ήξερε πως ο βρυχηθμός του, που έμοιαζε με βροντή, έκανε τα ζώα να παραλύσουν από τον τρόμο τους και τα 'τρωγε.

Το ελάφι, ακούγοντας εκείνο τον τρομερό βρυχηθμό, το 'βαλε στα πόδια κι έτρεχε τόσο γρήγορα, ώστε το λιοντάρι δεν μπορούσε να το φτάσει.

Σε λίγο, ήτανε μέσα στο δάσος κι έτρεξε να κρυφτεί. Αλλά, καθώς περνούσε μέσα από κάτι φουντωνά χαμόκλαδα, τα μεγάλα κλαδωτά του κέρατα πιάστηκαν μέσα στα πυκνά κλαδιά και δεν μπορούσε πια να προχωρήσει.

«Τι ανόητο που ήμουνα!» σκέφτηκε τότε το καημένο το ελάφι, καθώς άκουγε το λιοντάρι να πλησιάζει. «Κατηγορούσα τα πόδια μου, που, ωστόσο, με βοήθησαν ως τώρα να ξεφύγω, και θαύμαζα τα κέρατά μου, που έγιναν αφορμή να μην μπορώ να τρέξω άλλο πια, μόνο θα μείνω εδώ και θα με φάει το λιοντάρι!»

Η Γίδα και ο Γάιδαρος

Ένας μυλωνάς είχε μια γίδα κι ένα γάιδαρο. Τη γίδα την είχε για να του δίνει το γάλα της. Το γάιδαρο τον είχε για όλες τις δουλειές. Όταν δεν φυσούσε άνεμος και τα φτερά του μύλου έμεναν ακίνητα, ο μυλωνάς έζεβε το γάιδαρο για να γυρίσει τις μυλόπετρες. Κι όταν πάλι άλεθε τα στάρια και τα καλαμπόκια, τον φόρτωνε με σακιά αλεύρι και τον έβαζε να τα κουβαλάει στο χωριό.

Ο γάιδαρος δούλευε πολύ και γι' αυτό ο μυλωνάς τον τάιζε καλά. Πάντοτε, στο παχνί του, υπήρχε άφθονο κριθάρι και σανός.

Τη γίδα δεν την περιποιόταν όσο το γάιδαρο, όχι μόνο γιατί δεν κουραζόταν, όσο εκείνος, αλλά και γιατί πίστευε πως μια κι ήταν όλη την ημέρα ελεύθερη και μπορούσε να τριγυρνάει όπου ήθελε, θα 'βρισκε πάντοτε κάτι να βοσκήσει.

Αλλ' η γίδα έβρισκε πως ο μυλωνάς την αδικούσε και ζήλευε το γάιδαρο, που το παχνί του, ήτανε πάντοτε γεμάτο μ' εκλεκτή τροφή.

Τον ζήλευε κι ήθελε να του κάνει κακό, αλλά δεν τολμούσε να τον χτυπήσει με τα κέρατά της, γιατί ο γάιδαρος ήτανε πολύ πιο μεγαλόσωμος και πολύ πιο δυνατός απ' αυτήν.

Άρχισε λοιπόν να τον καλοπιάνει και να προσποιείται ότι τον συμπονούσε.

—Δουλεύεις πολύ, καημένε! του έλεγε.

—Αχ, τσακίζομαι όλη την ημέρα, γκάριζε ο γάιδαρος, γιατί αλλιώς δεν μπορούσε ν' αναστενάξει.

Του το 'λεγε κάθε μέρα, ώσπου τον κατάφερε να πιστέψει πως ενδιαφερότανε πραγματικά γι' αυτόν.

Ένα βράδυ του λέει:

—Σκέφτηκα κάτι.

—Τι; ρώτησε ο απονήρευτος γάιδαρος.

—Θέλεις να μη δουλέψεις αύριο;

—Πώς γίνεται ένα τέτοιο πράγμα;

—Δεν είναι τόσο δύσκολο, όσο νομίζεις. Θα κάνεις τον άρρωστο.

—Πώς να κάνω τον άρρωστο, αφού δεν είμαι;

—Δεν χρειάζεται να είσαι άρρωστος. Όταν θα σε φορτώσει ο μυλωνάς και θα ξεκινήσει για το χωριό, την ώρα που θα περνάς απάνω στο ξύλινο γεφυράκι, πέσε κάτω και άρχισε να κλοτσάς. Ο μυλωνάς θα νομίσει πως είσαι άρρωστος, πως σ' έπιασε σεληνιασμός και τότε θα σ' αφήσει να ησυχάσεις, ώσπου να σου περάσει η αρρώστια σου.

—Ωραία το σκέφτηκες, γκάριξε χαρούμενος ο απονήρευτος γάιδαρος. Αύριο θα κάνω όπως με συμβούλεψες.

Πραγματικά, την άλλη μέρα, ο μυλωνάς φόρτωσε το γάιδαρο με τέσσερα σακιά αλεύρι και ξεκίνησε να τα πάει στο χωριό.

Καθώς όμως περνούσαν πάνω από το ξύλινο γεφυράκι, ο γάιδαρος έκανε πως γλίστρησε, έπεσε κάτω κι άρχισε να κλοτσάει. Με τις κλοτσιές του όμως έσπασε το γεφυράκι κι ο δυστυχισμένος ο γάιδαρος έπεσε στο ρέμα, που κυλούσε από κάτω, και δεν μπόρεσε ούτε να σηκωθεί, ούτε να ξανακλοτσήσει, γιατί έσπασε τα πλευρά του.

Ο μυλωνάς τρομοκρατήθηκε κι έτρεξε να φέρει από το χωριό κάποιον που ήξερε να γιατρεύει τα ζώα.

Εκείνος είδε το γάιδαρο, πασπάτεψε τα πλευρά του, κατάλαβε πως ήταν σπασμένα κι είπε στο μυλωνά:

—Ο γάιδαρός σου, για να γίνει καλά, πρέπει να ποτιστεί με ζωμό από πλεμόνι γίδας.

Ο μυλωνάς, για να μη χάσει το γάιδαρο, που του ήτανε πολύτιμος, αποφάσισε να θυσιάσει τη γίδα του. Την έσφαξε λοιπόν, έβρασε τα πλεμόνια της και πότισε με το ζουμί τους το γάιδαρο.

Κι έτσι την έπαθε η δολερή γίδα: ήθελε να κάνει κακό στον απονήρευτο γάιδαρο κι έχασε τη ζωή της.

Η Γριά και ο Γιατρός

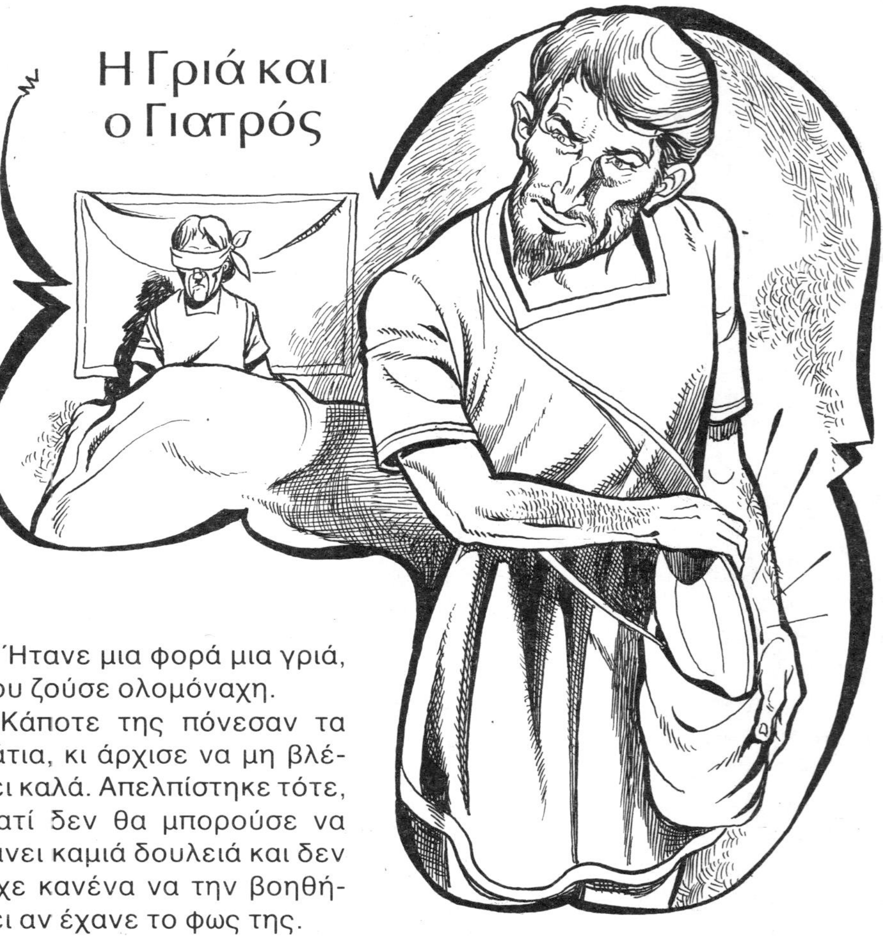

Ήτανε μια φορά μια γριά, που ζούσε ολομόναχη.

Κάποτε της πόνεσαν τα μάτια, κι άρχισε να μη βλέπει καλά. Απελπίστηκε τότε, γιατί δεν θα μπορούσε να κάνει καμιά δουλειά και δεν είχε κανένα να την βοηθήσει αν έχανε το φως της.

Θυμήθηκε, όμως, πως είχε ακούσει ότι, σ' ένα διπλανό χωριό, έμενε ένας άνθρωπος που έκανε το γιατρό κι έλεγαν μάλιστα ότι πολλούς είχε γλιτώσει με τα γιατροσόφια του.

Σηκώθηκε λοιπόν ένα πρωί, πήγε σ' εκείνο το χωριό, βρήκε τον άνθρωπο, που έκανε το γιατρό και του παραπονέθηκε πως τα μάτια της πονούσαν και φοβότανε μήπως αποτυφλωθεί.

– Εγώ θα σε κάνω καλά, της υποσχέθηκε εκείνος. Γύρισε τώρα στο σπίτι σου κι αύριο θα 'ρθω να σε δω και θα σου πω τι θα κάνεις για να γιατρευτείς.

Πραγματικά, την άλλη μέρα, πρωί - πρωί, ήρθε στο σπίτι της γριάς ο γιατρός κουβαλώντας κι ένα σακί με τα σύνεργά του και τα γιατροσόφια του.

Όταν μπήκε μέσα, τα 'χασε απ' ό,τι είδε: η γριά ήτανε καλή

νοικοκυρά και το σπιτάκι της ήταν γεμάτο με πολλά πράγματα αξίας.

Ο γιατρός έτριψε τα χέρια του ευχαριστημένος.

–Θα σε κάνω καλά, γιαγιά, μόνο που θ' αργήσει λιγάκι η γιατρειά σου! της είπε.

–Φτάνει να γίνω καλά, παιδάκι μου, κι ας αργήσει όσο θέλει, αποκρίθηκε η γριά.

–Κι ακόμα πρέπει, όσο βαστάει η θεραπεία, να μην ανοίξεις καθόλου τα μάτια σου, συνέχισε ο γιατρός.

–Πώς μπορώ να μην ανοίξω τα μάτια μου; απόρησε η γριά. Ποιος θα με κοιτάζει εμένα, όσο θα έχω κλειστά τα μάτια;

–Εγώ θα σε κοιτάζω, γιαγιά, της υποσχέθηκε εκείνος. Έννοια σου. Κι όταν γίνεις καλά, τότε ξαναρχίζεις τις δουλειές σου.

–Από το Θεό να το 'βρεις, παιδάκι μου, το καλό που μου κάνεις! είπε συγκινημένη η γριά.

Ο γιατρός την έβαλε να ξαπλώσει στο κρεβάτι της, έβγαλε από το σακί του ένα βάζο με αλοιφή, της άλειψε τα μάτια, της τα 'δεσε έπειτα σφιχτά μ' ένα μαύρο πανί και της είπε:

–Αυτό το πανί θα το λύσω εγώ αύριο το πρωί και θα σου αλείψω τα μάτια με άλλη αλοιφή, κι αυτό θα γίνεται κάθε μέρα, επί ένα μήνα ώσπου να γίνεις καλά. Τώρα θα σου ετοιμάσω κάτι, για να φας κι έπειτα θα φύγω.

–Την ευλογία μου να 'χεις, παιδάκι μου! είπε η καημένη η γριά.

Αλλ' ο γιατρός προτού φύγει, έχωσε μέσα στο σακί του έναν ασημένιο δίσκο, που είχε η γριά πάνω στο τραπέζι της.

Ξαναγύρισε το άλλο πρωί, της άλλαξε τον επίδεσμο, την τάισε κι έφυγε πάλι, αφού πρώτα έχωσε μέσα στο σακί του ένα πουγκί με χρήματα, που είχε κρυμμένα η γριά σ' ένα συρτάρι.

Κι έτσι, κάθε μέρα, όλο κι έπαιρνε κάτι από το σπίτι της γριάς, ώσπου της άφησε μόνο τα έπιπλα.

Όταν πέρασε ο μήνας και δεν υπήρχε τίποτα άλλο να κλέψει, έλυσε τον επίδεσμο από τα μάτια της γριάς και της είπε:

–Τώρα, γιαγιά, γιατρεύτηκες πια.

Η γριά σηκώθηκε από το κρεβάτι της, κοίταξε γύρω της, είδε το σπίτι της αδειανό και του είπε, κουνώντας το κεφάλι της:

–Τι γιατρεύτηκα, παιδί μου, που είμαι χειρότερα από πριν; Προτού μου βάλεις τα γιατροσόφια σου, έβλεπα το σπίτι μου γεμάτο. Τώρα το βλέπω αδειανό.

Το φυλακισμένο Λιοντάρι κι ο Κυνηγός

Ένας πλούσιος χτηματίας είχε το υποστατικό του στην άκρη ενός πυκνού και άγριου δάσους και, για να το προφυλάξει από τ' αγρίμια, είχε χτίσει γύρω του έναν τοίχο πολύ ψηλό, που κανένα αγρίμι δεν θα μπορούσε να τον πηδήσει.

Μέσα στο υποστατικό του είχε ξεχωριστό μαντρί για τα πρόβατά του και στάβλο για τις αγελάδες του και, κάθε βράδυ που οι βοσκοί έφερναν τα ζώα από τη βοσκή, τα 'κλειναν εκεί μέσα, έκλειναν και τη βαριά πόρτα του υποστατικού κι έτσι ο χτηματίας, που το σπίτι του ήτανε πλάι στο υποστατικό, μπορούσε να κοιμηθεί ήσυχος.

Ένα πρωί, που είχαν ανοίξει τη μεγάλη πόρτα του υποστατικού για να βγάλουν τα ζώα να τα πάνε στη βοσκή, πήδησε μέσα στην αυλή ένα λιοντάρι, που βγήκε από το διπλανό δάσος.

—Κλείστε αμέσως την πόρτα! Θα το πιάσουμε ζωντανό! φώναξε δυνατά ο χτηματίας.

Κι αμέσως οι άνθρωποί του έκλεισαν τη βαριά πόρτα του υποστατικού, την αμπάρωσαν απέξω και το λιοντάρι έμεινε φυλακισμένο.

–Να πάτε στην πολιτεία να φέρετε κυνηγούς λιονταριών, για να το πιάσουν ζωντανό! πρόσταξε ο χτηματίας.

Ο χτηματίας κάθισε στο σπίτι και περίμενε, ήσυχος, να 'ρθουν οι κυνηγοί λιονταριών.

Η πολιτεία ήτανε μακριά κι οι άνθρωποί του θα έκαναν δυο μέρες να πάνε και δυο μέρες να γυρίσουν.

–Σε μια βδομάδα, το λιοντάρι θα 'ναι κλεισμένο στο σιδερένιο κλουβί! έλεγε ο χτηματίας στη γυναίκα του κι ήταν ευχαριστημένος από το σχέδιό του.

Στο μεταξύ, όμως, το λιοντάρι, που είχε κλειστεί μέσα στο υποστατικό, πεινούσε κι ήθελε να βγει για να πάει στο δάσος να κυνηγήσει. Προσπάθησε να πηδήσει τον τοίχο και να φύγει, αλλ' ο τοίχος ήτανε τόσο ψηλός, ώστε δεν τα κατάφερε.

Ρίχτηκε τότε στη μάντρα, έσπασε την πόρτα της κι έπεσε απάνω στα πρόβατα.

Μέσα σε δυο μέρες, τα είχε φάει όλα.

Την τρίτη μέρα, μια που δεν είχε άλλα πρόβατα να φάει, έπεσε πάνω στην πόρτα του στάβλου, την έσπασε και πήδησε πάνω στη ράχη μιας γελάδας, δαγκώνοντας με λύσσα το λαιμό της. Η γελάδα σωριάστηκε καταγής και το λιοντάρι την έφαγε.

Την άλλη μέρα, δεν υπήρχε γελάδα ζωντανή μέσα στο στάβλο.

Ο χτηματίας, που άκουγε τα τρομαγμένα βελάσματα των προβάτων, τα μουγκανητά των αγελάδων και τους βρυχηθμούς του λιονταριού, κατάλαβε τι γινότανε μέσα στο υποστατικό και φοβήθηκε μήπως το αγρίμι κατορθώσει και πηδήσει από τον τοίχο και τότε κινδύνευε κι αυτός μέσα στο σπίτι του.

Πήγε λοιπόν κι άνοιξε σιγά - σιγά τη βαριά πόρτα του υποστατικού, για να μπορέσει το λιοντάρι να φύγει προς το δάσος.

–Καλά να πάθεις! του είπε η γυναίκα του, όταν τον άκουσε ν' αναστενάζει. Πώς σου ήρθε να φυλακίσεις ένα θηρίο που, όταν το βλέπεις από μακριά πρέπει να το βάζεις στα πόδια;

Ο Λύκος κι ο Βοσκός

Μια φορά, ήταν ένας βοσκός που είχε ένα μεγάλο κοπάδι πρόβατα.

Είχε και δυο μαντρόσκυλα, να τα φυλάνε, αλλά τα σκυλιά αρρώστησαν κάποτε και ψόφησαν, την ίδια μέρα, και τα δυο.

Ο βοσκός στενοχωρήθηκε πολύ, που έχασε τα σκυλιά του, γιατί φοβότανε μην του σπαράξουν τα πρόβατα οι λύκοι. Δεν ήξερε τι να κάνει. Καμιά στάνη δεν βρισκόταν εκεί κοντά, για να πάρει κανένα σκυλί. Έπρεπε να κάνει μια μέρα δρόμο, για να βρει άλλους βοσκούς και ν' αγοράσει από κείνους κανένα μαντρόσκυλο. Αλλ' αν άφηνε μόνα τους κι αφύλαχτα, μια μέρα ολόκληρη, τα πρόβατά του, φοβότανε μήπως δεν έβρισκε κανένα ζωντανό, όταν θα γύριζε πίσω.

Πήγαινε λοιπόν τα πρόβατά του στη βοσκή συλλογισμένος, εκείνη τη μέρα, όταν ξαφνικά, είδε ένα λύκο να 'ρχεται από πίσω τους.

Ο βοσκός τρομοκρατήθηκε κι ετοιμάστηκε να βάλει τις φωνές, αλλά πρόσεξε πως ο λύκος δεν πείραζε τα πρόβατα, μόνο τ' ακολουθούσε, ήσυχα - ήσυχα, σαν να ήτανε κανένα τσοπανόσκυλο.

Καμιά φορά μάλιστα, που ένα πρόβατο πήγαινε να ξεκόψει από το κοπάδι, ο λύκος έτρεχε και το ξανάφερνε πίσω.

–Παράξενος λύκος! μουρμούρισε ο βοσκός. Φέρνεται σαν να ήτανε σκύλος.

Ωστόσο, είχε όλη την ημέρα το νου του στο αγρίμι.

Το βράδυ που γύρισε τα πρόβατα στο μαντρί και τα 'κλεισε μέσα, ο λύκος τον ακολούθησε ως εκεί, κι έπειτα έφυγε, σαν να είχε τελειώσει πια τη δουλειά του.

«Μπορεί να ξανάρθει αργότερα να μου πνίξει τα πρόβατα», σκέφτηκε ο βοσκός.

Κι όλη τη νύχτα, δεν έκλεισε μάτι, παραφυλάγοντας μήπως έρθει ο λύκος.

Αλλά ο λύκος δεν φάνηκε καθόλου. Μόνο το πρωί, που ο βοσκός έβγαλε τα πρόβατά του να τα πάει στο λιβάδι, για να βοσκήσουν, παρουσιάστηκε πάλι ο λύκος και πήγαινε πίσω τους, όλη τη μέρα, και τα φύλαγε, σαν να ήτανε τσοπανόσκυλο.

Πέρασαν έτσι δυο - τρεις εβδομάδες κι ο βοσκός είχε συνηθίσει τον παράξενο εκείνο λύκο και τον τάιζε μάλιστα, όπως τάιζε, άλλοτε, τα σκυλιά του.

Κάποτε, του έτυχε μια δουλειά κι έπρεπε να κατέβει στην πολιτεία.

«Τώρα δε φοβάμαι για τα πρόβατά μου», είπε μέσα του. «Ας είναι καλά ο λύκος που μου τα φυλάει».

Κι έφυγε ήσυχος, αφήνοντας το λύκο να του φυλάει τα πρόβατα.

Όταν όμως γύρισε πίσω στο μαντρί του, την άλλη μέρα, δεν βρήκε ούτε ένα πρόβατο ζωντανό.

–Καλά να πάθω! φώναξε χτυπώντας το κεφάλι του με τα δυο του χέρια. Ποιος μου είπε να εμπιστευτώ τα πρόβατά μου σ' ένα λύκο;

Άνθρωπος και Αλεπού

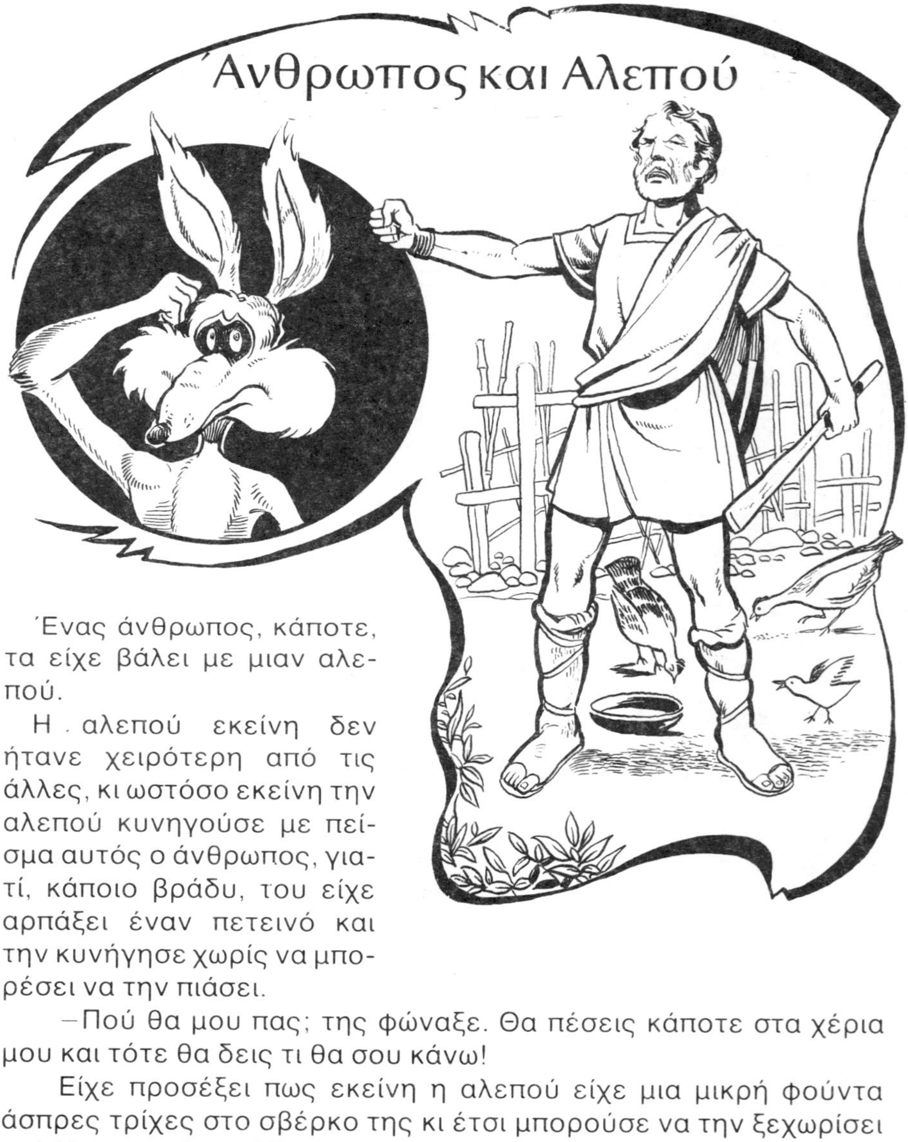

Ένας άνθρωπος, κάποτε, τα είχε βάλει με μιαν αλεπού.

Η αλεπού εκείνη δεν ήτανε χειρότερη από τις άλλες, κι ωστόσο εκείνη την αλεπού κυνηγούσε με πείσμα αυτός ο άνθρωπος, γιατί, κάποιο βράδυ, του είχε αρπάξει έναν πετεινό και την κυνήγησε χωρίς να μπορέσει να την πιάσει.

—Πού θα μου πας; της φώναξε. Θα πέσεις κάποτε στα χέρια μου και τότε θα δεις τι θα σου κάνω!

Είχε προσέξει πως εκείνη η αλεπού είχε μια μικρή φούντα άσπρες τρίχες στο σβέρκο της κι έτσι μπορούσε να την ξεχωρίσει απ' όλες τις αλεπούδες.

Το 'βαλε λοιπόν πείσμα να την εκδικηθεί για τον πετεινό, που του είχε αρπάξει.

Μήνες κράτησε αυτό το άγριο κυνηγητό. Τέλος, το καλοκαίρι, η δυστυχισμένη η αλεπού έπεσε σ' ένα δόκανο, που της είχε στήσει ο άνθρωπος εκείνος.

Όταν την είδε πιασμένη στο δόκανο, ο άνθρωπος έτριψε τα

χέρια του χαρούμενος.

–Δεν σου είπα ότι θα σε πιάσω; της φώναξε. Τώρα θα δεις τι έχω να σου κάνω.

Πήρε από το σπίτι του στουπί, το βούτηξε καλά στο λάδι, το 'δεσε γερά στην ουρά της αλεπούς, το άναψε κι έπειτα άνοιξε το δόκανο και την άφησε ελεύθερη.

–Αν σε σκότωνα, θα ψοφούσες μια φορά, της είπε. Τώρα όμως, ώσπου να ψοφήσεις, θα μαρτυρήσεις, γιατί θα καίγεσαι λίγη - λίγη.

Η άμοιρη αλεπού το 'βαλε στα πόδια για να γυρίσει στη φωλιά της. Σε λίγο όμως ένιωσε δυνατό τσούξιμο στην ουρά της κι άρχισε να ουρλιάζει από τους πόνους γιατί καιγότανε.

Έτρεχε λοιπόν σαν τρελή, εδώ και εκεί, μέσα στα σταροχώραφα, προσπαθώντας να πετάξει από την ουρά της εκείνο το αλλόκοτο πράγμα, που την έκαιγε και, καθώς τίναζε την ουρά της, έπιαναν τα στάχυα φωτιά.

Τα στάχυα ήτανε ξερά, έτοιμα για θερισμό κι η φωτιά, από την ουρά της αλεπούς, απλώθηκε σ' όλα τα χωράφια κι έτσι όλα τα σπαρτά άναψαν, κάηκαν κι έγιναν κάρβουνο.

Εκείνα τα χωράφια όμως ήταν του ανθρώπου, που είχε βάλει αναμμένο στουπί στην ουρά της αλεπούς, κι έτσι, όταν πήγε την άλλη μέρα να θερίσει τα στάρια του δε βρήκε ούτε ένα στάχυ όρθιο. Όλα ήταν καρβουνιασμένα.

Η Γυναίκα κι οι δουλειές

Ζούσε κάποτε μια χήρα, που ήτανε πλούσια κι είχε δούλες.

Είχε σπίτι μεγάλο και χωράφια κι ήτανε τόσο εργατική, ώστε, μόλις λαλούσε ο πετεινός της, σηκωνότανε από το κρεβάτι της, ξυπνούσε και τις δούλες κι άρχιζε αμέσως τις δουλειές: Έπρεπε να συγυρίσουν το σπίτι, να ζυμώσουν, να ψήσουν ψωμί, να μαγειρέψουν, να ταΐσουν τις κότες, να βγάλουν την κατσίκα και τη γελάδα στο λιβάδι, για να βοσκήσουν, να κουβαλήσουν ψωμί και φαγητό σ' εκείνους που δούλευαν στα χωράφια...

Οι δουλειές ήταν ατελείωτες κάθε μέρα κι οι δούλες βαρυγκομούσαν.

–Δεν είναι κατάσταση αυτή! έλεγαν.

–Θα πεθάνουμε στα πόδια μας!

–Μας ξυπνάει προτού χαράξει καλά - καλά.

–Μόλις λαλήσει εκείνος ο καταραμένος ο πετεινός της!

Μια από τις δούλες είπε τότε στις άλλες.

–Εκείνος ο πετεινός της τα φταίει όλα. Αν δε λαλούσε νύχτα ακόμα, εμείς θα κοιμόμαστε ως το πρωί.

–Πετεινός είναι, θα λαλήσει. Πώς θα τον εμποδίσουμε;

–Να τον πνίξουμε! πρότεινε μια δούλα.

Οι άλλες βρήκαν σοφή τη συμβουλή της και, το ίδιο βράδυ, μπήκαν κρυφά στο κοτέτσι κι έπνιξαν τον πετεινό.

Αλλά βγήκε χειρότερα γι' αυτές. Γιατί η χήρα, τώρα που δεν είχε τον πετεινό να την ξυπνάει με το λάλημά του, ξυπνούσε πολύ πιο νωρίς, γιατί φοβότανε μήπως δεν προφτάσει τις δουλειές και ξυπνούσε, από κείνη την ώρα, και τις δούλες της.

Ο Γεωργός και το παγωμένο Φίδι

Ένα χειμωνιάτικο πρωί, κάποιος γεωργός, που πήγε να σκαλίσει το χωράφι του, βρήκε καταγής ένα φίδι, παγωμένο από το δυνατό κρύο.

Ο γεωργός ήτανε πολύ πονόψυχος άνθρωπος και το λυπήθηκε.

–Το καημένο το φίδι! μουρμούρισε. Κοκάλωσε από το κρύο και μπορεί να ψόφησε κιόλας. Αλλ' αν δεν είναι ακόμα ψόφιο, μπορεί να συνέλθει με τη ζεστασιά.

Πώς να το ζεστάνει όμως το φίδι;

Να γυρίσει στο σπίτι του και να το βάλει κοντά στ' αναμμένο τζάκι; Ήταν μακριά κι έπρεπε να τελειώσει πρώτα το σκάλισμα του χωραφιού.

«Ας το βάλω στον κόρφο μου», σκέφτηκε. «Εκεί μέσα είναι πιο ζεστά».

Και, πιάνοντας το κοκαλιασμένο φίδι, το 'χωσε στον κόρφο του κι εξακολούθησε τη δουλειά του.

Η δουλειά ήταν βαριά κι ο γεωργός ζεστάθηκε, ίδρωσε.

Μέσα στον κόρφο του ζεστάθηκε και το φίδι το κοκαλιασμένο και συνήρθε από τη νάρκη του.

Και τότε, ευχαριστημένο που βρισκότανε στη ζωή κι έβρισκε και τροφή, δάγκωσε δυνατά το γεωργό στο στήθος του.

Ο δύστυχος σωριάστηκε στο χώμα, σπαράζοντας από τους πόνους, γιατί το φίδι είχε δηλητήριο στο δόντι του.

–Καλά να πάθω, αφού λυπήθηκα έναν αχάριστο...μουρμούρισε ο γεωργός ξεψυχώντας.

Η Γίδα κι ο Γιδοβοσκός

Ένας γιδοβοσκός οδήγησε μια μέρα το κοπάδι του στην πλαγιά του βουνού, όπου υπήρχε άφθονο χορτάρι.

Οι γίδες σκόρπισαν, όπως το συνηθίζουν, για να βοσκήσουν κι ο γιδοβοσκός ξάπλωσε στον ίσκιο ενός δέντρου κι άρχισε να παίζει τη φλογέρα του.

Έπειτα έβγαλε από το σακίδιό του ψωμί και τυρί, έφαγε, ήπιε και νερό από την πηγή, που έτρεχε στη ρίζα ενός θεόρατου πλάτανου και ξάπλωσε να κοιμηθεί.

Όταν ξύπνησε ο γιδοβοσκός, ο ήλιος κόντευε να βασιλέψει.

Σηκώθηκε λοιπόν κι άρχισε να μαζεύει τα γίδια του, που είχανε σκορπίσει, για να τα πάει πίσω, στο μαντρί του αφεντικού του.

Δυσκολεύτηκε να τα συγκεντρώσει, όπως γινότανε κάθε βράδυ, γιατί τα γίδια δεν μοιάζουν με τα πρόβατα, που πάνε όλα μαζί.

Τέλος πάντων, το κατόρθωσε και μόνο μια γίδα του έλειπε. Έτρεξε, εδώ-εκεί και, τέλος, την είδε, πάνω σ' ένα βράχο.

Της σφύριξε να 'ρθει στο κοπάδι, αλλ' εκείνη έκανε πως δεν άκουγε.

Τότε ο γιδοβοσκός θύμωσε, πήρε μια πέτρα και την έριξε πάνω στη γίδα, για να τρομάξει και να κατέβει από το βράχο. Αλλ' η πέτρα πέτυχε τη γίδα στο ένα της κέρατο και το' σπασε.

Ο γιδοβοσκός τρομοκρατήθηκε, γιατί, σίγουρα το αφεντικό του θα τον έδιωχνε, όταν έβλεπε το σπασμένο κέρατο.

Μέσα στην απελπισία του λοιπόν, άρχισε να παρακαλάει τη γίδα:

—Κάνε μου τη χάρη να μην πεις τίποτα στο αφεντικό μας γι' αυτό που έπαθες.

—Όσο κι αν σωπάσω εγώ, του αποκρίθηκε η γίδα, πώς θα γίνει να κρύψω αυτό που έπαθα; Όλοι θα δούνε ότι το ένα κέρατό μου είναι σπασμένο.

Κι είχε δίκιο, γιατί ένα κακό φανερό δεν μπορεί ποτέ να κρυφτεί.

Ο Λύκος και τ' Αρνί

Ένας λύκος κατέβηκε, μια μέρα, στην ακροποταμιά. Ξαφνικά, στην αντικρινή όχθη, αλλά πιο κάτω, είδε ένα αρνί, που έπινε νερό.

Στο μέρος, όπου βρισκόταν ο λύκος, το ποτάμι ήτανε πλατύ κι έτσι δεν μπορούσε να πηδήσει στην αντικρινή όχθη, για να φάει το αρνί.

Πιο κάτω, όμως, στένευε και το πήδημα θα ήταν εύκολο. Αλλά φοβότανε μήπως φύγει το αρνί ώσπου να φτάσει αυτός στο μέρος απ' όπου θα πηδούσε.

Γι' αυτό, άρχισε να του μιλάει, για να το τρομοκρατήσει και να σταθεί στη θέση του.

–Γιατί μου θολώνεις το νερό και δεν μπορώ να πιω; του φώναξε.

–Πώς σου θολώνω το νερό, αφού εγώ είμαι πιο κάτω από σένα; αποκρίθηκε το καημένο το αρνί.

Ο λύκος, που προχωρούσε στο μεταξύ, βρήκε μια άλλη κατηγορία.

–Έμαθα ότι πέρυσι έβρισες τον πατέρα μου! του είπε αυστηρά.

–Εγώ πέρυσι δεν είχα γεννηθεί ακόμη, αποκρίθηκε το αθώο το αρνί.

Στο μεταξύ, ο λύκος, είχε φτάσει στο μέρος όπου το ποτάμι ήτανε πολύ στενό και, μ' ένα πήδημα, βρέθηκε στην αντικρινή όχθη, πλάι στο τρομοκρατημένο αρνάκι.

–Εσύ μπορείς να βρίσκεις δικαιολογίες, του είπε, αλλ' εγώ θα σε φάω!

Ο λύκος, βλέπετε, ήταν αποφασισμένος να κάνει το κακό και καμιά σωστή και δίκαιη απόκριση του αρνιού δε θα τον εμπόδιζε.

Οι Κλέφτες κι ο Πετεινός

Κάτι κλέφτες, είχανε βάλει στο μάτι ένα σπίτι, που βρισκότανε στην άκρη του χωριού, μακριά από τ' άλλα.

Ήξεραν πως, εκείνος που το είχε, ήτανε καλός νοικοκύρης και λογάριαζαν πως θα' βρισκαν πολλά πράγματα εκεί μέσα για να κλέψουν.

Περνούσαν λοιπόν, κάθε βράδυ, μετά τα μεσάνυχτα, έξω από το σπίτι, αλλά τα σκυλιά, που ήταν στην αυλή, γάβγιζαν δυνατά, ο πετεινός από το κοτέτσι ξεφώνιζε «κουκουρίκου!» κι οι κλέφτες δεν τολμούσαν να μπούνε στο σπίτι γιατί, ή θα τους έσχιζαν τα σκυλιά, ή θα τους έπιαναν οι άνθρωποι.

Έπειτα έλειψαν ένα διάστημα από κείνο το μέρος, γιατί έκλεβαν σ' άλλο χωριό, κι όταν ξαναγύρισαν θυμήθηκαν το σπίτι του νοικοκύρη κι είπαν να πάνε κανένα βράδυ, για να δοκιμάσουν, μήπως μπορέσουν να μπούνε μέσα, να κλέψουν.

Περίμεναν λοιπόν να γίνουν μεσάνυχτα και τότε ξεκίνησαν.

Όταν έφτασαν έξω από το σπίτι, κανένα σκυλί δεν γάβγισε, όπως άλλοτε και, παίρνοντας θάρρος, μπήκανε στην αυλή. Τα σκυλιά έλειπαν.

—Ευκαιρία! είπαν οι κλέφτες.

Και, σπάζοντας σιγά μια πόρτα, μπήκανε στο σπίτι.

Όλα τα δωμάτιά του όμως ήταν αδειανά και δεν βρήκαν τίποτα να κλέψουν, γιατί ο νοικοκύρης του σπιτιού το είχε αδειάσει κι είχε φύγει λίγες μέρες πριν.

Καθώς πήγαιναν να φύγουν, απελπισμένοι, άκουσαν ένα δυνατό «κουκουρίκου!». Ήταν ο πετεινός, που είχε ξεχάσει το αφεντικό του να τον πάρει μαζί του.

—Κάποιος πετεινός λάλησε! είπε ο ένας κλέφτης που τον άκουσε πρώτος.

–Πάμε να τον βρούμε, είπε ένας άλλος. Απ' το τίποτα, καλός είναι κι ο πετεινός.

Βγήκαν λοιπόν στην αυλή κι άρχισαν να ψάχνουν για τον πετεινό.

Οι κλέφτες μπήκαν στο κοτέτσι, τον άρπαξαν κι ετοιμάστηκαν να τον σφάξουν.

–Μη με σκοτώσετε! τους παρακάλεσε ο πετεινός. Με χρειάζονται οι άνθρωποι, για να τους ξυπνάω να πηγαίνουν στις δουλειές τους.

–Τους ξυπνάς κι έτσι εμποδίζεις εμάς να τους κλέψουμε, του αποκρίθηκαν οι κλέφτες.

Και τον έσφαξαν, γιατί ωφελούσε τους τίμιους ανθρώπους κι έβλαπτε αυτούς, που ήταν κλέφτες.

Καλιακούδα και Πουλιά

Ο Δίας αποφάσισε κάποτε να βάλει ένα πουλί βασιλιά όλων των άλλων.

Τα κάλεσε λοιπόν όλα στον Όλυμπο και τους είπε:

– Ύστερα από τρεις μέρες να συναχθείτε όλα τα πουλιά εδώ πάνω και το πιο όμορφο απ' όλα θα το κάνω βασιλιά σας.

Το καθένα απ' αυτά πίστευε πως ήτανε πιο όμορφο απ' τ' άλλα, όλα όμως ήθελαν να δείχνουνε πιο όμορφα απ' ότι ήταν.

Κατέβηκαν λοιπόν σ' ένα ποταμάκι κι άρχισαν να λούζονται και να φτιάχνουν με τα ράμφη τα φτερά τους, για να παρουσιαστούνε καθαρά και περιποιημένα μπροστά στο βασιλιά των Θεών.

Η καλιακούδα, μόλο που ήξερε πόσο άσχημη ήτανε, πήγε κι αυτή στο ποτάμι, μαζί μ' όλα τ' άλλα τα πουλιά.

Αλλά τι έκανε η πονηρή; Μάζεψε τα πιο πολύχρωμα φτερά, που έπεφταν από τ' άλλα πουλιά, την ώρα που περιποιόντουσαν το φτέρωμά τους, και τα κόλλησε απάνω της.

Έτσι, όταν έφτασε η μέρα, που είχε ορίσει ο Δίας, και παρουσιάστηκαν όλα τα πουλιά μπροστά του, πήγε κι η καλιακούδα και, καθώς ήτανε στολισμένη με τα πιο πολύχρωμα φτερά, ήταν η πιο φανταχτερή απ' όλα.

Ο Δίας θαμπώθηκε, όταν την είδε.

Δεν πρόφτασε όμως να την κάνει βασίλισσα, γιατί τ' άλλα τα πουλιά, που μάντεψαν το σκοπό του, έπεσαν απάνω στην καλιακούδα κι άρχισαν να την τσιμπούνε και να της ξεκολλάνε καθένα το δικό του το φτερό.

Κι έτσι η καλιακούδα έχασε τα φανταχτερά, πολύχρωμα φτερά κι έγινε πάλι άσχημη, όπως ήτανε και πριν.

Ο Λύκος κι η Γριά

Ένας λύκος τριγυρνούσε μια νύχτα ολόκληρη, χωρίς να μπορέσει να βρει τίποτα για να φάει.

Έπεσε πάνω σ' ένα λαγό, αλλ' εκείνος πρόφτασε και χώθηκε μέσα στη φωλιά του και δεν ξαναβγήκε.

Ο λύκος θέλησε τότε να μπει σ' ένα μαντρί, για ν' αρπάξει κανένα πρόβατο, αλλά τον πήραν μυρωδιά δυο τσοπανόσκυλα και με μεγάλη δυσκολία κατόρθωσε να τους ξεφύγει.

Είχε ξημερώσει πια κι ο λύκος αποφάσισε να γυρίσει στη φωλιά του νηστικός.

Καθώς όμως περνούσε έξω από μια φτωχική καλύβα, που βρισκότανε στην άκρη του δάσους, άκουσε ένα παιδί να κλαίει κι η γριά γιαγιά του, που είχε νευριάσει, το φοβέριζε:

– Αν δεν πάψεις να κλαις, θα σε δώσω στο λύκο να σε φάει.

Όταν ο λύκος τ' άκουσε αυτό, σταμάτησε αμέσως και περίμενε ν' ανοίξει η πόρτα της καλύβας και να βγει η γριά για να του δώσει το παιδί να το φάει.

Έγλειφε τα χείλη του και ξεροκατάπινε κι όλο κοιτούσε την πόρτα της καλύβας, που αργούσε ν' ανοίξει.

Στο τέλος, για να μην περιμένει όρθιος και κουράζεται, πήγε και ξάπλωσε μέσα σε κάτι θάμνα, έβαλε τη μουσούδα του ανάμεσα στα μπροστινά του πόδια και κάρφωσε τα πεινασμένα μάτια του στην πόρτα της καλύβας.

Πέρασε όμως το πρωί, ήρθε το μεσημέρι, ο ήλιος βασίλεψε κι η πόρτα της καλύβας δεν άνοιγε.

Ο πεινασμένος λύκος δεν το κουνούσε από τη θέση του κι όλο ξερογλειφόταν.

Περίμενε πως, από στιγμή σε στιγμή, θ' άνοιγε η πόρτα της καλύβας, θα έβγαινε η γιαγιά και θα του έφερνε το μωρό που έκλαιγε, για να το φάει, όπως την είχε ακούσει να λέει.

Όπου, την ώρα που νύχτωνε, άκουσε μέσα από την καλύβα τη φωνή της γριάς να λέει όλο γλύκα:

–Κοιμήσου, παιδάκι μου, και μη φοβάσαι! Αν έρθει ο λύκος, εγώ θα τον σκοτώσω.

Ο λύκος σηκώθηκε απελπισμένος κι έφυγε μουρμουρίζοντας:

–Άλλα λένε κι άλλα κάνουν εκεί μέσα!

Ο Γέρος κι ο Θάνατος

Μια φορά, ήταν ένας γέρος που ζούσε ολομόναχος.

Δεν είχε κανέναν για να τον περιποιηθεί κι αναγκαζότανε να κάνει όλες τις δουλειές μόνος του.

Το καλοκαίρι κόντευε να τελειώσει, πλησίαζε το φθινόπωρο, με τα πρωτοβρόχια του κι έπειτα θα 'ρχόταν ο χειμώνας, με τα κρύα του.

«Πρέπει να μαζέψω ξύλα από τώρα, να τα 'χω το χειμώνα να ζεσταίνομαι», σκέφτηκε ο γέρος.

Και πήγε στο δάσος, που απλωνότανε στην πλαγιά του κοντινού βουνού.

Εκεί βρήκε πολλά ξερόκλαδα, τα μάζεψε, τα 'κανε ένα μεγάλο δεμάτι, τα φορτώθηκε στην πλάτη του και ξεκίνησε να γυρίσει στο καλυβάκι του.

Αλλ' ο δρόμος ήταν μακρύς, ο γέρος απόκαμε από την πορεία κι από την κούραση και στάθηκε πλάι σ' ένα βράχο, γιατί δεν είχε δυνάμεις πια να προχωρήσει.

–Αχ! Ας ερχόταν ο θάνατος! είπε αναστενάζοντας.

Δεν πρόφτασε να το πει και να 'σου ο Θάνατος μπροστά του.

–Με ζήτησες, παππούλη; τον ρώτησε.

–Ποιος είσαι συ; τον ρώτησε ο γέρος.

–Είμαι ο Θάνατος. Σ' άκουσα που με ζητούσες κι ήρθα. Τι με θέλεις;

Ο γέρος ξέχασε μονομιάς και την κούραση, και το δρόμο που είχε να κάνει και τα βάσανα που είχε περάσει και του είπε, χαμογελώντας του με καλοσύνη:

–Σε φώναξα, παιδάκι μου, να μου σηκώσεις αυτό το δεμάτι τα ξύλα....

Το Πουλί κι η Νυχτερίδα

Ένα πουλί ήτανε κλεισμένο στο κλουβί του, που το είχανε κρεμάσει στο παράθυρο. Ήταν άνοιξη, το παράθυρο το άφηναν οι άνθρωποι ανοιχτό και το πουλί, που θυμότανε τη ζωή του μέσα στο δάσος, όπου πετούσε ελεύθερο, κελαηδούσε.

Όλη την ημέρα, που οι άνθρωποι ήταν ξύπνιοι και τριγυρνούσαν μέσα στο σπίτι, το πουλί καθότανε, φοβισμένο, μέσα στο κλουβί του και δεν άνοιγε το ράμφος του για να πει ούτε ένα «τσίου».

Όταν όμως νύχτωνε κι οι άνθρωποι κοιμόντουσαν, το φυλακισμένο πουλί δεν φοβόταν πια κι έλεγε τον πόνο του κελαηδώντας.

Μια νυχτερίδα, που είχε τη φωλιά της σε κάτι ερείπια, εκεί κοντά, κι έβγαινε τη νύχτα για να κυνηγήσει, το πρόσεξε αυτό. Κι ένα βράδυ, πήγε έξω από το κλουβί και ρώτησε το πουλί:

–Δεν μου λες, γιατί όλη την ημέρα μένεις σιωπηλό και όταν έρθει η νύχτα αρχίζεις και κελαηδάς;

–Γιατί την ημέρα φοβάμαι, της εξήγησε το πουλί. Μέρα ήταν όταν κελαηδούσα στο δάσος και μ' έπιασαν οι άνθρωποι και μ' έκλεισαν σ' αυτή τη στενή τη φυλακή. Από τότε λοιπόν, έβαλα κι εγώ μυαλό και κελαηδάω μόνο τη νύχτα.

–Τώρα είναι αργά, που το σκέφτηκες, του αποκρίθηκε η νυχτερίδα. Έπρεπει να φυλάγεσαι από τους ανθρώπους όταν ήσουν ελεύθερο. Τώρα, όσο κι αν φυλάγεσαι, δεν ωφελεί σε τίποτα, μια που σ' έχουνε πια φυλακισμένο.

Ο Αγριόγατος κι οι Κότες

Σ' ένα κοτέτσι, στην εξοχή, πλάι σ' ένα μεγάλο δάσος, αρρώστησε μια κότα και σιγά - σιγά, κόλλησαν κι οι άλλες κι αρρώστησαν όλες μέσα στο κοτέτσι.

Η γριά, που έμενε σ' εκείνο το εξοχικό σπιτάκι ολομόναχη, όταν είδε τις κότες τις άρρωστες, έκαψε θειάφι μέσα στο κοτέτσι, ελπίζοντας να γιατρευτούν με τον καπνό του, αλλά κι αυτό δεν έφερε κανένα αποτέλεσμα.

Κίνησε λοιπόν να πάει στο χωριό, για να ρωτήσει μήπως υπάρχει κανένα φάρμακο, για να γιατρέψει τις άρρωστες κότες της.

Ένας αγριόγατος, που ζούσε μέσα στο δάσος, είχε μάθει πως οι κότες της γριάς ήταν άρρωστες κι όταν την είδε να φεύγει από το σπιτάκι της, για να πάει στο χωριό, σκέφτηκε πως η ευκαιρία ήταν κατάλληλη για να φάει τις κότες.

Το κοτέτσι όμως ήτανε κλεισμένο καλά κι έπρεπε να βρει τρόπο να μπει μέσα.

Ο πονηρός αγριόγατος, λοιπόν, πήγε και στήθηκε έξω από το κοτέτσι κι άρχισε να φωνάζει, αλλάζοντας όσο μπορούσε τη φωνή του:

– Εδώ ο καλός γιατρός! Όλες τις αρρώστιες τις γιατρεύω! Ανοίχτε μου να σας γιατρέψω!

Οι κότες όμως τον κατάλαβαν ποιος ήταν και του φώναξαν, μέσα από το κοτέτσι τους:

– Εμείς θα γιατρευτούμε, να φύγεις εσύ, κυρ - αγριόγατε.

Κι ο αγριόγατος έβαλε το κεφάλι κάτω και ξαναγύρισε στο δάσος, γιατί κατάλαβε πως, με τις πονηριές του, δεν κέρδιζε τίποτα.

Ο Τόνος και το Δελφίνι

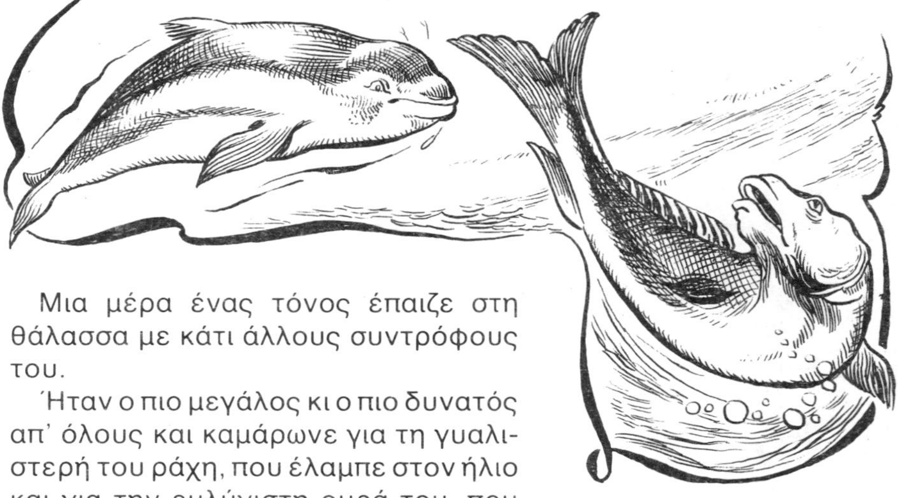

Μια μέρα ένας τόνος έπαιζε στη θάλασσα με κάτι άλλους συντρόφους του.

Ήταν ο πιο μεγάλος κι ο πιο δυνατός απ' όλους και καμάρωνε για τη γυαλιστερή του ράχη, που έλαμπε στον ήλιο και για την ευλύγιστη ουρά του, που τον βοηθούσε να πλέει τόσο γρήγορα πάνω στα νερά, ώστε οι άλλοι τόνοι, που δεν ήταν τόσο μεγαλόσωμοι, ούτε τόσο δυνατοί όσο αυτός, δεν μπορούσαν να τον φτάσουν.

Ήτανε καλοκαίρι, ο ήλιος έλαμπε στον καταγάλανο ουρανό κι έκανε τη θάλασσα ν' αστράφτει, σάμπως να είχε σκορπίσει μυριάδες διαμαντάκια πάνω στην επιφάνειά της. Κι ο μεγάλος τόνος ήταν ευχαριστημένος και περήφανος για την ομορφιά του και τη δύναμή του κι έπαιζε με τους άλλους τόνους, κοπάδι ολόκληρο, που του κάκου προσπαθούσαν να τον φτάσουν.

Ξαφνικά, οι μικρότεροι τόνοι, που βρίσκονταν στην άκρη του κοπαδιού, σκόρπισαν τρομαγμένοι κι οι άλλοι τους μιμήθηκαν, αφήνοντας τον μεγάλο τόνο ολομόναχο. Γύρισε εκείνος πίσω του και τι να δει: ένα μεγάλο δελφίνι είχε πέσει πάνω στο κοπάδι των τόνων, το είχε σκορπίσει και τώρα χυμούσε απάνω του για να τον φάει.

Ο μεγάλος τόνος έκανε μια βουτιά, ξανανέβηκε στην επιφάνεια της θάλασσας, εκατό μέτρα πιο μακριά, αλλά το δελφίνι τον κυνηγούσε πάντοτε. Άρχισε τότε να σχίζει τα νερά με τέτοια γρηγοράδα, ώστε δεν πρόφτασε να κρατηθεί κι έπεσε πάνω σε μιαν αμμουδιά. Το δελφίνι, που τον κυνηγούσε να τον φάει, έπλεε κι αυτό τόσο γρήγορα, ώστε βρέθηκε στην αμμουδιά κι άρχισε να ανοιγοκλείνει απελπισμένο το στόμα του, γιατί δεν μπορούσε ν' ανασάνει.

Ο Ποντικός κι ο Βάτραχος

Ένας ποντικός, που ζούσε σ' ένα χωράφι, έπιασε φιλίες μ' ένα βάτραχο, που ζούσε στη διπλανή λιμνούλα.

Ο ποντικός όλο σκάλιζε το χώμα και κάτι έβρισκε να φάει, κι ο βάτραχος πάλι άνοιγε τη στοματάρα του κι έχαβε όσες μύγες τύχαινε να περάσουν μπροστά του.

Αλλ' ο βάτραχος, που ήτανε χασομέρης, ήθελε να 'χει τον ποντικό κοντά του διαρκώς, και θύμωνε που τον έβλεπε να σκαλίζει το χώμα ώρες ολόκληρες.

Αποφάσισε λοιπόν να τον εκδικηθεί, γιατί ήτανε κακός από φυσικού του. Σκέφτηκε, σκέφτηκε και μια μέρα, του λέει:

– Φίλε μου ποντικέ, εγώ έρχομαι και σου κάνω συντροφιά στο χωράφι σου, αλλά συ δεν ήρθες ποτέ να μου κάνεις συντροφιά στη λιμνούλα μου. Φαίνεται ότι με περιφρονείς.

– Λάθος κάνεις, του εξήγησε ο ποντικός. Εσύ μπορείς και ζεις στη στεριά, αλλ' εγώ δεν μπορώ να ζήσω μέσα στο νερό.

– Αυτό σε φοβίζει; Θα δέσουμε το ποδάρι μου και το δικό σου μ' ένα σπάγκο κι έτσι θα σε βοηθάω για να μην πνιγείς.

– Τότε έρχομαι, είπε ο ποντικός, που ήταν απονήρευτος.

Τότε ο βάτραχος έδεσε μ' ένα σπάγκο το πόδι του με το πόδι του ποντικού και πήδησε στη λίμνη.

Στην αρχή, κολυμπούσαν κι οι δυο μαζί, έπειτα όμως ο βάτραχος έκανε ένα μακροβούτι και τράβηξε και τον ποντικό μαζί του.

Ο καημένος ο ποντικός πνίγηκε και βγήκε, φουσκωμένος από το νερό που είχε πιει χωρίς να θέλει, στην επιφάνεια του νερού.

Εκείνη τη στιγμή, περνούσε από πάνω ένα περδικογέρακο. Είδε τον πεθαμένο ποντικό, τον άρπαξε με τα νύχια του και πέταξε ψηλά. Αλλά, μαζί με τον ποντικό, πήρε και το βάτραχο που, καθώς ήτανε δεμένος μαζί του με το σπάγκο, δεν μπόρεσε να γλιτώσει.

Κι έτσι τιμωρήθηκε ο βάτραχος για την κακία του.

Οι Ποντικοί κι οι Γάτες

Σ' ένα μεγάλο, παμπάλαιο σπίτι, με πολλά πατώματα και πολλά δωμάτια, οι ποντικοί είχανε πληθύνει κι είχαν γίνει στρατός ολόκληρος.

Οι άνθρωποι που έμεναν σ' αυτό το σπίτι, πήρανε πολλές γάτες και, μέρα νύχτα γινόταν άγριος, πόλεμος εκεί μέσα, ανάμεσα στις γάτες και στους ποντικούς. Μόλο που οι γάτες ήταν πολύ λιγότερες, οι ποντικοί την πάθαιναν πάντοτε κι όταν το 'βαζαν στα πόδια, για να κρυφτούνε στις ποντικότρυπές τους, άφηναν αρκετούς συντρόφους τους στα νύχια των γάτων, που τους κυνηγούσαν.

Είδαν κι απόειδαν οι ποντικοί, πως δεν τα βγάζουν πέρα με τις γάτες και, μια νύχτα, μαζεύτηκαν όλοι μαζί σ' ένα υπόγειο κι άρχισαν να συζητούν τι έπρεπει να γίνει, για να κερδίσουν σ' εκείνο τον άγριο πόλεμο, όπου πάντοτε, ως τότε, ήταν οι νικημένοι.

—Να πέσουμε όλοι μαζί πάνω στις γάτες και ν' αρχίσουμε να τις δαγκώνουμε, ώσπου να τις κομματιάσουμε όλες! πρότεινε ένας.

—Μας χρειάζονται αρχηγοί, που να κυβερνάνε το στρατό μας και να κάνουν τα σχέδια για τις μάχες! πρότεινε ένας άλλος ποντικός.

Αυτή η πρόταση άρεσε σε όλους τους ποντικούς. Διάλεξαν λοιπόν τους πιο δυνατούς και τους ονόμασαν αρχηγούς τους.

Οι αρχηγοί σκέφτηκαν πως, για να φαίνεται το αξίωμά τους, έπρεπε να ξεχωρίζουν από τους άλλους ποντικούς κι αποφάσισαν να κολλήσουν στα κεφάλια τους κέρατα.

Έτσι στολισμένοι, ξεκίνησαν την άλλη μέρα, επικεφαλής όλων των ποντικών, για να πολεμήσουν τις γάτες. Αλλ' οι γάτες νίκησαν πάλι, οι ποντικοί έτρεξαν να κρυφτούνε στις τρύπες τους κι οι αρχηγοί τους έμειναν απέξω και τους έφαγαν οι γάτες, γιατί τα κέρατα που στόλιζαν τα κεφάλια τους, τους εμπόδιζαν να χωθούνε στις ποντικότρυπες.

Ο Γάιδαρος που πουλιόταν

Κάποτε, ένας χωρικός, που του χρειαζόταν ένας γάιδαρος, μόλο που είχε κι άλλους, πήγε στην αγορά την ημέρα που έφερναν πολλοί τα ζώα τους να τα πουλήσουν.

Βρήκε λοιπόν κάποιον, που πουλούσε το γάιδαρό του και πήγε να τον εξετάσει.

–Μην τον κοιτάζεις καθόλου, του λέει εκείνος που τον πουλούσε. Είναι πολύ καλός γάιδαρος.

–Για καλός φαίνεται, αλλά πρέπει να τον δοκιμάσω πρώτα, είπε αυτός που ήθελε να τον αγοράσει.

–Πόσον καιρό θέλεις για να τον δοκιμάσεις;

–Μια μέρα μονάχα.

–Αν είναι για μια μέρα, δέχομαι.

Συμφώνησαν μετά την τιμή κι έπειτα ο χωρικός, που θ' αγόραζε το γάιδαρο με δοκιμή, τον πήρε και τον πήγε στο χτήμα του.

Όταν έφτασε εκεί, τον έβαλε μέσα στο στάβλο, όπου είχε κι άλλους γαϊδάρους, και πήγε να κοιμηθεί.

Όταν ξύπνησε την άλλη μέρα, η πρώτη του δουλειά ήταν να πάει στο στάβλο, να δει τι κάνει ο καινούριος γάιδαρος.

Τον βρήκε λοιπόν να στέκεται πλάι σ' έναν άλλο γάιδαρο, που ήταν ο πιο τεμπέλης κι ο πιο φαγάς απ' όσους είχε στο χτήμα του.

Τον πήρε τότε και τον πήγε πίσω στην αγορά.

–Δε θα τον πάρω, είπε στον πουλητή.

–Γιατί; Πότε τον δοκίμασες κιόλας; απόρησε εκείνος.

–Δεν χρειαζότανε μεγάλη δοκιμή, του εξήγησε ο χωρικός. Τον έβαλα στο στάβλο κι αυτός πήγε αμέσως κι έπιασε φιλίες με τον πιο τεμπέλη και φαγά γάιδαρο που έχω. Έτσι κατάλαβα πως το ίδιο θα 'ναι κι αυτός.

Ο Γάιδαρος και το Σκυλάκι

Κάποτε, ένας άνθρωπος είχε ένα γάιδαρο κι ένα σκυλάκι.

Το καλοκαίρι, έτρωγε έξω, στην αυλή του, κάτω από μια κληματαριά, και το σκυλάκι του έκανε συντροφιά.

Κουνούσε την ουρά του, πηδούσε στα γόνατά του, χαϊδευότανε, κι εκείνος έπαιρνε από το πιάτο του φαγητό και του έδινε. Ο γάιδαρος, που ζούσε κι αυτός σ' εκείνη την αυλή, έτρωγε μόνο σανό, ή κανένα παλιοχόρταρο, όταν του έριχναν.

Έβλεπε το σκυλάκι, που το περιποιότανε το αφεντικό τους και ζήλευε.

«Μα γιατί αυτό το περιποιείται τόσο, και εμένα όχι;» απορούσε. «Εγώ του κάνω τόσες δουλειές, ενώ το σκυλάκι δεν κάνει τίποτα όλη μέρα, μόνο κοιμάται, όταν λείπει ο αφέντης μας και χοροπηδάει όταν έρχεται».

Όπου, από το πολύ να το σκέφτεται, ο γάιδαρος κατάλαβε πως το αφεντικό τους περιποιότανε το σκυλάκι γιατί εκείνο πηδούσε μπροστά του, κουνούσε την ουρά του και χαϊδευότανε.

«Θα κάνω κι εγώ τα ίδια!» σκέφτηκε ο γάιδαρος.

Και, την ώρα που το αφεντικό του κάθισε στο τραπέζι του να φάει, ο γάιδαρος πήγε κοντά του κι άρχισε να κουνάει την ουρά του. Με το πρώτο κούνημα που της έκανε, όμως, έριξε όλα τα πιάτα και τα ποτήρια κάτω.

Έπειτα θέλησε κι αυτός να πηδήσει στα γόνατα του αφεντικού του, όπως έβλεπε το σκυλάκι να κάνει, κι ο κύριός του τινάχτηκε απάνω τρομαγμένος.

—Δέστε τον στον παχνί του και σπάστε τον στο ξύλο γιατί τρελάθηκε! φώναξε στους υπηρέτες του.

Και τότε μόνο κατάλαβε ο δύστυχος γάιδαρος, πως δεν είναι όλοι πλασμένοι το ίδιο....

Ο Τζίτζικας και τα Μερμήγκια

Μια μέρα ολόκληρη και μια νύχτα έβρεχε τόσο πολύ, ώστε το χώμα έγινε λάσπη και τα νερά μπήκαν στις μερμηγκοφωλιές και μούσκεψαν τα σπειριά το στάρι, που είχαν αποθηκέψει εκεί, από το καλοκαίρι, τα μερμήγκια.

Την άλλη μέρα, η βροχή σταμάτησε και βγήκε ο ήλιος κι η καλοκαιρία βάσταξε ολόκληρη βδομάδα. Όταν πια το χώμα στέγνωσε εντελώς, τα μερμήγκια κουβάλησαν όλα τα βρεγμένα σπειριά του σταριού και τ' άπλωσαν στον ήλιο για να στεγνώσουν και να 'χουν να τρώνε, ώσπου να ξαναγυρίσει το καλοκαίρι και να μαζέψουν άλλα.

Ένας τζίτζικας, που είχε κρυφτεί στην κουφάλα κάποιου δέντρου, ώσπου να περάσουν οι βροχές, βγήκε κι αυτός να λιαστεί κι έψαξε να βρει κανένα φυλλαράκι να φάει.

Όλα τα δέντρα όμως ήταν χωρίς φύλλα κι ο καημένος ο τζίτζικας απόμεινε συλλογισμένος και νηστικός, πάνω σ' ένα ξερό κλαδί.

Όταν είδε τα μερμήγκια ν' απλώνουν το βρεγμένο στάρι τους, κατέβηκε από το δέντρο και πήγε κοντά τους.

–Καλά μου μερμήγκια, τους είπε, δώσ' τε μου λίγα σπειριά στάρι να φάω, γιατί πεθαίνω της πείνας.

–Μα καλά, δεν έχεις εσύ τρόφιμα αποθηκευμένα; τον ρώτησαν εκείνα απορώντας.

–Όχι, δεν έχω τίποτα.

–Κι όλο το περασμένο καλοκαίρι τι έκανες; τον ρώτησαν.

–Το καλοκαίρι ήτανε πολύ όμορφα και τραγουδούσα!

–Αφού τραγουδούσες τότε που ήτανε καλοκαίρι, χόρευε τώρα που είναι χειμώνας! του αποκρίθηκαν τα μερμήγκια.

Κι ο καημένος ο τζίτζικας κατάλαβε τότε πόσο ανόητα είχε φερθεί, γιατί δεν μάζευε κι αυτός τρόφιμα, όσο ήταν ακόμα καιρός, μόνο περνούσε τις ώρες του διασκεδάζοντας.

Λιοντάρι και Γάιδαρος

Μια φορά ένα λιοντάρι κι ένας γάιδαρος ανταμώθηκαν σ' ένα δάσος μέσα.

Ο γάιδαρος φοβήθηκε μήπως τον φάει το λιοντάρι και μέσα στη σαστιμάρα του, βιάστηκε να το πλησιάσει.

–Καλημέρα, λιοντάρι! του είπε. Εσένα έψαχνα να βρω!

–Τι με ήθελες; ρώτησε απορώντας το λιοντάρι, που ήτανε τόσο χορτάτο, ώστε δεν ορέχτηκε να φάει το συνομιλητή του.

–Ήθελα να σε βρω για να σου προτείνω να βγούμε στο κυνήγι μαζί, είπε ο γάιδαρος όσο μπορούσε πιο σοβαρά.

Το λιοντάρι γέλασε, ακούγοντας εκείνη την πρόταση, κι επειδή ήτανε χορτάτο, συμφώνησε.

–Ας βγούμε, να δούμε τι θα γίνει! είπε.

Την άλλη μέρα, το λιοντάρι πεινούσε κι έβλεπε με άγριο μάτι το σύντροφό του.

Ευτυχώς όμως για το γάιδαρο, έφτασαν μπροστά σε μια μεγάλη σπηλιά, όπου είχανε καταφύγει πολλά αγριόγιδα.

–Εγώ θα μπω μέσα και θα τα διώχνω και συ θα στέκεσαι απέξω και θα τ' αρπάζεις, είπε ο γάιδαρος.

Και, μπαίνοντας μέσα στη σπηλιά, άρχισε να γκαρίζει όσο πιο δυνατά μπορούσε και να κλοτσάει δεξιά και αριστερά τόσο, που τ' αγριόγιδα τρομοκρατήθηκαν κι άρχισαν να βγαίνουν από τη σπηλιά.

Απέξω, όμως, τα περίμενε το λιοντάρι και τα σκότωνε ένα - ένα.

Λίγα μόνο πρόφτασαν να σκορπίσουνε στα βράχια και να γλιτώσουν.

Τελευταίος, βγήκε κι ο γάιδαρος.

–Πώς σου φάνηκα; ρώτησε. Πολέμησα γενναία;

–Αν δεν ήξερα πως ήσουνα γάιδαρος, θα σε φοβόμουνα κι εγώ, του ομολόγησε το λιοντάρι.

Αλλ' ο γάιδαρος δεν κατάλαβε πως το λιοντάρι τον ειρωνευότανε. Τόσο πολύ το είχε πάρει απάνω του!

Το Λιοντάρι και ο Ταύρος

Κάποτε, ένα λιοντάρι είχε βάλει στο μάτι έναν άγριο ταύρο.

Ήθελε να τον φάει, αλλά δεν τολμούσε να πέσει απάνω του και να χώσει τα νύχια του στο σβέρκο του, όπως έκανε με τ' άλλα ζώα, που κυνηγούσε, γιατί ο ταύρος ήτανε τόσο δυνατός κι είχε τόσο μυτερά κέρατα, ώστε θα μπορούσε να το ξεκοιλιάσει. Ούτε τολμούσε να του επιτεθεί, ξαφνικά, από πίσω, γιατί ο αγριόταυρος είχε οπλές σαν από ατσάλι και, με μια κλοτσιά του, θα μπορούσε να του σπάσει το κεφάλι.

Ωστόσο, το λιοντάρι επιθυμούσε πολύ να φάει εκείνο τον ταύρο και, για να πετύχει το σκοπό του, αποφάσισε να φερθεί με πονηριά.

Άρχισε λοιπόν να του καλομιλάει, να του δείχνει φιλίες, να μην τον πειράζει ποτέ, την ώρα που βοσκούσε, να τον αφήνει πρώτο να πίνει νερό, όποτε τύχαινε να πάνε την ίδια ώρα κι οι δυο στην πηγή.

Αφού πέρασε έτσι καιρός και κέρδισε την εμπιστοσύνη του ταύρου, του λεει μια μέρα:

–Σκότωσα ένα πολύ νόστιμο αρνί και το πήγα στη σπηλιά μου. Έλα να δοκιμάσεις!

Γιατί είχε σκοπό ν' αφήσει τον ταύρο να δοκιμάσει εκείνο το αρνί κι έτσι να βρει την ευκαιρία να πέσει απάνω του και να τον φάει.

Ο άγριος ταύρος δέχτηκε την πρότασή του και ξεκίνησαν μαζί για τη σπηλιά του λιονταριού.

Όταν όμως έφτασαν εκεί, ο ταύρος στράφηκε να φύγει.

–Γιατί φεύγεις; τον ρώτησε το λιοντάρι.

–Γιατί στη σπηλιά σου δεν βλέπω κανένα πρόβατο, μόνο καζάνια και σούβλες που δείχνουν προετοιμασίες για ταύρο! του εξήγησε εκείνος.

Το Λιοντάρι που τρόμαζε από έναν Ποντικό κι η Αλεπού

Κάποτε, ένα λιοντάρι κοιμότανε μέσα στη σπηλιά του.

Όλη τη νύχτα γυρνούσε, κυνηγώντας, είχε φάει πολύ, είχε χορτάσει και τώρα είχε βυθιστεί στον ύπνο και ροχάλιζε.

Τα άλλα τ' αγρίμια και τα ζώα του λόγγου άκουγαν το ροχαλητό του λιονταριού και το 'βαζαν στα πόδια, γιατί, και κοιμισμένο ακόμα, το φοβόντουσαν.

Μόνο μια αλεπού, περνώντας απέξω από τη σπηλιά, άκουσε το ροχαλητό και στάθηκε να δει το βασιλιά των αγριμιών που κοιμόταν.

Εκείνη τη στιγμή, ένας ποντικός, που είχε τρυπώσει από νωρίς μέσα στη σπηλιά, θέλησε να φύγει και περπάτησε πάνω στο κορμί του κοιμισμένου θεριού, που του έφραζε το δρόμο του.

Το λιοντάρι ξύπνησε αμέσως, τρομαγμένο, και κοιτούσε να δει τι ήταν εκείνο που περπατούσε απάνω του.

Η αλεπού άρχισε να γελάει και να το κοροϊδεύει.

—Δεν το περίμενα ποτέ, του είπε, να τρομάξεις, εσύ, ο βασιλιάς των αγριμιών από έναν ποντικό.

—Δεν τρόμαξα από τον ποντικό, της αποκρίθηκε το λιοντάρι. Παραξενεύτηκα μόνο που βρέθηκε ένα ζώο να περπατάει πάνω στο κορμί ενός κοιμισμένου λονταριού.

Το Λιοντάρι και το Δελφίνι

Μια φορά, ένα λιοντάρι περνούσε από μιαν ακρογιαλιά κι είδε στη θάλασσα ένα δελφίνι.

Στάθηκε και το κοίταζε με σεβασμό, γιατί του έκανε εντύπωση η ομορφιά του κι η δύναμή του.

–Ποιος είσαι συ; το ρώτησε.

–Είμαι το δελφίνι, ο βασιλιάς της θάλασσας.

–Κι εγώ είμαι το λιοντάρι, ο βασιλιάς της στεριάς! είπε το θηρίο.

–Φαίνεσαι πως είσαι βασιλιάς.

–Και συ φαίνεσαι πως είσαι βασιλιάς, είπε το λιοντάρι. Θέλεις να γίνουμε φίλοι και σύμμαχοι, μια που είμαστε κι οι δυο βασιλιάδες;

–Δέχομαι ευχαρίστως! αποκρίθηκε το δελφίνι.

Και τα δυο θηρία, της στεριάς και της θάλασσας, συμφώνησαν να βοηθούνε το ένα τ' άλλο, όταν χρειαζότανε.

Ύστερα από λίγον καιρό, το λιοντάρι τα 'βαλε με έναν ταύρο και ζήτησε τη βοήθεια του δελφινιού.

–Έλα να με βοηθήσεις, του φώναξε, για να νικήσω τον ταύρο, τον εχθρό μου!

–Ευχαρίστως! αποκρίθηκε το δελφίνι.

Αλλ' όταν έφτασε στα ρηχά νερά, όχι μόνο δεν μπόρεσε να βγει στη στεριά, αλλά λίγο έλειψε να πνιγεί από ασφυξία κι αναγκάστηκε να γυρίσει πίσω στην ανοιχτή θάλασσα.

–Γιατί φεύγεις, προδότη; του φώναξε θυμωμένο το λιοντάρι.

–Δεν φεύγω γιατί είμαι προδότης, αλλά γιατί η φύση μ' έκανε να ζω μόνο στην θάλασσα και δεν μπορώ να βγω στη στεριά! του εξήγησε ευγενικά το δελφίνι.

Τότε το λιοντάρι σκέφτηκε πως κι αυτό δε θα μπορούσε να βοηθήσει το δελφίνι στη θάλασσα, και κατάλαβε πως έπρεπε να διαλέγει για σύμμαχους εκείνους που μπορούσαν να τον βοηθήσουν σε ώρα ανάγκης.

Το Λιοντάρι, η Αρκούδα κι η Αλεπού

Μια φορά, ένα λιοντάρι και μια αρκούδα, που κυνηγούσαν μέσα στο δάσος, έπεσαν απάνω σ' ένα ελαφάκι την ίδια στιγμή.

Το ελαφάκι, πληγωμένο από τα νύχια του λιονταριού και της αρκούδας, σωριάστηκε στο χώμα. Τα δυο αγρίμια στάθηκαν τότε αντιμέτωπα κι αγριοκοιτάζονταν.

—Δικό μου είναι το ελαφάκι! Εγώ θα το φάω! βρυχήθηκε το λιοντάρι.

—Κάνεις λάθος! Είναι δικό μου! μούγκρισε η αρκούδα.

—Εγώ το χτύπησα με τα νύχια μου! ισχυρίστηκε το λιοντάρι.

—Τα δικά μου τα νύχια το πλήγωσαν! φώναξε η αρκούδα.

Κι επειδή δεν υπήρχε τρόπος να μονοιάσουν και κανένας τους δεν υποχωρούσε, ούτε δέχονταν να μοιραστούνε το ελαφάκι, τα δυο θεριά άρχισαν να παλεύουν.

Το λιοντάρι χυμούσε, προσπαθώντας να πηδήσει πάνω στο λαιμό της αρκούδας για να της τον κόψει με τα δόντια του, αλλ' εκείνη το αγκάλιαζε με τα σιδερένια της μπροστινά πόδια και τ' ατσάλινα νύχια της χώνονταν στα πλευρά του.

Καμιά φορά, το λιοντάρι πρόφταινε να την χτυπήσει με το πόδι του και τότε της έκοβε ολόκληρη λουρίδα από την πλάτη, αλλά πάλι το άρπαζε η αρκούδα και το 'γδερνε.

Στο τέλος, τα δυο θεριά σωριάστηκαν στο χώμα αγκομαχώντας.

Εκείνη τη στιγμή, πέρασε μια αλεπού και, βλέποντας ότι ήταν ανίκανα να κινηθούν, άρπαξε το πληγωμένο ελαφάκι κι έτρεξε να το πάει στη φωλιά της, για να το φάει με τ' αλεπουδάκια της.

—Είμαστε για κλάματα! μουρμούρισε αναστενάζοντας η αρκούδα. Τόσην ώρα πολεμούσαμε, για να φάει το ελαφάκι μια αλεπού!

Λαγοί και Βάτραχοι

Μια φορά, μαζεύτηκαν όλοι οι λαγοί, που ζούσανε σ' ένα μεγάλο δάσος κι άρχισαν να συζητούνε μεταξύ τους τι να κάνουν, για να γλιτώσουν απ' όλους τους κινδύνους, που τους απειλούσαν μέρα και νύχτα.

– Δεν έχουμε ποτέ ησυχία, είπε ένας λαγός. Μέρα και νύχτα ζούμε μέσα στον τρόμο και την αγωνία κι η καρδιά μας χτυπάει πάντα τόσο δυνατά, ώστε κοντεύει να σπάσει.

– Έχει δίκιο! είπε ένας άλλος λαγός. Βγαίνουν οι άνθρωποι στο κυνήγι, παίρνοντας μαζί τους και σκυλιά, κι αυτά τα καταραμένα ζώα πρώτους - πρώτους εμάς κυνηγάνε. Βρίσκουν με τη μυρωδιά τις φωλιές μας κι εμείς το βάζουμε στα πόδια και με μεγάλη δυσκολία κατορθώνουμε καμιά φορά να γλιτώσουμε.....

– Αν γλιτώσουμε από τα δόντια των σκυλιών, δεν γλιτώνουμε από τους κυνηγούς, πρόσθεσε, αναστενάζοντας, ο διπλανός λαγός.

– Και μήπως είναι μόνο οι άνθρωποι κι οι σκύλοι που μας κυνηγούνε; σηκώθηκε κι είπε ένας άλλος. Ξεχνάτε τις αλεπούδες και τους λύκους;

– Και τους αετούς; πετάχτηκε κι είπε άλλος λαγός. Πόσες φορές πέφτουν απάνω μας και μας αρπάζουν με τα νύχια τους; Δεν είναι πια ζωή αυτή!

– Όχι! Δεν είναι πια ζωή αυτή! φώναξαν όλοι οι λαγοί.

– Να πάμε ν' αυτοκτονήσουμε! Να πάμε να πνιγούμε όλοι μαζί μέσα στη λιμνούλα! πρότεινε κάποιος.

Κι όλοι οι λαγοί παραδέχτηκαν την πρότασή του και φώναξαν:

– Ναι! Να πάμε να πνιγούμε στη λιμνούλα!

Και ξεκίνησαν, κοπάδι ολόκληρο, να πάνε να πέσουν μέσα στη λιμνούλα, για να πνιγούν.

Οι βάτραχοι, που λιάζονταν στις όχθες της λιμνούλας, μόλις τους είδαν να 'ρχονται, τρομοκρατήθηκαν τόσο, ώστε πήδησαν όλοι μαζί στο νερό, φωνάζοντας με απελπισία:

–Βρεκεκέξ! Κοάξ! Κοάξ! Βρεκεκέξ! Κοάξ! Κοάξ!

Τότε ένας γέρος λαγός σταμάτησε τους συντρόφους του:

–Γιατί να πνιγούμε; τους είπε. Καθώς βλέπετε, υπάρχουν ζώα πιο δειλά από μας.

Ο Σκύλος που κυνηγούσε ένα Λιοντάρι κι η Αλεπού

Κάποτε, ένας σκύλος οσμίστηκε αχνάρια λιονταριού κι άρχισε να τα παρακολουθεί.

Το λιοντάρι είχε φάει ένα βόδι, που το βρήκε στο χωράφι, κι αφού χόρτασε την πείνα του, τράβηξε για το πυκνό δάσος, όπου είχε τη φωλιά του, μέσα σε κάποια σπηλιά.

Ο σκύλος είχε βρει το σκελετό του βοδιού, οσμίστηκε τ' αχνάρια του λιονταριού και τ' ακολούθησε, αποφασισμένος να το κυνηγήσει.

Πέρασε έτσι, με τη μουσούδα του κολλητή στο χώμα, το χωράφι, μπήκε στο δάσος, κι από θάμνο σε θάμνο κι από πέτρα σε πέτρα, παρακολουθούσε εκείνα τα ίχνη, γαβγίζοντας κάθε τόσο.

Κι ήταν τόσο πολύ αφοσιωμένος σ' αυτή την ιχνηλασία, ώστε δεν έδωσε καμιά σημασία στην αλεπού, που την αντάμωσε στο δρόμο του.

Η αλεπού, όταν τον είδε, φοβήθηκε κι ετοιμάστηκε να το βάλει στα πόδια, αλλά τον είδε απασχολημένο με τ' αχνάρια του λιονταριού και στάθηκε.

–Τι κάνεις εκεί; τον ρώτησε περίεργη.

–Παρακολουθώ τ' αχνάρια ενός λιονταριού, της εξήγησε ο σκύλος, χωρίς να σηκώσει το κεφάλι του.

–Ώστε κυνηγάς λιοντάρια τώρα;

–Γιατί όχι; αποκρίθηκε καυχησιάρικα ο σκύλος

Εκείνη τη στιγμή όμως ακούστηκε ο βροντερός βρυχηθμός του λιονταριού κι ο σκύλος το 'βαλε αμέσως στα πόδια.

–Πού πας, παλιόσκυλο; του φώναξε η αλεπού. Εσύ έλεγες πως κυνηγούσες το λιοντάρι, και τώρα δεν στέκεσαι ν' ακούσεις ούτε το βρυχηθμό του;

Ο κοιμισμένος Σκύλος και ο Λύκος

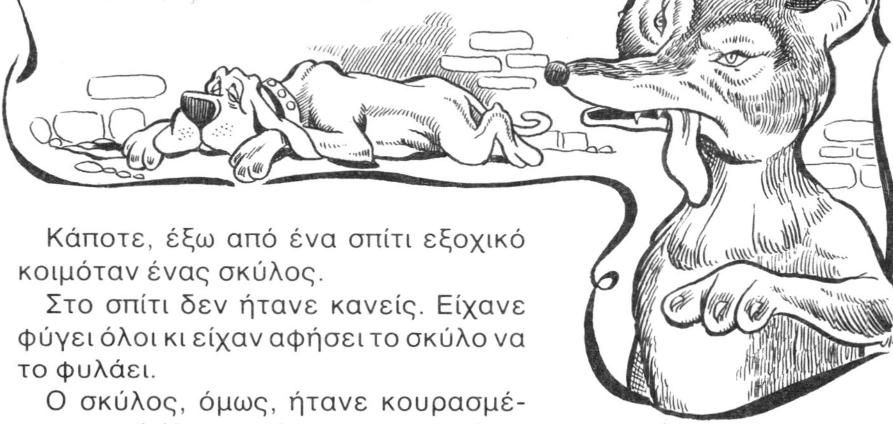

Κάποτε, έξω από ένα σπίτι εξοχικό κοιμόταν ένας σκύλος.

Στο σπίτι δεν ήτανε κανείς. Είχανε φύγει όλοι κι είχαν αφήσει το σκύλο να το φυλάει.

Ο σκύλος, όμως, ήτανε κουρασμένος, γιατί όλη τη νύχτα τριγυρνούσε, γαβγίζοντας κι έπειτα όλη την ημέρα λαγοκοιμότανε κι αυτό βαστούσε μια βδομάδα τώρα, από τότε που έλειπαν οι άνθρωποι του σπιτιού. Ήτανε και νηστικός, είχε αδυνατίσει από την πείνα κι έτσι εκείνο το βράδυ, τον πήρε ο ύπνος και δεν κατάλαβε το λύκο, παρά τη στιγμή που πηδούσε απάνω του, έτοιμος να τον φάει.

—Αφησέ με, σε παρακαλώ, κυρ - λύκο, τον παρακάλεσε. Τι θα καταλάβεις αν με φας τώρα, που είμαι αδύνατος; Περίμενε λίγες μέρες, που το αφεντικό μου θα κάνει τους γάμους του και θα δώσει μεγάλο τραπέζι. Τότε θα φάω πολύ, θα παχύνω κι έτσι κι εγώ θα ζήσω ως τότε και θα χορτάσω μια φορά στη ζωή μου και συ θα ευχαριστηθείς που θα με φας γιατί θα είμαι τετράπαχος.

Ο λύκος πίστεψε στα λόγια του σκύλου και δεν τον έφαγε.

Περίμενε λίγες μέρες, ώσπου έγιναν οι γάμοι του αφεντικού του σκύλου, κι ένα βράδυ ξαναγύρισε στο εξοχικό σπίτι.

Αυτή τη φορά, όμως, ο σκύλος είχε σκαρφαλώσει πάνω στη σκεπή του σπιτιού και κοιμότανε.

—Κατέβα, σκύλε, να σε φάω, όπως συμφωνήσαμε! του φώναξε.

—Αν με ξαναδείς να κοιμάμαι έξω από το σπίτι, μην περιμένεις πια γάμο! του αποκρίθηκε κοροϊδευτικά ο σκύλος.

Γιατί, φρόνιμος καθώς ήταν, όταν σώθηκε από κείνο τον κίνδυνο, φυλαγότανε πια για να μην την ξαναπάθει.

Το κυνηγιάρικο Σκυλί και τ' άλλα

Ζούσε στα παλιά τα χρόνια ένας άνθρωπος, που κυνηγούσε αγρίμια. Δεν τα κυνηγούσε όμως για να τα σκοτώσει, αλλά για να τα πιάνει ζωντανά και να τα πουλάει.

Κι επειδή μόνος του δεν θα μπορούσε να τα βάλει μ' ένα αγρίμι και να το πιάσει ζωντανό, είχε πάρει κι ένα σκυλί και το γύμνασε να παλεύει με λιοντάρια, με αρκούδες και άλλα αγρίμια κι έτσι να δίνει καιρό στο αφεντικό του να τα δένει γερά και να τα πιάνει ζωντανά.

Το σκυλί ήτανε μεγαλόσωμο και πολύ δυνατό κι ο κυνηγός το τάιζε καλά και το περιποιότανε πολύ, γιατί χωρίς αυτό, δεν μπορούσε να κάνει τίποτα.

Τ' άλλα τα σκυλιά της γειτονιάς, που κανένας δεν τα περιποιότανε και που έψαχναν να βρουν κανένα κόκαλο για να φάνε, ζήλευαν το κυνηγάρικο σκυλί και το καλοτύχιζαν.

Το σκυλί όμως του κυνηγού είχε βαρεθεί την επικίνδυνη δουλειά που έκανε και, μια μέρα που το αφεντικό του είχε ξεχάσει να το δέσει με την αλυσίδα, όπως συνήθιζε, κάθε φορά που γυρνούσαν στο σπίτι, βρήκε την ευκαιρία που ζητούσε τόσο καιρό και, πηδώντας από τη μάντρα, το 'βαλε στα πόδια.

Τ' άλλα τα σκυλιά της γειτονιάς, που το είδανε να φεύγει, έτρεξαν πίσω του, απορώντας, και το ρώτησαν:

– Γιατί το 'σκασες από το αφεντικό σου, που σε τάιζε καλά και σε περιποιότανε τόσο πολύ;

– Τι να το κάνω το καλό φαγητό και την περιποίηση, όταν κάθε μέρα κινδυνεύει η ζωή μου, γιατί είμαι υποχρεωμένο να παλεύω με τ' αγρίμια; τους αποκρίθηκε.

Και τότε τ' άλλα τα σκυλιά κατάλαβαν πως αυτά ήταν πιο τυχερά που, αν δεν είχαν άφθονο φαγητό, δεν είχαν και κανέναν κίνδυνο.

Η Καλιακούδα και τα Γεράκια

Ήτανε μια φορά μια καλιακούδα τόσο μεγαλόσωμη, ώστε ξεπερνούσε όλες τις άλλες καλιακούδες.

Αυτό την έκανε να το πάρει απάνω της.

–Εγώ είμαι καλύτερη από σας! έλεγε.

Κι όταν την ρωτούσαν οι άλλες καλιακούδες γιατί ήτανε καλύτερή τους, απαντούσε:

–Γιατί είμαι μεγαλύτερή σας!

Οι καλιακούδες την άφηναν στην αρχή να το λέει και γελούσαν.

Θύμωσαν όμως μια μέρα, όταν τους είπε πως θα τις αφήσει και θα φύγει.

–Πού θα πας; την ρώτησαν περίεργες.

–Θα πάω να ζήσω μαζί με τα γεράκια! τους είπε.

–Και πώς σου ήρθε αυτή η ιδέα;

–Γιατί εγώ δεν είμαι καλιακούδα, όπως εσείς, αλλά γεράκι, έτσι δυνατή κι όμορφη όπως είμαι, τους εξήγησε.

Και, πραγματικά, έφυγε και πήγε να ζήσει με τα γεράκια.

Στην αρχή, τα γεράκια δεν κατάλαβαν πως ήτανε μια κοινή καλιακούδα, γιατί, πραγματικά, ήτανε δυνατό κι όμορφο πουλί, που τους έμοιαζε κάπως.

Αλλ' όταν την άκουσαν να κρώζει, κατάλαβαν πως ήτανε μια κοινή καλιακούδα, γιατί, πραγματικά, ήτανε δυνατό κι όμορφο πουλί, που τους έμοιαζε κάπως.

Αλλ' όταν την άκουσαν να κρώζει, κατάλαβαν πως δεν ήτανε γεράκι, αλλά καλιακούδα και την έδιωξαν με δυνατές τσιμπιές.

Η καλιακούδα γύρισε, ντροπιασμένη, στα παλιά της λημέρια.

Αλλ' αυτή τη φορά δεν την ήθελαν ούτε οι καλιακούδες.

–Εσύ δεν είσαι καλιακούδα! της είπαν. Δεν σου επιτρέπουμε να 'ρχεσαι μαζί μας.

Κι έτσι η καλιακούδα, που παρίστανε το γεράκι, διώχτηκε κι από τις καλιακούδες κι από τα γεράκια και ψόφησε από την πείνα.

Ο Γάιδαρος κι ο Περιβολάρης

Στα παλιά, τα πολύ παλιά χρόνια ένας γάιδαρος δούλευε στο χτήμα ενός περιβολάρη.

Έτρωγε, βέβαια, καλά γιατί το περιβόλι ήτανε μεγάλο, αλλά δούλευε σκληρά, μέρα - νύχτα: πότε τον έδεναν ώρες ολόκληρες στο μαγγανοπήγαδο, πότε τον φόρτωναν με γεμάτα κοφίνια, να τα πάει στην πολιτεία, πότε τον έζεβαν στο αλέτρι, για να οργώσουν τα χωράφια τους.

Ο καημένος ο γάιδαρος, που τσακιζόταν από την κούραση, παρακάλεσε μια μέρα το Δία:

– Δεν αντέχω πια, Δία μου! Κάνε μου τη χάρη να μου αλλάξεις αφεντικό!

Ο Δίας του έκανε τη χάρη και, την άλλη μέρα κιόλας, ο περιβολάρης πούλησε το γάιδαρο σ' έναν κεραμιδά .

Τώρα όμως ο γάιδαρος φορτωνότανε πιο βαριά, πότε κοκκινόχωμα, πότε λάσπη, πότε κοφίνια γεμάτα κεραμίδια και τούβλα , κι η τροφή του δεν ήταν άφθονη, όπως στο περιβόλι.

Πάλι απελπίστηκε ο γάιδαρος και παρακάλεσε ξανά το Δία να του κάνει τη χάρη ν' αλλάξει αφεντικό και πάλι του έκανε τη χάρη ο Δίας, και ο κεραμιδάς τον πούλησε σ' ένα βυρσοδεψείο.

Εκεί, ο γάιδαρος βρήκε τη δουλειά πιο βαριά. Ήτανε διαρκώς φορτωμένος και κουβαλούσε πότε φρέσκα τομάρια, από ζώα που μόλις τα είχανε σφάξει και τα είχανε γδάρει, και πότε δέματα ολόκληρα από δέρματα κατεργασμένα.

«Αλίμονό μου!» έλεγε μέσα του ο καημένος ο γάιδαρος. «Καλύτερα να 'μενα στ' άλλα μου τ' αφεντικά, γιατί καθώς βλέπω, τούτος εδώ θα με πεθάνει στη δουλειά και, στο τέλος θα με γδάρει και θα μου αργάσει και το κορμί μου!».

Άνθρωπος και Σκύλος

Μια φορά, κάποιος είχε καλέσει ένα φίλο του να του κάνει το τραπέζι και στο σπίτι του άρχισαν μεγάλες ετοιμασίες.

Ο σκύλος του σπιτιού, κατάλαβε πως κάποιος φίλος του αφεντικού του ήτανε καλεσμένος εκείνη την ημέρα και πήγε να βρει έναν άλλο σκύλο, πολύ φίλο του.

–Άκουσε, του είπε, το αφεντικό μου έχει μεγάλες ετοιμασίες σήμερα, γιατί θα κάνει τραπέζι σ' ένα φίλο του. Έρχεσαι και συ να φάμε μαζί; Μαγειρεύουν πολλά φαγητά και θα περάσουμε περίφημα!

–Και με ρωτάς ακόμα; είπε ο δεύτερος σκύλος. Έρχομαι, από τώρα μάλιστα!

Όταν μπήκε μέσα στην κουζίνα, ο σκύλος, που ήτανε φίλος του σκύλου του σπιτιού, τα 'χασε. Τι ετοιμασίες ήταν εκείνες! Τι φαγητά μαγειρεμένα, τι ψητά, τι γλυκίσματα!

«Θα φάω τόσο, που θα 'μαι χορτάτος μια βδομάδα ολόκληρη!» έλεγε μέσα του ο σκύλος ο καλεσμένος.

Ο μάγειρας όμως του σπιτιού, εκνευρίστηκε μ' εκείνη τη σκυλίσια χαρά, κι αρπάζοντας τον καλεσμένο σκύλο από την ουρά του, που την κουνούσε πέρα - δώθε, τον πέταξε έξω από το παράθυρο.

Ο καημένος ο σκύλος, που χτύπησε πέφτοντας, πήρε το δρόμο του γυρισμού, ουρλιάζοντας από τους πόνους.

Ύστερα από λίγο, αντάμωσε έναν άλλο σκύλο, που είχε ακούσει πως τον είχανε καλέσει σε τραπέζι, και τον ρώτησε περίεργος:

–Πώς τα πέρασες στο τραπέζι που σε κάλεσε ο φίλος σου;

–Έφαγα κι ήπια τόσο πολύ, αποκρίθηκε ο καλεσμένος σκύλος, ώστε μέθυσα και δεν ξέρω από πού βγήκα, από την πόρτα ή από το παράθυρο;

Το Μερμήγκι και το Περιστέρι

Ήτανε καλοκαίρι, έκανε τρομερή ζέστη κι ένα μερμήγκι, που είχε κουραστεί, κουβαλώντας από το πρωί σπειριά σταριού και κριθαριού στη φωλιά του, δίψασε και κατέβηκε, σιγά - σιγά, στην όχθη ενός ρυακιού για να πιει νερό.

Καθώς έσκυβε όμως, γλίστρησε κι έπεσε μέσα στο νερό. Το καημένο το μερμήγκι, που δεν ήξερε να κολυμπάει, πάλευε σαν τρελό, προσπαθώντας να ξαναβγεί στην όχθη, αλλά δεν τα κατάφερνε και κινδύνευε να πνιγεί.

Ένα περιστέρι, που καθότανε σε μιαν αγριελιά στην όχθη του ρυακιού, είδε το μερμήγκι που κόντευε να πνιγεί και το λυπήθηκε.

Έκοψε λοιπόν με το ράμφος του ένα κλαδάκι αγριελιάς και τ' άφησε να πέσει μέσα στο ρυάκι. Το μερμήγκι σκαρφάλωσε πάνω στο κλαδί, κι από κει μπόρεσε να φτάσει στην όχθη και να ξαναγυρίσει στη φωλιά του.

Αλλά δεν ξέχασε την καλοσύνη που του είχε κάνει το περιστέρι.

Μια μέρα, ένας πουλολόγος βγήκε σ' εκείνο το μέρος, είδε το περιστέρι που κάθισε στην αγριελιά και θέλησε να το πιάσει.

Έστησε λοιπόν τις βέργες του και περίμενε.

Αλλά το μερμήγκι τον είδε και, σκαρφαλώνοντας στο πόδι του, τον δάγκωσε τόσο δυνατά, που ο πουλολόγος τινάχτηκε απάνω, ξεφωνίζοντας από τον πόνο του.

Ακούγοντάς τον, το περιστέρι τρόμαξε και πέταξε μακριά.

Κι ο πουλολόγος πάλι, βλέποντας ότι είχε φύγει το περιστέρι, μάζεψε τις ξόβεργές του και πήγε να τις στήσει αλλού.

Κι έτσι το μερμήγκι μπόρεσε να ξεπληρώσει την καλοσύνη, που του είχε κάνει το περιστέρι.

Ο Γάιδαρος, ο Πετεινός και το Λιοντάρι

Κάποτε, ένας γάιδαρος κι ένας πετεινός το είχαν σκάσει από το υποστατικό όπου ζούσαν κι είχανε μπει σ' ένα μεγάλο, άγριο δάσος.

Εκεί το χόρτο ήτανε πυκνό και τρυφερό κι ο γάιδαρος ήτανε κατενθουσιασμένος.

–Εδώ μπορώ να βόσκω όλη την ημέρα και να μην τελειώσει το χορτάρι! είπε.

–Και το χώμα είναι μαλακό κι έχει σκουλήκια άφθονα! πρόσθεσε κι ο πετεινός, που δεν πρόφταινε να τσιμπάει με το ράμφος του.

Οι δυο φίλοι ήταν λοιπόν κατενθουσιασμένοι και πίστευαν πως, απο δω κι εμπρός, θα ζούσαν χωρίς καμιά στενοχώρια.

Βόσκοντας ο γάιδαρος και τσιμπώντας σκουλήκια ο πετεινός, προχώρησαν μέσα στο δάσος και, ξαφνικά, αντίκρισαν ένα λιοντάρι.

Ο πετεινός πέταξε αμέσως πάνω σ' ένα δέντρο κι άρχισε να φωνάζει μ' όλη του τη δύναμη:

–Κουκουρίκου! Κουκουρίκου!

Το λιοντάρι, που τρομάζει όταν ακούει λάλημα πετεινού, το 'βαλε αμέσως στα πόδια.

–Με είδε εμένα και με φοβήθηκε! φώναξε τότε ο γάιδαρος. Τώρα θα δει τι θα του κάνω!

Και βάλθηκε να κυνηγήσει το λιοντάρι.

Αλλ' όταν έφτασαν αρκετά μακριά, τόσο που δεν ακουγότανε πια το λάλημα του πετεινού, το λιοντάρι στράφηκε ξαφνικά κι έπεσε απάνω στο γάιδαρο να τον φάει.

«Αλίμονό μου!», σκέφτηκε τότε εκείνος, καθώς τον δάγκανε άγρια το λιοντάρι. «Αφού κανένας πρόγονός μου δεν ήτανε πολεμιστής, τι μου ήρθε να τα βάλω με το λιοντάρι;»

Η Νυχτερίδα κι οι Γάτες

Κάποτε, μια νυχτερίδα πληγώθηκε στη φτερούγα της και, καθώς δεν μπορούσε να πετάξει έπεσε καταγής.

Σε λίγο, πέρασε από κείνο το μέρος ένας αγριόγατος και χύμηξε απάνω της να την φάει.

–Μη με τρως, σε παρακαλώ, του είπε η νυχτερίδα.

–Εγώ κυνηγάω όλα τα πουλιά και τα τρώω, της εξήγησε ο αγριόγατος. Γιατί να μη σε φάω εσένα;

–Γιατί εγώ δεν είμαι πουλί. Είμαι ποντικός.

Ο αγριόγατος την κοίταξε καλά, είδε πως έμοιαζε πραγματικά με ποντικό και της είπε:

–Έχεις δίκιο, δεν είσαι πουλί.

Κι έφυγε να κυνηγήσει κανένα πραγματικό πουλί.

Σε λίγο πέρασε από κει μια γάτα, κι όταν είδε τη νυχτερίδα, πήδησε απάνω της για να την φάει.

–Μη με τρως, σε παρακαλώ, της είπε η νυχτερίδα.

–Εγώ κυνηγάω όλα τα ποντίκια και τα τρώω, της εξήγησε η γάτα. Γιατί να μη σε φάω εσένα;

–Γιατί εγώ δεν είμαι ποντικός.

–Τότε τι είσαι και δεν είσαι ποντικός;

–Είμαι νυχτερίδα, δηλαδή πουλί και πετάω. Δεν βλέπεις τα φτερά μου;

Η γάτα την κοίταξε καλά, είδε πως έμοιαζε πραγματικά με πουλί, μια που είχε φτερά, και της είπε:

–Έχεις δίκιο, δεν είσαι ποντικός.

Κι έφυγε να κυνηγήσει κανένα πραγματικό ποντικό.

Κι έτσι, η έξυπνη νυχτερίδα κατάφερε, αλλάζοντας δυο φορές τ' όνομά της, να γλιτώσει και τις δυο φορές από το θάνατο.

Το Μερμήγκι και το Σκαθάρι

Μια φορά, ζούσανε σε κάποιο χωράφι ένα μερμήγκι κι ένα σκαθάρι.

Το σκαθάρι μάζευε κοπριά αλόγων, την έκανε σβόλους, κι όταν έφτιαχνε τέσσερις-πέντε, καθότανε να ξεκουραστεί ή πετούσε από πέτρα σε πέτρα, για να κάνει τον περίπατό του και να δει πώς περνούν οι γείτονές του. Το μερμήγκι όμως όλη μέρα και, καμιά φορά, κι όλη νύχτα, μάζευε στάρι, κριθάρι, άχυρο, τα κουβαλούσε στην αποθήκη του, που την είχε σκάψει βαθιά μέσα στο χώμα, κι εκεί τ' αποθήκευε κι έβγαινε αμέσως για να κουβαλήσει κι άλλα.

Μια μέρα, το σκαθάρι δεν βάσταξε, και του είπε:

–Γείτονα, μερμήγκι, μπορώ να σε ρωτήσω κάτι;

–Ρώτα με, είπε το μερμήγκι, που εξακολούθησε το δρόμο του, σέρνοντας ένα μεγάλο σπειρί στάρι.

–Στάσου λοιπόν μια στιγμή να σε ρωτήσω.

–Μπορείς να με ρωτήσεις και την ώρα που περπατάω, είπε το μερμήγκι.

–Μα γι' αυτό ακριβώς ήθελα να σε ρωτήσω. Όλοι μας, τώρα το καλοκαίρι, που ο καιρός είναι τόσο καλός, δουλεύουμε λίγη ώρα κι έπειτα ξεκουραζόμαστε και κάνουμε περίπατο για να διασκεδάσουμε. Εσύ γιατί δεν ξεκουράζεσαι καθόλου;

Αλλά το μερμήγκι δεν αποκρίθηκε, μόνο εξακολούθησε το δρόμο του, σέρνοντας πίσω του το σπειρί το στάρι.

Όταν ήρθε ο χειμώνας με τις βροχές του κι έλιωσε όλες τις κοπριές, το σκαθάρι, που κόντευε να πεθάνει απ' την πείνα, πήγε και βρήκε το μερμήγκι και το παρακάλεσε να του δώσει κάτι να φάει.

–Αν δούλευες τότε όπως εγώ, που με κορόιδευες, δε θα σου έλειπε τώρα η τροφή, του είπε το μερμήγκι.

Η Ουρά και το Κεφάλι του Φιδιού

Κάποτε, η ουρά του φιδιού επαναστάτησε και τα ' βαλε με το κεφάλι του.

– Δεν μπορώ να σε υποφέρω πια! του φώναξε, μια μέρα, που το φίδι καθότανε, κουλουριασμένο, στον ήλιο και ζέσταινε το κορμί του.

Το κεφάλι, που νύσταζε, κι ήταν έτοιμο να κοιμηθεί, μισάνοιξε τα μάτια του και κοίταξε την ουρά παραξενεμένο.

– Τι έπαθες; την ρώτησε.

– Δεν μπορώ να σε υποφέρω πια, σου το ξαναλέω! Όπου θέλεις εσύ μας πας κι εμένα, κι όλο το κορμί σου. Ποτέ δεν με ρώτησες αν θέλω ν' ακολουθήσω το δρόμο που παίρνεις, ή αν προτιμώ να πάρω άλλο δρόμο.

– Αφού έτσι είναι κανονισμένα από τη φύση, τι ήθελες να γίνει;

– Να διαλέγω εγώ το δρόμο και ν' ακολουθείς εσύ.

– Μα δεν έχεις ούτε μάτια, ούτε μύτη. Πώς θα βλέπεις το δρόμο;

– Αυτό είναι δικός μου λογαριασμός, επέμεινε η ουρά. Άφησε να διευθύνω εγώ και θα δεις πως όλα θα πάνε καλύτερα.

Το κεφάλι του φιδιού, θες γιατί νύσταζε και βαριότανε τη συζήτηση, θες γιατί ήτανε περιέργο, λέει τότε στην ουρά:

– Πολύ καλά! Από σήμερα θα διευθύνεις εσύ!

Καταχάρηκε η ουρά, που πέτυχε να γίνει εκείνο που ήθελε, και ξεκίνησε, στα τυφλά, βέβαια, γιατί ούτε μάτια είχε, ούτε μύτη.

Έσερνε λοιπόν πίσω της, το κορμί και το κεφάλι του φιδιού, που καταπληγώθηκε από τις μυτερές τις πέτρες, γιατί η ουρά δεν έβλεπε πού πήγαινε και, τέλος γκρεμίστηκε σ' ένα βάραθρο.

– Σώσε μας, κεφάλι! φώναξε με απελπισία η ουρά του φιδιού. Κοίταξε να μας βγάλεις από δω μέσα γιατί χαθήκαμε!

Τότε μόνο κατάλαβε η ουρά πως ο καθένας δεν είναι ικανός να διευθύνει...

Το Χελιδόνι και τα Πουλιά

Όταν, για πρώτη φορά στη γη, άρχισε να βγαίνει ο ιξός, το χελιδόνι, που ήτανε φρόνιμο πουλί, κατάλαβε πως ήταν ένα πράγμα πολύ επικίνδυνο.

Πέταξε λοιπόν μέσα στο δάσος κι ειδοποίησε όλα τα πουλιά να συγκεντρωθούν σ' ένα ξέφωτο, γιατί είχε να τους μιλήσει.

Πραγματικά, όλα τα πουλιά μαζεύτηκαν, εκεί που τους είχε παραγγείλει να πάνε και περίμεναν, περίεργα, ν' ακούσουν τι θα τους έλεγε.

–Ακούστε, πουλιά του δάσους, άρχισε να λέει το χελιδόνι. Αυτός ο ιξός, που βλέπετε, είναι πολύ επικίνδυνος γιατί, αν κολλήσουν τα φτερά μας απάνω του, δε θα μπορούμε πια να πετάμε κι έτσι θα μας πιάνουν οι άνθρωποι. Φοβούμαι, μάλιστα, μήπως οι άνθρωποι μας στήνουν και παγίδες μ' αυτό και τότε είμαστε χαμένα.

–Και τι λες να γίνει; ρώτησαν τα πουλιά.

–Να κόψουμε όλα τα κλαδιά που βγάζουν ιξό.

–Είναι δύσκολη δουλειά και δε θα τα καταφέρουμε.

–Τότε να πάμε να παρακαλέσουμε τους ανθρώπους να μη μας στήσουν παγίδες μ' αυτόν, πρότεινε το χελιδόνι.

–Αυτά που λες είναι ανοησίες! είπανε τα πουλιά.

Κι έφυγαν όλα πετώντας.

Όταν έμεινε ολομόναχο το χελιδόνι, πήγε και βρήκε τους ανθρώπους και τους παρακάλεσε να μην του στήνουν παγίδες με ιξό.

Οι άνθρωποι, που εκτίμησαν τη φρονιμάδα του, έδωσαν το λόγο τους ότι δε θα το πειράξουν και δέχτηκαν, μάλιστα, να χτίζει τη φωλιά του στα σπίτια τους.

Κι έτσι, το χελιδόνι, που ήτανε προβλεπτικό, γλίτωσε από τον κίνδυνο, ενώ τ' άλλα τα πουλιά κινδυνεύουν ακόμη.

Πατέρας και κόρες

Ένας χωρικός είχε δυο κόρες και τις πάντρεψε την ίδια μέρα και τις δυο. Η μια πήρε άντρα της έναν περιβολάρη κι η άλλη έναν κεραμιδά.

Πέρασαν μερικοί μήνες και, μια μέρα, που δεν είχε δουλειά, είπε στη γυναίκα του ο χωρικός:

–Πεθύμησα τις κόρες μας και πάω να δω πώς περνάνε με τους άντρες τους.

Πήγε πρώτα σ' εκείνην, που είχε πάρει άντρα της τον περιβολάρη.

–Πώς τα περνάς, κόρη μου; την ρώτησε.

–Πολύ καλά, πατέρα μου. Φτάνει μόνο να χαλάσει ο καιρός και να πιάσουν βροχές, να ποτιστούνε τα περιβόλια μας και τότε θα είμαστε πιο καλά.

Φεύγοντας από κει, ο χωρικός πήγε να βρει την άλλη του κόρη, που είχε παντρευτεί τον κεραμιδά.

–Πώς τα περνάς, κόρη μου; την ρώτησε.

–Πολύ καλά, πατέρα μου. Φτάνει μόνο να μη χαλάσει ο καιρός και πιάσουν οι βροχές, γιατί τότε θα καταστραφούνε τα κεραμίδια που απλώσαμε για να στεγνώσουν.

Ο χωρικός κούνησε τότε το κεφάλι του και της είπε:

–Εσύ ζητάς να μην πιάσουν οι βροχές κι η αδερφή σου ζητάει να πιάσουν οι βροχές. Εγώ τώρα, τι να ζητήσω;

Πραγματικά, ο καημένος ο χωρικός βρισκότανε σε δύσκολη θέση, γιατί οι γαμπροί του είχαν δουλειές ανόμοιες κι εκείνο που έκανε καλό στον ένα, έφερνε τη δυστυχία στον άλλον.

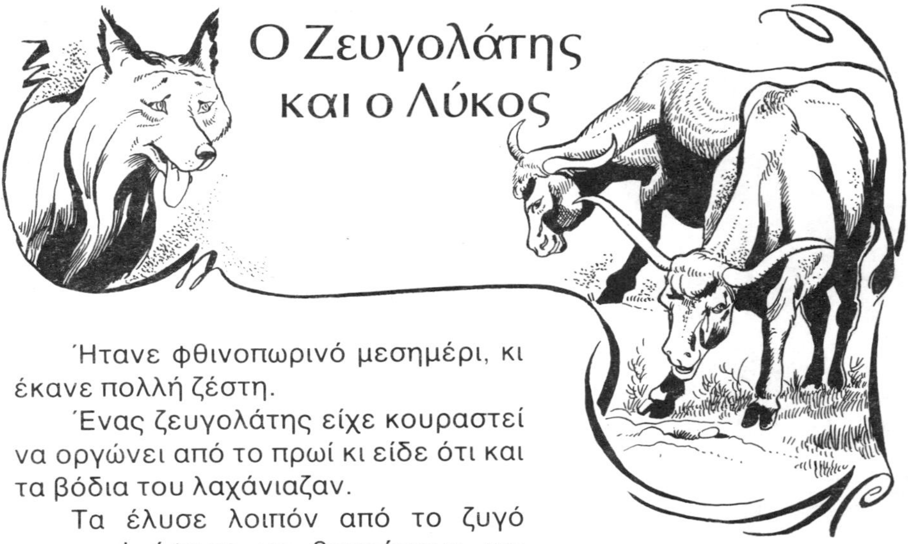

Ο Ζευγολάτης και ο Λύκος

Ήτανε φθινοπωρινό μεσημέρι, κι έκανε πολλή ζέστη.

Ένας ζευγολάτης είχε κουραστεί να οργώνει από το πρωί κι είδε ότι και τα βόδια του λαχάνιαζαν.

Τα έλυσε λοιπόν από το ζυγό τους, τ' άφησε να βοσκήσουν και κάθισε κι αυτός να φάει. Έπειτα πήρε τα βόδια του και τα κατέβασε στο ποτάμι για να τα ποτίσει.

Εκείνη την ώρα περνούσε από το χωράφι ένας λύκος, που ήτανε πολύ πεινασμένος.

Πήγε κοντά στ' αλέτρι, το μύρισε κι άρχισε να γλείφει με τη γλώσσα του τις ζεύλες των βοδιών, που ήταν ποτισμένες με τον ιδρώτα τους.

Του άρεσε εκείνος ο βοδινός ιδρώτας κι όλο έγλειφε τις ζεύλες, χώνοντας το μουσούδι του μέσα όλο και πιο πολύ, ώσπου βρέθηκε πιασμένος από το λαιμό.

Θέλησε τότε να ξεφύγει, τραβούσε το κεφάλι του πίσω, τιναζότανε, κλοτσούσε, αλλ' οι ζεύλες τον είχανε πιάσει γερά από το λαιμό κι εμπόδιζαν το χοντρό του κεφάλι να βγει.

Ύστερα από λίγη ώρα, γύρισε κι ο ζευγολάτης από το ποτάμι, οδηγώντας τα βόδια του, που είχε σκοπό να τα ζέψει πάλι και να συνεχίσει το όργωμα του χωραφιού.

Είδε όμως ότι, στο αλέτρι του, ήτανε ζεμένος τώρα ένας λύκος.

Πήγε λοιπόν κοντά και του είπε κοροϊδευτικά:

– Αν άφηνες τις αρπαγές και τις αδικίες κι άρχιζες να οργώνεις και συ, όπως τα βόδια, θα γλίτωνες τη ζωή σου.

Και, παίρνοντας ένα τσεκούρι, τον σκότωσε.

Η παρακαταθήκη και ο Όρκος

Κάποτε, ένας άνθρωπος είχε σκοπό να ταξιδέψει. Επειδή όμως θα έλειπε πολύν καιρό από τον τόπο του, σκέφτηκε ν' αφήσει την περιουσία του σ' ένα φίλο του, να του την φυλάει, ώσπου να γυρίσει.

—Θα σου αφήσω την περιουσία μου παρακαταθήκη, του είπε, κι όταν γυρίσω από το ταξίδι μου, την παίρνω πίσω.

—Δέχομαι να σου την φυλάξω, υποσχέθηκε εκείνος.

—Θα κάνεις όμως όρκο πως την πήρες για να την φυλάξεις.

—Τι χρειάζεται ο όρκος; Μήπως δεν είμαστε φίλοι;

—Είμαστε φίλοι κι έχω εμπιστοσύνη σε σένα και γι' αυτό σου αφήνω την περιουσία μου να την φυλάξεις. Αλλά δεν έχω εμπιστοσύνη στον πλούτο, που είναι κακός συμβουλάτορας και γι' αυτό σου ζητάω να μου ορκιστείς.

—Καλά, ας γίνει έτσι, είπε ο άλλος με μισή καρδιά. Αύριο, που θα μου παραδώσεις την περιουσία σου, θα ορκιστώ πως την πήρα για να την φυλάξω.

Ωστόσο, από μέσα του, δεν είχε σκοπό να ορκιστεί γιατί είχε

βάλει με το νου του να καταχραστεί την περιουσία, που θα του εμπιστευόταν ο φίλος του. Πώς θα τα κατάφερνε όμως να μην ορκιστεί; Αυτή η σκέψη τον βασάνιζε και ξεκίνησε να περπατήσει στην εξοχή, μήπως βρει καμιά λύση.

Όταν έφτασε στην πύλη της πολιτείας, είδε έναν κουτσό, που έβγαινε κι αυτός.

–Ποιος είσαι; τον ρώτησε περίεργος.

–Είμαι ο Όρκος, του αποκρίθηκε εκείνος.

–Και πού πηγαίνεις;

–Πάω να τιμωρήσω κάποιον, που ορκίστηκε και δεν κράτησε τον όρκο του.

–Και πότε λογαριάζεις να ξαναγυρίσεις σ' αυτή την πολιτεία;

–Ύστερα απο σαράντα χρόνια, μπορεί κι ύστερα από τριάντα, αποκρίθηκε ο Όρκος.

Και συνέχισε το δρόμο του.

«Μέσα σε τριάντα χρόνια», είπε μέσα του ο κακός ο άνθρωπος, «εγώ θα έχω φάει την περιουσία που θα παραλάβω να την φυλάω, κι ας ψάχνει ο Όρκος να με βρει για να με τιμωρήσει. Θα ' χω πεθάνει πιά!»

Και γύρισε πίσω αμέσως, πήγε, βρήκε το φίλο του και του είπε:

–Τα σκέφτηκα αυτά που μου είπες κι είδα πως είχες δίκιο. Έλα να μου παραδώσεις την περιουσία σου να την φυλάξω όσον καιρό λείψεις και σου ορκίζομαι πως θα σου την δώσω πίσω, όταν θα γυρίσεις.

Όταν ο φίλος του, παίρνοντας τον όρκο κι αφήνοντας την περιουσία του, ξεκίνησε για το ταξίδι, ο άπιστος άνθρωπος άρχισε να τρίβει χαρούμενος τα χέρια του και να γελάει:

–Είμαι πλούσιος! έλεγε. Είμαι τώρα πλούσιος!

Την ίδια όμως στιγμή, παρουσιάστηκε μπροστά του ο Όρκος και τον άρπαξε από το χέρι δυνατά.

–Πάμε να σε γκρεμίσω! του είπε.

–Γιατί να με γκρεμίσεις; απόρησε ο άνθρωπος.

–Γιατί ορκίστηκες ψεύτικα.

–Μήπως και συ δε μου είπες ψέματα ότι θα γυρνούσες ύστερα από τριάντα χρόνια σ' αυτή την πολιτεία;

–Όταν καταλαβαίνω πως κάποιος λογαριάζει να με ξεγελάσει, γυρίζω πίσω την ίδια μέρα, τον αρπάζω και τον γκρεμίζω σ' ένα βαθύ βάραθρο! του αποκρίθηκε ο Όρκος, σέρνοντάς τον για το γκρεμό.

Το Παιδί και το Ζωγραφιστό Λιοντάρι

Τα παλιά τα χρόνια, ζούσε ένας άνθρωπος που, από φυσικού του, ήτανε πολύ φοβιτσιάρης κι έτρεμε με το παραμικρό.

Είχε ένα γιο μονάχα, που ήταν η ελπίδα του για τα γηρατειά του, γιατί ούτε γυναίκα είχε, ούτε κανέναν άλλο συγγενή.

Ένα βράδυ, είδε στον ύπνο του πως το γιο του τον έφαγε ένα λιοντάρι και τρόμαξε τόσο πολύ, μήπως το όνειρο βγει αληθινό, ώστε, από την άλλη μέρα κιόλας, άρχισε να χτίζει ένα σπίτι πολύ όμορφο, που τα παράθυρά του ήταν πολύ ψηλά, κάτω από τη στέγη κι είχε μονάχα μια πόρτα, πάντοτε καλά κλειδωμένη, που το κλειδί της το κρατούσε διαρκώς μαζί του.

Γύρω από το σπίτι έχτισε κι ένα πολύ ψηλό μαντρότοιχο και, μέσα στο σπίτι, έκλεισε το μοναχογιό του και τον κρατούσε εκεί κλειδωμένο. Έτσι, δεν είχε πια φόβο να βγει έξω, και να τον φάει κανένα λιοντάρι, όπως είχε δει στ' όνειρό του.

Επειδή ήταν πλούσιος κι ήθελε το σπίτι του γιου του να είναι πολύ όμορφο, παράγγειλε σ' ένα ζωγράφο να ζωγραφίσει όλους τους τοίχους του σπιτιού.

Κι ο ζωγράφος στόλισε τους τοίχους με πολύ όμορφες ζωγραφιές: με θάλασσες, όπου κολυμπούσαν δελφίνια, με σύννεφα, που ανάμεσά τους πετούσαν αγριόχηνες και πελαργοί, με δάση, όπου τριγυρνούσαν όλων των ειδών τ' αγρίμια.

Ο νέος, που ήτανε κλεισμένος μέσα στο σπίτι, στενοχωριότανε, που δεν μπορούσε να βγει ποτέ κι αυτός έξω, να διασκεδάσει με τους συνομήλικούς του, και περνούσε τις ώρες του τριγυρνώντας από δωμάτιο σε δωμάτιο και κοιτώντας τις ζωγραφιές.

Μια μέρα, στάθηκε μπροστά σ' έναν τοίχο, όπου ήτανε ζωγραφισμένο ένα άγριο, πυκνό δάσος κι όπου, ανάμεσα στα δέντρα, βρισκόταν ένα μεγάλο, δυνατό λιοντάρι.

Αυτή η ζωγραφιά τον έκανε να θυμώσει περισσότερο.

–Παλιοθηρίο! μουρμούρισε. Επειδή έτυχε να σε δει μια νύχτα στ' όνειρό του ο πατέρας μου, φοβήθηκε και με κλείδωσε εδώ μέσα να περάσω όλη μου τη ζωή ολομόναχος.

Και, μέσα στο θυμό του, άπλωσε το χέρι να ξύσει, με τα νύχια του, τα μάτια του ζωγραφιστού λιονταριού.

Αλλά, καθώς έξυνε με λύσσα τον τοίχο, χώθηκε μια αγκίδα στο χέρι του και πόνεσε τόσο πολύ, ώστε πήγε να πλαγιάσει.

Όλη εκείνη τη νύχτα, δεν έκλεισε μάτι από τους πόνους.

Το πρωί, όταν ξημέρωσε, είδε πως το χέρι του είχε πρηστεί κι εκεί, όπου είχε χωθεί η αγκίδα, ήτανε κατάμαυρο.

Όταν ήρθε, αργότερα, ο πατέρας του και τον είδε σ' αυτή την κατάσταση, φώναξε αμέσως ένα γιατρό, αλλά δεν μπόρεσε να κάνει τίποτα με τα βοτανά του, γιατί η πληγή είχε κακοφορμίσει κι ο δύστυχος νέος πέθανε σε δυο μέρες.

Κι έτσι, τ' όνειρο που είχε δει ο πατέρας του, βγήκε αληθινό: ο γιος του πέθανε από λιοντάρι ζωγραφιστό, όσο κι αν τον κλείδωνε για να τον προφυλάξει από τ' αληθινά λιοντάρια.

Ο Λύκος κι ο Ερωδιός

Μια φορά, ένας λύκος άρπαξε ένα πρόβατο, κι επειδή τον κυνηγούσαν τα μαντρόσκυλα κι έτρεχε να γλιτώσει, το' φαγε τόσο γρήγορα, ώστε κατάπινε κομμάτια ολόκληρα, χωρίς να τα μασήσει, κι ένα κόκαλο του στάθηκε στο λαιμό.

Γλίτωσε, τέλος από τα σκυλιά, αλλά δεν μπόρεσε να καταπιεί το κόκαλο, που του είχε σφηνωθεί στο λαιμό και γυρνούσε σαν τρελός μέσα στο λόγγο, ψάχνοντας να βρει γιατρό για να του το βγάλει.

Καθώς γυρνούσε έτσι, αντάμωσε έναν ερωδιό και σκέφτηκε πως το πουλί εκείνο, που είχε τόσο μακρύ ράμφος, θα μπορούσε να τον βοηθήσει. Πήγε λοιπόν κοντά του και τον παρακάλεσε:

–Μου κάνεις μια χάρη, ερωδιέ μου;

–Τι χάρη; ρώτησε το πουλί.

–Να μου βγάλεις ένα κόκαλο αρνίσιο, που έχει σφηνωθεί μέσα στο λαιμό μου. Χώσε το ράμφος σου, που είναι μακρύ, πιάσε αυτό το καταραμένο κόκαλο και γλίτωσέ με από τους πόνους κι εγώ θα σε πληρώσω ακριβά για τον κόπο σου.

–Σύμφωνοι, είπε το πουλί. Άνοιξε το στόμα σου, καλά!

Ο λύκος άνοιξε διάπλατα το στόμα του, ο ερωδιός έχωσε εκεί μέσα το μακρύ του ράμφος και κατάφερε να βγάλει το κόκαλο.

Ο λύκος, μόλις ελευθερώθηκε, στράφηκε να φύγει.

–Πού πας; τον ρώτησε το πουλί. Δεν υποσχέθηκες να με πληρώσεις για τον κόπο μου;

–Να ' σαι ευχαριστημένος, που έβγαλες το κεφάλι σου από το στόμα μου, χωρίς να σου το φάω, και να μη ζητάς άλλη πληρωμή, του αποκρίθηκε ο λύκος.

Η Νυχτερίδα, ο Βάτος κι η Βουτηχτάρα

Στα παλιά, τα πολύ παλιά τα χρόνια, τότε που τα φυτά και τα ζώα είχαν μιλιά και φέρνονταν σαν άνθρωποι, η νυχτερίδα, ο βάτος και η βουτηχτάρα αποφάσισαν να συνεταιριστούν και να κάνουν εμπόριο κι οι τρεις μαζί.

—Θα βάλουμε ο καθένας ό,τι έχει και θα ξεκινήσουμε να κάνουμε εμπόριο, είπαν.

Η νυχτερίδα λοιπόν δανείστηκε κάτι χρήματα, ο βάτος έβαλε ένα ύφασμα, που είχε εξοικονομήσει από κάπου, κι η βουτηχτάρα έβαλε ένα κομμάτι μπρούντζο. Αυτά ήταν τα κεφάλαιά τους.

Τα πήραν, μπήκανε σ' ένα καράβι και ξεκίνησαν για τα ξένα, να πουλήσουν το εμπόρευμά τους, ν' αγοράσουν άλλο και να γυρίσουν πίσω, να πουλήσουν το καινούριο εμπόρευμα στον τόπο τους.

Αλλ' ώσπου να φτάσουν στο λιμάνι, όπου είχαν σκοπό να πάνε, ξέσπασε μια τρομερή θύελλα, το καράβι βούλιαξε κι οι τρεις συνέταιροι τρόμαξαν να γλιτώσουν, παλεύοντας ώρες ολόκληρες με τα κύματα. Όλα τους τα κεφάλαια όμως τα πήρε η αγριεμένη θάλασσα και χάθηκαν.

Και γι' αυτό, από τότε, η νυχτερίδα, για ν' αποφύγει τους δανειστές της, κρύβεται όλη την ημέρα και βγαίνει μόνο τη νύχτα· ο βάτος αρπάζει με τ' αγκάθια του τα φορέματα όταν περνούνε πλάι του, με την ελπίδα πως ίσως βρει το ύφασμα που έχασε· κι η βουτηχτάρα τριγυρνάει διαρκώς στην ακρογιαλιά, μήπως τα κύματα ρίξουν στη στεριά το μπρούντζο, που της πήραν κάποτε.

Ο Μελισσοκόμος

Ένας χωρικός είχε πολλές κυψέλες κι οι μέλισσές του έκαναν πολύ και καλό μέλι, γιατί η γύρω περιοχή είχε πολλά αγριολούλουδα και πολλά θυμάρια.

Μια μέρα, που ο χωρικός είχε πάει στην πολιτεία, για ν' αγοράσει κάτι εργαλεία, που του χρειάζονταν, μπήκανε κλέφτες και του κατάκλεψαν τις κερήθρες με το μέλι από τις περισσότερες κυψέλες του.

Όταν, αργά το δειλινό, γύρισε ο χωρικός από την πολιτεία κι είδε τις περισσότερες κυψέλες του αδειανές, τραβούσε τα μαλλιά του από τη στενοχώρια του.

Ωστόσο, όταν συνήλθε κάπως από την απελπισία του, βάλθηκε να στήνει τις αναποδογυρισμένες κυψέλες και να τις καθαρίζει.

Σε λίγο, ακούστηκε ένα βούισμα που, όσο πήγαινε δυνάμωνε. Ήταν τα σμάρια των μελισσών, που γυρνούσαν στα σπιτάκια τους.

Όταν είδαν το χωρικό να πασπατεύει τις κυψέλες τους, οι μέλισσες θύμωσαν κι έπεσαν όλες απάνω του κι άρχισαν να τον τρυπούν με τα κεντριά τους.

Ο χωρικός το ' βαλε στα πόδια, χειρονομώντας σαν τρελός, και με δυσκολία κατόρθωσε να τους ξεφύγει. Έπειτα στάθηκε μακριά από τις κυψέλες και φώναξε θυμωμένος στις μέλισσες:

—Να χαθείτε, παλιομέλισσες! Αφήσατε τον κλέφτη να σας ρημάξει τις κερήθρες σας, χωρίς να τον πειράξετε καθόλου, κι εμένα που προσπαθούσα να σας βοηθήσω, λίγο έλειψε να με σκοτώσετε με τα κεντριά σας!

Ο Γεωργός και τα Παιδιά του

Ένας γεωργός είχε τέσσερις γιους. Αλλ' όσο αυτός ήτανε δουλευτάρης και περιποιότανε τα χτήματά του, τόσο εκείνοι βαριόντουσαν τη δουλειά κι ό,τι αναλάβαιναν το άφηναν στη μέση.

Ο πατέρας τους στενοχωριότανε μ' αυτή την κατάσταση, γιατί ήτανε γέρος πια κι ήξερε πως, όταν αυτός θα πέθαινε, τα παιδιά του θα παρατούσαν τα χτήματα, που θα ρήμαζαν.

Του κάκου τους έλεγε πως έπρεπε να δουλεύουν, γιατί αλλιώς θα καταντούσαν ζητιάνοι. Οι συμβουλές του πήγαιναν χαμένες.

Κάποτε, ο γεωργός αρρώστησε και κατάλαβε πως θα πέθαινε. Κάλεσε τότε πλάι στο κρεβάτι του τους τέσσερις γιους του και τους είπε:

–Παιδιά μου, προτού κλείσω τα μάτια μου, θα σας πω κάτι, που σας το 'κρυβα ως τώρα. Επειδή δούλεψα πολύ στη ζωή μου, κέρδισα πολλά χρήματα. Είναι θησαυρός ολόκληρος. Για να μη μπούνε κλέφτες καμιά νύχτα στο σπίτι μας και μου τον κλέψουν, έβαλα το θησαυρό μέσα σ' ένα λαγήνι και το' θαψα στο μεγάλο αμπέλι μας.

–Πού; ρώτησαν περίεργοι οι γιοι του.

–Δεν θυμάμαι, παιδιά μου. Είναι χρόνια τώρα... Σκάψτε γύρω απ' όλες τις ρίζες και κάπου θα βρείτε το λαγήνι με το θησαυρό.

Μόλις πέθανε ο πατέρας τους, οι τέσσερις γιοι πήγανε στο μεγάλο αμπέλι τους κι άρχισαν να σκάβουν γύρω γύρω απ' τις ρίζες των κλημάτων. Πουθενά όμως δεν βρήκαν κανένα λαγήνι με θησαυρό.

Αλλά, με το σκάψιμο εκείνο, τα κλήματα φούντωσαν και τα σταφύλια έγιναν τόσο άφθονα εκείνο το χρόνο, ώστε τα παιδιά του γεωργού πήραν πολλά χρήματα. Και τότε κατάλαβαν για ποιο θησαυρό τους είχε μιλήσει ο πατέρας τους.

Από τότε, ρίχτηκαν στη δουλειά, γιατί ήξεραν πια ότι αυτή είναι ο πιο σίγουρος θησαυρός.

Οι Νεαροί και ο Χασάπης

Κάποτε, δυο νεαροί, πήγαν σ' ένα χασάπικο ν' αγοράσουνε κρέας.

—Από κείνο εκεί να μας κόψεις, είπανε στο χασάπη.

Τη στιγμή όμως που εκείνος στράφηκε να κόψει αυτό που ήθελαν, ο ένας νεαρός άρπαξε ένα κομμένο κομμάτι κρέας και το ' δωσε στο σύντροφό του, που το ' κρυψε στον κόρφο του.

Όταν στράφηκε ο χασάπης, κι είδε πως έλειπε το κρέας, έπιασε τον πρώτο νεαρό και του είπε:

—Πού είναι το κρέας που μου έκλεψες;

—Δεν έχω κανένα κομμάτι κρέας! του αποκρίθηκε εκείνος. Σου ορκίζομαι στους θεούς πως, κι αν με ψάξεις ακόμα, δεν θα βρεις τίποτα επάνω μου.

Τότε ο χασάπης στράφηκε στον άλλο νεαρό και του είπε απειλητικά:

—Δώσ' μου αμέσως το κομμάτι το κρέας που μου έκλεψες!

Ο δεύτερος νεαρός έβαλε αμέσως τις φωνές:

—Δεν ντρέπεσαι να με κατηγορείς; Σου ορκίζομαι σ' όλους τους θεούς πως δεν σου πήρα κανένα κομμάτι κρέας.

Ο χασάπης κατάλαβε τότε την πονηριά τους: ο ένας είχε πάρει το κρέας κι ορκιζότανε πως δεν το είχε˙ ο άλλος έκρυψε το κρέας στον κόρφο του κι ορκιζότανε πως δεν το είχε πάρει αυτός. Κι οι δυο τους έδιναν όρκο για πράγματα που δεν έκαναν, κι ωστόσο κι οι δυο τους ήταν ψεύτες και κλέφτες.

Τότε ο χασάπης κούνησε το κεφάλι του ελεεινολογώντας τους και τους είπε:

—Εμένα μπορείτε να με ξεγελάσετε με τους όρκους σας τους ψεύτικους, αλλ' όχι και τους θεούς!

Γιατί, πραγματικά, όσο κι αν φαίνονταν ειλικρινείς οι όρκοι τους, ήταν ψεύτικοι κι ο ένας κάλυπτε τον άλλον.

Ο κακός Γιατρός

Ένας άρρωστος είχε καλέσει δυο γιατρούς να τον κοιτάξουν κι εκείνοι του είπαν πως δεν είχε τίποτα το σοβαρό και πως σύντομα θα γινότανε καλά.

Επειδή όμως η αδυναμία του εξακολουθούσε και δεν μπορούσε να σηκωθεί από το κρεβάτι, αποφάσισε να φωνάξει κι έναν άλλο γιατρό. Αυτός ο καινούριος γιατρός τον εξέτασε προσεχτικά κι έπειτα κούνησε συλλογισμένος το κεφάλι του και του είπε:

– Η αρρώστια σου είναι βαριά και, το καλό που σου θέλω, κοίταξε να ταχτοποιήσεις τις δουλειές σου γιατί, σε δυο μέρες το πολύ θα έχεις πεθάνει!

Ο καημένος ο άρρωστος τρομοκρατήθηκε κι άρχισε να φροντίζει, από το κρεβάτι όπου ήτανε πλαγιασμένος, τις υποθέσεις του, μια που θα πέθαινε σε δύο μέρες, όπως του είχε πει εκείνος ο γιατρός.

Αλλά πέρασαν οι δυο μέρες, πέρασαν δυο βδομάδες, κι αντί να πεθάνει, ο άρρωστος έγινε καλά.

Σηκώθηκε από το κρεβάτι, βγήκε από το σπίτι και στο δρόμο του, απάντησε τον γιατρό.

– Καλημέρα, του λέει ο γιατρός, χωρίς να τα χάσει. Πώς είναι οι νεκροί στον Άδη;

– Είναι ήσυχοι, γιατί ήπιαν το νερό της λησμονιάς, του αποκρίθηκε εκείνος. Άκουσα όμως το Θάνατο και τον Άδη να βρίζουν τους γιατρούς.

– Γιατί; ρώτησε περίεργος ο γιατρός.

– Γιατί δεν αφήνουν τους αρρώστους να πεθαίνουν. Έφτιασαν μάλιστα κι έναν κατάλογο μ' όλα τα ονόματα των γιατρών. Εγώ όμως σε λυπήθηκα εσένα και τους παρακάλεσα να μη γράψουν τ' όνομά σου γιατί τους ορκίστηκα πως δεν είσαι αληθινός γιατρός...

Ο ανίκανος γιατρός, που μόνο λόγια ήξερε να λέει, έβαλε το κεφάλι του κάτω κι έφυγε, χωρίς να πει τίποτα.

Οι Λύκοι και οι Σκύλοι που συμφιλιώθηκαν

Από τα πολύ παλιά χρόνια, οι λύκοι και οι σκύλοι είναι θανάσιμοι εχθροί.

Κάποτε, όμως, οι λύκοι μαζεύτηκαν σε σύναξη για να δουν τι μπορούσαν να κάνουν, για να γλιτώσουν από το άγριο κυνηγητό των σκύλων.

Αφού είπαν πολλά, που τα βρήκαν δύσκολα να γίνουν, ένας απ' αυτούς είπε:

–Εγώ λέω να συμφιλιωθούμε με τους σκύλους.

Και τους εξήγησε πώς εννοούσε εκείνη τη συμφιλίωση. Οι άλλοι λύκοι δέχτηκαν την πρότασή του, και την άλλη μέρα κιόλας, πήγαν και βρήκαν τους σκύλους.

–Ακούστε, τους είπαν. Εσείς μοιάζετε πολύ μ' εμάς, σαν να είμαστε αδέρφια. Γιατί, λοιπόν, να μη μονοιάσουμε; Ποια είναι η διαφορά που μας χωρίζει; Μόνο η γνώμη, που έχουμε για τη ζωή. Εμάς μας πρέπει να ζούμε ελεύθεροι. Εσείς γίνατε σκλάβοι των ανθρώπων, σκύβετε το κεφάλι μπροστά τους, στέκεστε και σας δέρνουν, δέχεστε να σας δένουν με λουριά από το λαιμό, σας βάζουν και φυλάτε τα πρόβατά τους κι όταν τα σφάζουν, αυτοί τρώνε τα κρέατα και σε σας πετάνε τα κόκαλα. Γιατί λοιπόν να μη μας παραδώσετε όλα τα κοπάδια και να τα 'χουμε συντροφικά; Έτσι θα ζούμε όλοι μαζί ελεύθεροι και θα τρώμε καλά.

Οι σκύλοι βρήκανε λογική την πρόταση των λύκων και τους παράδωσαν όλα τα πρόβατα. Και τότε εκείνοι έπεσαν απάνω τους, τους κατασπάραξαν, κι έπειτα βάλθηκαν να τρώνε και τα πρόβατα με την ησυχία τους.

Το Έλατο κι ο Βάτος

Στην πλαγιά ενός ψηλού βουνού, φύτρωναν, πλάι-πλάι, ένα έλατο κι ένας βάτος.

Το έλατο ήτανε λαμπαδόκορμο, τα κλαδιά του μακριά, τα βελονωτά φύλλα του καταπράσινα κι ήτανε γεμάτο κουκουνάρια, που υψώνονταν σαν καντήλια προς τον ουρανό και μοσχομύριζε ολόκληρο από ρετσίνα κι ελατίλα.

Ήταν από τα πιο όμορφα δέντρα του μεγάλου εκείνου δάσους κι ο οδοιπόρος, που στεκότανε για να ξεκουραστεί, να κολατσίσει ή να πλαγιάσει κάτω από τον ίσκιο του, ανάσαινε βαθιά το μυρωμένο από την ελατίσια πνοή του αεράκι του βουνού, κι όταν ξάπλωνε στον ίσκιο του και κοιτούσε ψηλά, μέσα από τα πυκνά κλαδιά του, θαρρούσε πως βρισκότανε κάτω από το θόλο μιας καταπράσινης εκκλησίας και τα μάτια του θάμπωναν– τόσο όμορφο ήταν εκείνο το έλατο!

Ο βάτος ο καημένος, που είχε φυτρώσει δίπλα του, είχε απλώσει κι αυτός τ' αγκαθωτά κλαδιά του γύρω του, τα είχε γεμίσει με μικρά, πράσινα φυλλαράκια, είχε αγκαλιαστεί με μιαν άγρια βατομουριά κι όταν στολιζότανε κι αυτή με τα βατόμουρά της, καμάρωνε κι έλεγε πως μπορεί να μην είχε ίσκιο για να δώσει στον οδοιπόρο να ξεκουραστεί, είχε όμως τους νόστιμους, άγριους καρπούς του, που τον δρόσιζαν.

Οι δυο γείτονες, το έλατο κι ο βάτος, όταν δεν είχαν κανένα διαβάτη να περιποιηθούν, κι έμεναν ώρες ολόκληρες ολομόναχοι, έπιαναν τη συζήτηση.

–Είμαι πολύ όμορφο δέντρο, έλεγε δυνατά το έλατο, για ν' ακούει τα λόγια του ο βάτος.

Ο βάτος, ο καημένος, έσκυβε το κεφάλι του και δεν έβγαζε μιλιά.

– Είμαι το πιο όμορφο δέντρο του δάσους, συνέχιζε το έλατο. Πόσο θα με ζηλεύεις, ε;

– Να σε ζηλεύω; Μα γιατί; το ρώτησε απορημένος ο βάτος.

– Εγώ είμαι ψηλό και λυγερό κι όμορφο, έλεγε το έλατο. Από μένα γίνονται οι στέγες των εκκλησιών και τα κατάρτια των καραβιών, που ταξιδεύουν στις απέραντες θάλασσες. Εσύ τι είσαι μπροστά μου;

Το είπε μια φορά, δυο φορές, τρεις – ώσπου ο βάτος δεν κρατήθηκε μια μέρα και του αποκρίθηκε:

– Όταν θα 'ρθουν οι λοτόμοι με τα τσεκούρια τους και θ' αρχίσουν να σε πελεκάνε, θα εύχεσαι να ήσουνα βάτος ταπεινός καλύτερα, παρά περήφανο έλατο.

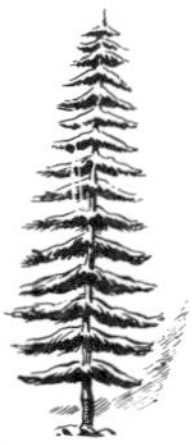

Ο Γιατρός κι ο Άρρωστος

Μια φορά, ένας γιατρός περιποιόταν έναν άρρωστο.

Πήγαινε κάθε μέρα, στο σπίτι του, τον εξέταζε ώρες ολόκληρες, κι έπειτα κουνούσε το κεφάλι του κι έφευγε, αφού πρώτα πληρωνότανε για τον κόπο του.

Οι συγγενείς του αρρώστου τον ρωτούσαν φοβισμένοι, γιατί έβλεπαν το σοβαρό ύφος που έπαιρνε:

—Τι έχει ο άνθρωπός μας, γιατρέ;

—Δεν έδειξε ακόμα, τους έλεγε εκείνος σοβαρά-σοβαρά κι έφευγε, κουνώντας το κεφάλι του.

Κι όταν εκείνοι ξαναρωτούσαν, ανήσυχοι, τους απαντούσε:

—Σας είπα: Θα δείξει!

Κι ήτανε τόσο σοβαρό το ύφος του, ώστε εκείνοι πίστευαν πως ήτανε πολύ μεγάλος γιατρός και τον πλήρωναν ακριβά, περιμένοντας να δείξει τι αρρώστια είχε ο άνθρωπός τους. Ώσπου, μια μέρα, ο άρρωστος πέθανε.

Την κηδεία του την παρακολούθησε κι ο γιατρός που έλεγε:

—Αυτός ο άνθρωπος, αν έκοβε το κρασί κι αν έκανε και μερικά κλύσματα, θα ζούσε ακόμη!

Όπου, ένας από τους συγγενείς του πεθαμένου δεν κρατήθηκε και του φώναξε:

—Τι μας τα λες αυτά τώρα; Δεν ωφελούν σε τίποτα. Έπρεπε να δίνεις τις συμβουλές σου όταν κοιτούσες τον άρρωστο.

Κι είχε δίκιο, γιατί όταν δεν βοηθήσεις κάποιον, την ώρα της ανάγκης του, αργότερα η βοήθειά σου είναι περιττή.

Η Μαϊμού κι οι Ψαράδες

Κάποτε, μια μαϊμού πηδώντας από δέντρο σε δέντρο, έφτασε στην ακροθαλασσιά κι εκεί κάθισε πάνω σ' ένα χοντρό κλαδί και κοιτούσε τους ψαράδες.

Είχανε ρίξει από τη νύχτα τα παραγάδια τους και τώρα τα τραβούσαν εξω, χωμένοι ως τη μέση στο νερό, και σιγά- σιγά, εκείνα έβγαιναν στην επιφάνεια, γεμάτα ψάρια. Οι ψαράδες τα έσυραν στην αμμουδιά κι έπειτα πήγαν να πλαγιάσουν κάτω από κάτι δέντρα, για να ξεκουραστούν, κι εκεί τους πήρε ο ύπνος.

Η μαϊμού, που τους είχε παρακολουθήσει, χωρίς εκείνοι να την αντιληφθούν, όταν τους είδε να ξεμακραίνουν, κατέβηκε από το δεντρί της, πήγε κοντά στα δίχτυα και κοιτούσε τα πιασμένα ψάρια, που σπαρταρούσαν ακόμα.

«Όμορφη δουλειά είναι αυτή και πολύ εύκολη», είπε μέσα της. «Ρίχνεις αυτό το πράγμα στη θάλασσα, κι έπειτα το σέρνεις στην αμμουδιά και έχει τόσα ψάρια ώστε μπορούν να φάνε και να χορτάσουν δέκα μαϊμούδες».

Αποφάσισε λοιπόν να κάνει κι αυτή το ίδιο και βάλθηκε να ρίξει τα δίχτυα στη θάλασσα. Αλλά, καθώς ήταν άμαθη από τέτοια, όπως τα 'σερνε από δω και από κει, βρέθηκε πιασμένη μέσα στα δίχτυα και δεν μπορούσε πια να βγει, όσο και αν πάλευε.

«Καλά να πάθω!», είπε μέσα της. «Αφού δεν ξέρω να ψαρεύω, τι μου ήρθε να κάνω τον ψαρά;»

Ο Πουλολόγος και το Φίδι

Μια φορά, ένας πουλολόγος πήρε τις ξόβεργές του και πήγε να τις στήσει στο δάσος, για να πιάσει κανένα πουλί.

Προχωρούσε λοιπόν ανάμεσα στα δέντρα και κοιτούσε ψηλά, για να δει κανένα πουλί, που ν' άξιζε τον κόπο να το πιάσει.

Γιατί αυτή ήταν η δουλειά του: ετοίμαζε ξόβεργες, τις έστηνε μέσα στο δάσος, έπιανε πουλιά κι άλλα τα έτρωγε κι άλλα τα πουλούσε.

Ποτέ του δεν είχε σκεφτεί πως αυτό που έκανε ήταν κακό, γιατί τα καημένα τα πουλιά δεν του είχανε φταίξει σε τίποτα κι ότι δεν είχαν καμιά διάθεση να κλειστούνε σε κλουβιά, ούτε, πολύ περισσότερο, να σκοτωθούν και να φαγωθούν. Αυτός, νόμιζε πως έκανε τη δουλειά του.

Προχωρούσε, λοιπόν, μέσα στο δάσος, εκείνη την ημέρα και κοιτούσε ψηλά, ανάμεσα στα κλαδιά των δέντρων, για ν' ανακαλύψει κανένα πουλί, που ν'αξίζει τον κόπο να το πιάσει.

Ξάφνου, είδε μια ωραιότατη τσίχλα, με πολύχρωμα φτερά, πάνω σ' ένα κλαδί.

«Αυτή θα την πουλήσω πολύ ακριβά», είπε μέσα του κι ετοιμάστηκε να στήσει τις ξόβεργές του για να την πιάσει.

Αλλά, καθώς είχε τα μάτια του καρφωμένα πάνω στο πουλί, δεν πρόσεχε καταγής, κι έτσι πάτησε στην ουρά ένα φαρμακερό φίδι.

Το φίδι σήκωσε το κεφάλι του θυμωμένο και τον δάγκασε δυνατά στο πόδι, που μούδιασε αμέσως, πρήστηκε κι ο πουλολόγος σωριάστηκε καταγής.

Την ώρα που ξεψυχούσε, μουρμούρισε:

—Άλλον κυνηγούσα να πιάσω κι άλλος με κυνήγησε και μ' έπιασε και τώρα θα πεθάνω....

Κι έτσι την έπαθε ο πουλολόγος που κυνηγούσε τ' αθώα τα πουλάκια.

Οι δυο Εχθροί

Ζούσανε μια φορά, σε μια πολιτεία, δυο εχθροί θανάσιμοι.

Δεν ήθελαν να βλέπουν ο ένας τον άλλον και, κάθε μέρα, στην προσευχή τους παρακαλούσε ο καθένας τους να βρει μεγάλο κακό τον άλλον.

Πολλοί προσπάθησαν να τους συμφιλιώσουν, αλλά στάθηκε αδύνατο, γιατί το μίσος τους ήτανε τρομερό.

Όπου, έτυχε κάποτε να χρειαστεί να ταξιδέψουν κι η τύχη θέλησε να μπούνε στο ίδιο καράβι.

Βλέποντας ότι δεν μπορούσαν να κάνουν αλλιώς, αναγκάστηκαν, θέλοντας και μη, να μείνουν απάνω στο καράβι. Παρακάλεσαν όμως τον καπετάνιο του να τους βάλει να μείνουν όσο πιο μακριά μπορούσε τον ένα από τον άλλο και του εξήγησαν για ποιο λόγο του ζητούσαν αυτή τη χάρη.

—Πολύ καλά, είπε ο καπετάνιος του καραβιού. Ο ένας σας θα μείνει στην πλώρη κι ο άλλος στην πρύμνη.

Ξαφνικά όμως, μια μέρα, ξέσπασε φοβερή θύελλα. Ο ουρανός μαύρισε από τα σύννεφα, ο άνεμος ούρλιαζε, έπεφταν αστροπελέκια, η θάλασσα σήκωνε κύματα όμοια με βουνά και το καράβι έτριζε ολόκληρο. Είχανε κατεβάσει τα πανιά, αλλ' έσπασε το κατάρτι, έπειτα το τιμόνι και το καράβι απόμεινε ακυβέρνητο.

Μέσα σ' εκείνη την κοσμοχαλασιά, ο ταξιδιώτης, που έμενε στην πρύμνη, έπιασε τον καπετάνιο και τον ρώτησε:

—Αν βουλιάξει το καράβι, ποιο μέρος του θα βυθιστεί πρώτο στα νερά;

—Η πλώρη, του αποκρίθηκε εκείνος.

—Τότε δεν με νοιάζει που θα πνιγώ, μια που ο εχθρός μου θα πνιγεί πρώτος! είπε ανατενάζοντας με ανακούφιση ο ταξιδιώτης.

Τόση έχθρα του είχε, ώστε αδιαφορούσε και για το δικό του θάνατο!

Το Κατσίκι που στεκόταν σε μια στέγη και ο Λύκος

Ένα κατσίκι πήδησε μια μέρα πάνω στο φράχτη κι από κει σκαρφάλωσε πάνω στη στέγη του χωριάτικου σπιτιού, για να φάει λίγη πρασινάδα, που είχε φυτρώσει ανάμεσα στα κεραμίδια.

Η γυναίκα που είχε το σπίτι, έλειπε στα χωράφια της, κανένας διαβάτης δεν περνούσε, γιατί το μέρος ήταν ερημικό, κοντά σ' ένα δάσος, κι έτσι το κατσίκι χαιρότανε την ελευθερία του και του φαινότανε πως βρισκότανε ψηλά, πολύ ψηλά και πως όλος ο κόσμος απλωνότανε κάτω από τα πόδια του.

Ξαφνικά, μέσα από τα δέντρα του δάσους, βγήκε ένας λύκος. Οσμίστηκε το κατσίκι και, με λίγα πηδήματα, βρέθηκε μπροστά στο χωριάτικο σπιτάκι.

Αλλ' η στέγη ήταν ψηλή, δεν την έφτανε μ' ένα πήδημα κι όταν θέλησε να δοκιμάσει ν' ανεβεί από το φράχτη, τον τρύπησαν τα παλούκια και ξανάπεσε στο δρόμο.

Το κατσίκι που, πάνω από τη στέγη, παρακολουθούσε τις μάταιες προσπάθειές του, άρχισε να τον κοροϊδεύει και να τον βρίζει.

—Άντε να χαθείς, παλιολύκε! του είπε. Δεν είσαι άξιος ούτε σ' ένα φράχτη να σκαρφαλώσεις. Είσαι ένα αδιάντροπο και φοβιτσιάρικο αγρίμι, που μόνο με τα κουτά τα πρόβατα τα βάζεις, επειδή σε φοβούνται και στέκονται να τα φας. Με μένα όμως δεν μπορείς να τα βάλεις κι άδικα πασχίζεις.

Ο λύκος κούνησε τότε το κεφάλι του και του αποκρίθηκε:

—Δεν με βρίζεις εσύ, ανόητο κατσίκι, αλλ' ο τόπος που βρίσκεσαι. Ας μην ήσουν απάνω στη στέγη και σου 'λεγα εγώ....

Και, πραγματικά, το κατσίκι δε θα φερνότανε τόσο τολμηρά, αν δεν βρισκότανε σ' εκείνο το μέρος, όπου δεν μπορούσε ο λύκος να το φτάσει.

Το Λιοντάρι, ο Λύκος κι η Αλεπού

Ένα γέρικο λιοντάρι αρρώστησε και δεν ξαναβγήκε στο κυνήγι, μόνο έμενε πλαγιασμένο στη σπηλιά του.

Τ' άλλα τα ζώα του δάσους, που το φοβόντουσαν, ακόμα και τώρα, που ήταν άρρωστο, πήγαιναν να το δουν, να ρωτήσουν πώς είναι, να του ευχηθούν να γίνει σύντομα καλά. Πήγαν όλα, εκτός από την αλεπού.

Όταν πήγε κι ο λύκος, που είχε μάθει, στο μεταξύ, πως η αλεπού δεν είχε φανεί, βρήκε την ευκαιρία να την κατηγορήσει:

– Εμείς όλα τ' αγρίμια του λόγγου σε σεβόμαστε, βασιλιά μου, είπε στο λιοντάρι, κι ευχόμαστε μ' όλη μας την καρδιά να γίνεις γρήγορα καλά, γιατί σαν και σένα βασιλιά δε θα βρούμε άλλον. Μονάχα εκείνη η καταραμένη αλεπού δεν σε σέβεται καθόλου, κι ούτε ήρθε να δει τι κάνεις κι αν χρειάζεσαι τίποτα.

Εκείνη τη στιγμή, έμπαινε στη σπηλιά του άρρωστου λιονταριού κι η αλεπού. Άκουσε τι είπε ο λύκος, αλλά προσποιήθηκε πως ερχότανε λαχανιασμένη από μακρύ δρόμο και πως δεν είχε ακούσει τίποτα.

– Να με συγχωρείς, βασιλιά μου, άρχισε να λέει, που άργησα να 'ρθω να σε δω! Σκέφτηκα όμως πως ήταν προτιμότερο, αντί να ρωτάω πώς είσαι, να πάω να βρω ένα γιατρό, να μου πει τι πρέπει να κάνεις για να γίνεις καλά.

– Και τι σου είπε ο γιατρός;

– Μου είπε, ότι, για να γίνεις αμέσως καλά, πρέπει να γδάρεις ένα λύκο και να τυλιχτείς στο τομάρι του όσο είναι ζεστό ακόμα!

Ώσπου να προφτάσει ο λύκος να φύγει, το λιοντάρι τον είχε κιόλας σκοτώσει κι άρχισε να τον γδέρνει.

Την είχε πάθει, βλέπετε, κι είχε πέσει στην παγίδα, που είχε στήσει για την αλεπού.

Οι Οδοιπόροι κι ο Πλάτανος

Κάποτε, είχαν ξεκινήσει μερικοί χωρικοί για να πάνε στην πολιτεία, να τελειώσουν κάτι δουλειές τους.

Ήτανε καλοκαίρι, ο ήλιος έκαιγε κι ο δρόμος περνούσε όλο από κάμπους, με πολύ λιγοστά δέντρα.

Οι οδοιπόροι είχαν κουραστεί, ήταν καταϊδρωμένοι και δεν έβλεπαν την ώρα να φτάσουν σε κανένα δέντρο, να ξεκουραστούν στον ίσκιο του. Τέλος, είδαν από μακριά έναν μεγάλο πλάτανο.

–Εκεί θα 'χει παχύ ίσκιο, είπε ένας τους.

–Και θα 'χει και νερό σίγουρα, πρόσθεσε άλλος.

Και τάχυναν το βήμα τους, ώσπου έφτασαν κάτω από το θεόρατο πλάτανο.

Πραγματικά, εκεί από κάτω ήταν ίσκιος παχύς, γιατί το φύλλωμα του πλάτανου ήταν πολύ πυκνό και δεν το περνούσαν οι αχτίνες του ήλιου κι έκανε και πολλή δροσιά, γιατί στη ρίζα του έβγαινε νερό πεντακάθαρο και κρύο.

Οι οδοιπόροι κάθισαν, έφαγαν, ξεδίψασαν κι έπειτα ξάπλωσαν λίγη ώρα για να ξεκουραστούν κι έπειτα να συνεχίσουν το δρόμο τους.

Εκεί που ήταν ξαπλωμένοι και κοιτούσαν τα κλαδιά και τα φύλλα του πλάτανου, λέει ένας απ' αυτούς.

–Κρίμα, ένα τόσο μεγάλο δέντρο να είναι άχρηστο κι ανώφελο στους ανθρώπους. Ούτε καρπούς βγάζει, ούτε ρετσίνι...

Τότε ο πλάτανος έγειρε την κορφή του και τους είπε πειραγμένος:

–Είσαστε πολύ αχάριστοι, σεις οι άνθρωποι. Κάθεστε κάτω από τον ίσκιο μου, ξεκουράζεστε από τη ζέστη κι από το δρόμο και με κατηγορείτε πως είμαι ένα δέντρο άχρηστο κι ανώφελο.

Μήπως δεν είχε δίκιο ο καημένος ο πλάτανος να πειραχτεί με την αχαριστία τους;

Ο Γάιδαρος που φόρεσε λιονταροτόμαρο κι η Αλεπού

Ένας γάιδαρος, καθώς τριγυρνούσε μια μέρα στα χωράφια, πέρασε έξω από ένα σπίτι, όπου είχαν απλωμένο ένα τομάρι λιονταριού για ν' αεριστεί. Όταν το είδε ο γάιδαρος, στην αρχή, τρόμαξε, γιατί του φάνηκε πως ήτανε λιοντάρι ζωντανό.

Μόλις κατάλαβε όμως το λάθος του, είπε μέσα του: «Το λιοντάρι μάς τρομάζει ακόμα και με το τομάρι του, ενώ εγώ, που είμαι ζωντανός, το πολύ - πολύ να τρομάξω καμιά κότα ή καμιά γάτα».

Έπειτα του ήρθε μια άλλη ιδέα. «Αν φορούσα αυτό το τομάρι,θα με περνούσαν όλοι για λιοντάρι και θα το 'βαζαν στα πόδια, μόλις μ' αντίκριζαν», είπε μέσα του.

Φόρεσε λοιπόν το τομάρι του λιονταριού και μπήκε μέσα στο δάσος.

Τα ζώα, που συναντούσε στο δρόμο του, μόλις αντίκριζαν εκείνο το «λιοντάρι», έφευγαν τρομαγμένα κι έτρεχαν σαν τρελά να βρούνε καταφύγιο.

Ο γάιδαρος χαιρότανε για την επιτυχία του κι από τη χαρά του άρχισε να γκαρίζει δυνατά. Όπου, εκείνη τη στιγμή, παρουσιάζεται μπροστά του μια αλεπού. Ο γάιδαρος έκανε πως θα χυμούσε απάνω της, για να την τρομάξει. Αλλ' η αλεπού στάθηκε ατάραχη στη θέση της και του είπε:

—Άδικα χάνεις τον κόπο σου. Θα σε φοβόμουνα κι εγώ, αλλά σ' άκουσα που γκάριζες και κατάλαβα πως είσαι γάιδαρος κι όχι λιοντάρι.

Ο Βοσκός κι η Θάλασσα

Ένας βοσκός κατέβασε, κάποτε, τα πρόβατά του να βοσκήσουν σε μια χορταριασμένη πλαγιά, αντίκρυ στη θάλασσα.

Το χορτάρι ήτανε παχύ, τα πρόβατα βοσκούσαν ήσυχα, κι ο βοσκός, ανεβασμένος σ' ένα βράχο, για να τα προσέχει, κοιτούσε κάθε τόσο την απέραντη θάλασσα.

– Όμορφη που είναι η θάλασσα! μουρμούρισε. Θα 'ναι περίφημα να ταξιδεύει κανείς πάνω σ' αυτή, να βλέπει ξένους τόπους, να κάνει εμπόριο, να κερδίζει πολλά χρήματα... Τι καταλαβαίνω εγώ από τη ζωή, βόσκοντας κάθε μέρα τα πρόβατά μου; Τίποτα.

Κι αποφάσισε να γίνει έμπορας και να ταξιδέψει. Πούλησε λοιπόν τα πρόβατά του, αγόρασε πολλά τσουβάλια χουρμάδες, τα φόρτωσε σ' ένα καράβι, και κίνησε να πάει να δει άλλα μέρη, να πουλήσει με κέρδος τους χουρμάδες του και να κάνει εμπόριο.

Στο ταξίδι όμως τον έπιασε μεγάλη φουρτούνα και, για να μη βουλιάξει το καράβι, αναγκάστηκε να πετάξει στη θάλασσα όλα τα τσουβάλια με τους χουρμάδες κι έτσι μπόρεσε να γλιτώσει και να γυρίσει στη στεριά.

Τώρα που δεν είχε πια δικό του κοπάδι, μπήκε βοσκός σε ξένα πρόβατα.

Μια μέρα που τα βοσκούσε στην πλαγιά, που αντίκριζε τη θάλασσα, πέρασε ένας οδοιπόρος και, βλέποντας την απέραντη θάλασσα, που έμοιαζε με κάμπο, γιατί ήταν ακύμαντη και τα νερά της λαμπύριζαν κάτω από τον ήλιο, αναστέναξε και είπε με καημό:

– Όμορφη που είναι η θάλασσα! Θα 'ναι περίφημα να ταξιδεύει κανείς πάνω σ' αυτήν....

Κι ο βοσκός, που τον άκουσε, του λέει:

– Η θάλασσα, φίλε μου, πεθύμησε, φαίνεται, να ξαναφάει χουρμάδες και γι' αυτό παριστάνει την ήσυχη.

Ο Κύκνος που τον επήραν αντί για Χήνα

Ήτανε κάποτε ένας πλούσιος άνθρωπος, που είχε αγοράσει έναν περίφημο ολόασπρο κύκνο, που τον έτρεφε μαζί με μια χήνα.

Στον κήπο του είχε φτιάσει μια σωστή λιμνούλα, με λιμανάκια, με βραχάκια, με καλαμιές και μ' ένα φάρο και, στην όχθη της, είχε χτίσει ένα καλυβάκι.

Όλη την ημέρα, ο κύκνος κι η χήνα κολυμπούσανε στα νερά της λιμνούλας και, τα βράδια, κοιμόντουσαν μέσα στο καλυβάκι.

Είχαν άφθονη τροφή, κανένας δεν τα πείραζε, και καλοπερνούσαν.

Ο πλούσιος, που τα είχε, συνήθιζε να 'ρχεται τα πρωινά, να κάθεται στις όχθες της λιμνούλας και να θαυμάζει ώρα ολόκληρη, τον υπέροχο κάτασπρο κύκνο, με το μακρύτατο, λυγερό λαιμό του, που έπλεε στα ήμερα νερά ανάμεσα στις καλαμιές και στα νούφαρα.

Άλλωστε, γι' αυτό έτρεφε τον κύκνο, για την ομορφιά του!

Κοιτούσε καμιά φορά και τη χήνα, αλλ' αυτήν την κοιτούσε για να δει αν είχε παχύνει αρκετά. Γι' αυτό άλλωστε, έτρεφε τη χήνα: για να την παχύνει και να την φάει!

Μια μέρα, που θαύμαζε, όπως συνήθιζε, τον κύκνο, πρόσεξε πως η χήνα με δυσκολία έπλεε πάνω στο νερό γιατί είχε γίνει τετράπαχη.

Είπε λοιπόν στο μάγειρό του να τη σφάξει το βράδυ και να του την μαγειρέψει.

Όταν νύχτωσε, ο μάγειρος ανάθεσε στο μικρό το βοηθό του να πάει να σφάξει τη χήνα και να την φέρει να την ψήσουν. Ο μικρός πήγε στο καλυβάκι και καθώς ήτανε σκοτάδι και δεν έβλεπε καλά, έπιασε τον κύκνο αντί τη χήνα κι ετοιμάστηκε να τον σφάξει.

Αλλ' ο κύκνος όταν προαισθάνθηκε το θάνατό του άρχισε να κελαηδάει τόσο μελωδικά, ώστε έτρεξε ο αφέντης του και τον γλίτωσε.

Όσο για τη χήνα, έγινε περίφημη ψητή.

Το Φίδι και ο Κάβουρας

Ένα φίδι ζούσε σε μιαν ακρογιαλιά, ανάμεσα στις πέτρες και στους θάμνους. Σ' εκείνη την ακρογιαλιά συνήθιζε να κάνει τον περίπατό του κι ένας κάβουρας, που είχε τη φωλιά του κάτω από μια μεγάλη πέτρα, μισοβυθισμένη στο νερό.

Ο κάβουρας, που ήταν από φυσικού του καλός, έπιασε φιλίες με το φίδι και συχνά το βοηθούσε, αν του παρουσιαζότανε καμιά ανάγκη.

Αλλά το φίδι, που ήταν από φυσικού του κακό και πονηρό, δεν φερνότανε τίμια στον κάβουρα. Όσο τον είχε ανάγκη, του έκανε το φίλο, κι όταν δεν τον είχε πια ανάγκη, προσπαθούσε πάντοτε να τον πειράξει, ή να τον βλάψει.

– Δεν κάνεις καλά που μου φέρνεσαι έτσι, το συμβούλευε ο κάβουρας. Ποτέ ο κακός κι ο πονηρός δεν πετυχαίνουν στη ζωή τους.

– Με παρεξηγείς, έλεγε το φίδι.

– Δεν σε παρεξηγώ καθόλου. Σε κατάλαβα από καιρό πόσο κακό και πονηρό είσαι, αλλά κάνω υπομονή, μήπως διορθωθείς.

Αλλά το φίδι δεν διορθωνότανε κι όλο πείραζε, ή προσπαθούσε να βλάψει τον κάβουρα, ώσπου κι εκείνος έχασε πια την υπομονή του και, μια μέρα που είχε κουλουριαστεί γύρω του για να τον πνίξει, ο κάβουρας το άρπαξε με τις δαγκάνες του από το λαιμό και το 'πνιξε.

Το φίδι σπάραξε λίγο κι έπειτα έμεινε ακίνητο, ολόισιο, σαν βέργα. Ο κάβουρας το κοίταξε για λίγο, κουνώντας το κεφάλι του κι έπειτα είπε:

– Δεν σ' ωφελεί σε τίποτα να μένεις τώρα ολόισιο! Έπρεπε να είσαι ίσιο όσο ζούσες και να μην κάνεις πονηριές και κακίες. Αν δεν σου άρεσε να κουλουριάζεσαι γύρω από τους φίλους σου, για να τους πνίξεις, τώρα θα ζούσες ακόμα.

Αλλ' ήταν αργά για να διορθώσει τον διεστραμμένο χαρακτήρα του το φίδι.

Ο Χειμώνας κι η Άνοιξη

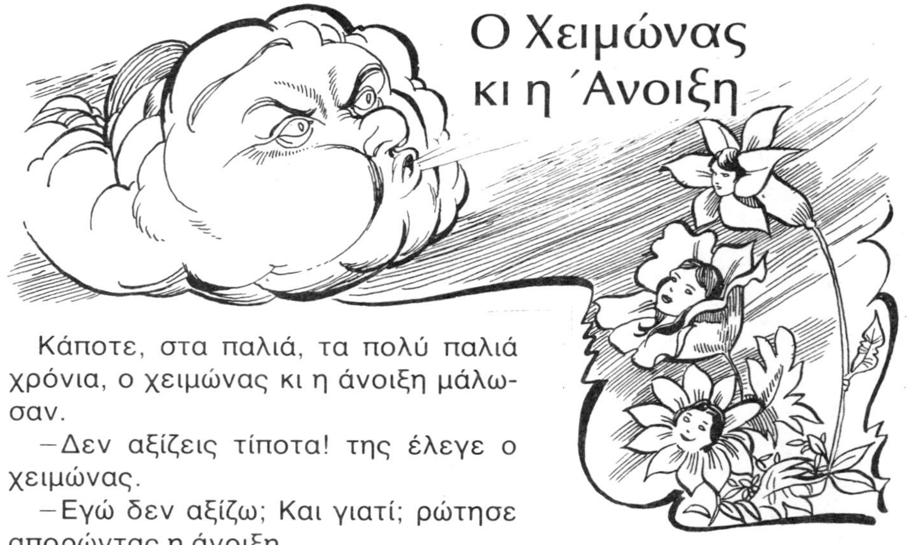

Κάποτε, στα παλιά, τα πολύ παλιά χρόνια, ο χειμώνας κι η άνοιξη μάλωσαν.

– Δεν αξίζεις τίποτα! της έλεγε ο χειμώνας.

– Εγώ δεν αξίζω; Και γιατί; ρώτησε απορώντας η άνοιξη.

– Γιατί, όταν έρχεσαι στη γη, όλοι οι άνθρωποι χάνουν την ησυχία τους. Άλλοι βγαίνουν στα λιβάδια και στους κήπους να μαζέψουν λουλούδια και τους βλέπεις να τα μυρίζουν και να στολίζουνε μ' αυτά τα μαλλιά τους, σαν να μην είχαν τίποτα καλύτερο να κάνουν. Άλλοι μπαρκάρουν σε καράβια και ξεκινούν για ξένες χώρες, λες και δεν μπορούν πια να ζήσουνε στον τόπο τους. Γι' αυτό σου λέω πως δεν αξίζεις τίποτα. Ξετρελαίνεις όλους τους ανθρώπους και δεν λογαριάζουν πια τίποτα, ούτε ανέμους, ούτε βροχές, ούτε πλημμύρες.

– Ώστε εγώ ξετρελαίνω τους ανθρώπους; ρώτησε η άνοιξη. Και συ τι κάνεις;

– Εγώ είμαι πραγματικός βασιλιάς κι όλοι με φοβούνται, αποκρίθηκε ο χειμώνας. Δεν επιτρέπω σε κανένα να σηκώσει κεφάλι και τους αναγκάζω όλους να κοιτάζουν προς τη γη. Τρέμουν μήπως βραχούν, μήπως τους κάψει αστροπελέκι, μήπως κρυολογήσουν. Πολλές φορές μάλιστα, τους αναγκάζω να κλείνονται μέσα στα σπίτια τους και να μην τολμούν να βγούνε στο δρόμο.

– Μα γι' αυτό ακριβώς, χαίρονται οι άνθρωποι όταν φεύγεις και τρελαίνονται όταν έρχομαι εγώ, του είπε η άνοιξη. Ακόμα και με τ' όνομά μου χαίρονται, γιατί τους φαίνεται πιο όμορφο απ' όλα κι όταν είμαι μακριά και με θυμούνται, δεν βλέπουν την ώρα πότε να γυρίσω!

Το Αγριογούρουνο, το Άλογο κι ο Κυνηγός

Ένα αγριογούρουνο κι ένα άγριο άλογο ζούσανε στο ίδιο μέρος.

Μόλο που είχανε πιάσει φιλίες από τότε που ήταν μικρά ακόμα, δεν μπορούσαν να μονοιάσουν κι όλο μάλωναν. Γιατί το αγριογούρουνο είχε τη συνήθεια, όταν έτρωγε, να τσαλαπατάει με τα πόδια του το χόρτο του λιβαδιού και να σκάβει με το ρύγχος του το χώμα, τόσο, που το άγριο άλογο αηδίαζε και δεν μπορούσε να βοσκήσει.

– Δεν μπορείς να μάθεις να τρως ευγενικά; του έλεγε.

Αλλά το αγριογούρουνο δεν άλλαζε τρόπους.

Το ίδιο γινότανε και με το νερό. Όταν πήγαιναν στην πηγή, να ξεδιψάσουν, το αγριογούρουνο τσαλαβουτούσε με τα πόδια του, σκάλιζε με το ρύγχος του και το κρυσταλλένιο νερό της πηγής γινότανε λάσπη.

– Δεν μπορείς να μάθεις να πίνεις πιο ευγενικά; του έλεγε.

Αλλά το αγριογούρουνο δεν άλλαζε συνήθειες.

Το άγριο άλογο, που δεν μπορούσε πια ν' ανεχθεί αυτή την κατάσταση, αποφάσισε να ζητήσει τη βοήθεια ενός κυνηγού, γιατί μόνο του, δεν μπορούσε να τα βάλει με το αγριογούρουνο.

– Ευχαρίστως να σε βοηθήσω, του είπε ο κυνηγός. Αλλά, για να μπορέσω να σκοτώσω το αγριογούρουνο, πρέπει να σου βάλω χαλινάρι και να σε καβαλικέψω.

Το άγριο άλογο δέχτηκε.

Ο κυνηγός το σέλωσε, του 'βαλε χαλινάρι, το καβαλίκεψε, κυνήγησε το αγριογούρουνο και το σκότωσε.

Έπειτα, όμως, πήρε το άγριο άλογο και το 'κλεισε στο στάβλο του.

Το καημένο το άγριο άλογο, που είχε συνηθίσει να ζει ελεύθερο, απελπίστηκε και μετάνιωσε γιατί, πάνω στο θυμό του, και για να γλιτώσει από το αγριογούρουνο, έπεσε σε παντοτινή σκλαβιά.

Το Ελάφι με το ένα μάτι

Ένα ελάφι είχε χάσει το ένα του μάτι γιατί, μια μέρα, που το κυνηγούσαν κάτι κυνηγοί κι έτρεχε να τους ξεφύγει, ένα ξερόκλαδο μπήκε στο μάτι του κι έχασε το φως του.

Έβλεπε λοιπόν μόνο με το ένα του μάτι κι αυτό το δυσκόλευε πολύ, γιατί όταν στεκότανε για να βοσκήσει, έπρεπει να στρέφει διαρκώς το κεφάλι του δεξιά κι αριστερά, για να βλέπει μήπως το κυνηγούνε.

Μια μέρα, λοιπόν, καθώς κατέβαινε την πλαγιά του πυκνόφυτου βουνού, πρόσεξε πως τα δεντράκια κι η πρασινάδα έφταναν ως κάτω, στην ακρογιαλιά της θάλασσας.

«Εδώ θα μπορώ να βόσκω ήσυχα», σκέφτηκε το ελάφι.

Και, πραγματικά, άρχισε πια να βόσκει σ' εκείνο το μέρος, έχοντας στραμμένο το γερό του μάτι προς τη στεριά και το χαλασμένο προς τη θάλασσα, απ' όπου δεν φοβότανε κανένα κίνδυνο. Τώρα πια δεν ήταν αναγκασμένο να στρέφει διαρκώς το κεφάλι του δεξιά κι αριστερά, μια που ήξερε πως από τη στεριά κινδύνευε πάντοτε και, προς εκείνο το μέρος είχε στραμμένο το γερό του μάτι κι έτσι θα 'βλεπε αμέσως τον κίνδυνο, που θα το απειλούσε.

Αλλά τα πράγματα δεν έγιναν έτσι, όπως τα λογάριαζε το καημένο το ελάφι. Μια βάρκα, με κάτι κυνηγούς, που πήγαιναν σ' ένα κοντινό νησί, έτυχε να περνάει κοντά σ' εκείνη την ακρογιαλιά. Οι κυνηγοί είδανε το ελάφι, που έβοσκε αμέριμνο και το σαΐτεψαν.

Το δυστυχισμένο το αγρίμι σωριάστηκε, βαριά πληγωμένο, στο χώμα, και μουρμούρισε, καθώς ξεψυχούσε:

—Αλίμονό μου! Φυλαγόμουν από τη στεριά και την έπαθα από τη θάλασσα....

Ο Βοσκός κι ο Λύκος, που τον έτρεφε μαζί με τα σκυλιά του

Κάποτε ένας βοσκός, καθώς τριγυρνούσε μέσα στο δάσος, βρήκε ένα μικρούλικο λυκόπουλο, νεογέννητο, που ήτανε τόσο χαριτωμένο κι έμοιαζε τόσο πολύ με σκυλάκι, ώστε λυπήθηκε να το σκοτώσει και το πήρε μαζί του.

Ίσια - ίσια, εκείνες τις μέρες είχε γεννήσει μια σκύλα στο μαντρί κι ο βοσκός έβαλε το λυκόπουλο μαζί με τα κουταβάκια της να το θηλάσει.

Η σκύλα το θήλαζε, χωρίς να το ξεχωρίζει από τα δικά της παιδιά κι έτσι το λυκόπουλο μεγάλωσε μαζί με τα κουταβάκια, που έπαιζαν μαζί του.

Το λυκόπουλο μεγάλωσε και, μαζί με τα σκυλιά, φύλαγε τα πρόβατα του βοσκού. Αν κανένας λύκος έπεφτε στο κοπάδι κι άρπαζε ένα πρόβατο, το λυκόπουλο τον κυνηγούσε μαζί με τ' άλλα τα σκυλιά.

Τύχαινε όμως, μερικές φορές, να κουραστούνε τα σκυλιά και να παρατήσουν το κυνηγητό. Το λυκόπουλο, που δεν κουραζότανε τόσο εύκολα, συνέχιζε το κυνήγημα του λύκου, ώσπου τον έφτανε.

Και τότε, κι οι δυο μαζί, ο λύκος και το λυκόπουλο, κάθονταν κι έτρωγαν τ' αρπαγμένο πρόβατο.

Περνούσαν όμως μέρες, χωρίς να πέσει κανένας λύκος στο κοπάδι. Τότε το λυκόπουλο άρπαζε κρυφά ένα πρόβατο, το καταξέσχιζε με τα δόντια του κι έπειτα το 'τρωγε, μαζί με τα σκυλιά, που είχαν μεγαλώσει μαζί του και που συνήθισαν κι αυτά να νοστιμεύονται το κλεμμένο κρέας.

Πέρασε καιρός, ώσπου να καταλάβει ο βοσκός τι γινότανε. Τέλος όμως, είδε πως ο λύκος μένει λύκος, ακόμα κι αν ανατραφεί από μικρός μαζί με σκυλιά, και τότε θύμωσε, άρπαξε το λυκόπουλο, το κρέμασε σ' ένα δέντρο και το σκότωσε.

Από τότε, ορκίστηκε να μην ξαναλυπηθεί λύκο, γιατί ένας που είναι από φυσικού του κακός, ό,τι κι αν του κάνεις δεν διορθώνεται.

Η Καμήλα, ο Ελέφαντας και η Μαϊμού

Κάποτε, τα ζώα του δάσους αποφάσισαν να διαλέξουν καινούριο βασιλιά.

Ως τότε, είχανε βασιλιά τους το λιοντάρι, αλλά δεν ήταν καθόλου ευχαριστημένα απ' αυτό. Γιατί, ενώ το είχανε βγάλει βασιλιά για να τα προστατεύει, το λιοντάρι τα κυνηγούσε και τα 'τρωγε.

Κι όποτε τολμούσαν να διαμαρτυρηθούν γι' αυτή την κατάσταση, το λιοντάρι τούς απαντούσε:

–Είμαι βασιλιάς σας και μου ανήκετε. Μπορώ, λοιπόν, να σας κάνω ό,τι θέλω!

Είδαν κι απόειδαν τα ζώα του δάσους κι αποφάσισαν όλα μαζί –γιατί όλα είχαν παράπονα από το λιοντάρι– να το εκθρονίσουν και να κάνουν βασιλιά άλλο ζώο.

Μια που είχαν όλα μαζί, αποφασίσει, μπόρεσαν εύκολα να πετάξουν το λιοντάρι από το θρόνο του κι έπειτα συγκεντρώθηκαν για να διαλέξουν τον καινούριο βασιλιά. Δυο υποψήφιοι παρουσιάστηκαν για το θρόνο: Η καμήλα κι ο ελέφαντας.

–Εγώ, είπε η καμήλα, είμαι πολύ δυνατή και μπορώ να σκοτώσω και λιοντάρι ακόμα με κλοτσιές και δαγκωνιές. Κι αν χρειαστεί να περπατήσω στην έρημο, μπορώ να κάνω μέρες ολόκληρες χωρίς να πιω νερό.

–Εγώ, είπε ο ελέφαντας, είμαι ο πιο δυνατός απ' όλα τα ζώα του δάσους και μπορώ να πιάσω με την προβοσκίδα μου το λιοντάρι και να το κάνω λιώμα με τα πόδια μου. Εμένα μου αξίζει να γίνω βασιλιάς σας.

Αλλά βγήκε στη μέση η μαϊμού και τους είπε:

–Ούτε η καμήλα είναι καλή για το θρόνο γιατί ανέχεται όλους να την πειράζουν, ούτε ο ελέφαντας, γιατί φοβάται το γουρουνόπουλο.

Κι έτσι γι' αυτές τις τιποτένιες αφορμές, έχασαν την ευκαιρία να πάρουν το θρόνο.

Το Μερμήγκι

Στα πολύ παλιά χρόνια, την εποχή που ζούσαν στον Όλυμπο οι δώδεκα θεοί κι είχαν βασιλιά τους το Δία, το μερμήγκι δεν ήταν ακόμα μερμήγκι, αλλά ήταν άνθρωπος.

Η δουλειά του ήτανε γεωργός. Είχε κάτι χωράφια και τα καλλιεργούσε, κι επειδή ήτανε πολύ δουλευτάρης, οι σοδειές του ήταν πάντοτε καλές.

Αλλ' ήταν άπληστος. Όσα κι αν έβγαζε από τα χτήματά του νόμιζε πάντοτε πως ήταν λίγα κι όλο παρακολουθούσε τους γείτονες του κι όλο του φαινότανε πως τα χωράφια τους ήταν καλύτερα από τα δικά του.

Από το κακό του δεν μπορούσε να κοιμηθεί, κι ενώ δούλευε όλη την ημέρα στα χωράφια του, τις νύχτες έμενε άγρυπνος κι έμπαινε στα χωράφια των γειτόνων του για ν' αρπάξει, πότε λίγο στάρι, πότε λίγο καλαμπόκι, πότε κανένα δεμάτι άχυρο, που τα κουβαλούσε στις αποθήκες του.

Ο Δίας που, από τον Όλυμπο, παρακολουθούσε όλα όσα γίνονταν κάτω στη γη, είδε κι εκείνο το γεωργό να κλέβει, κάθε νύχτα από τα χωράφια των γειτόνων του και, για να τον κάνει ν' αφήσει τις κλεψιές, αύξησε τη δική του τη σοδειά. Αλλ' ο άπληστος γεωργός, μόλο που μάζευε κάθε χρόνο περισσότερο καρπό από τα χωράφια του, δεν έπαυε ν' αρπάζει κι από τα χωράφια τα γειτονικά.

Από την αγωνία του να μην του λείψει τίποτα κι από τη δουλειά που έκανε μέρα - νύχτα, είχε γίνει πετσί και κόκαλο, αλλά δεν εννοούσε να σταματήσει.

Τότε θύμωσε μαζί του ο Δίας και τον έκανε μερμήγκι. Μόλο, όμως, που, από άνθρωπος, έγινε μερμήγκι, εκείνος εξακολουθεί ακόμα ν' αρπάζει, μέρα - νύχτα, στάρι, κριθάρι, άχυρο, απ' τα ξένα χωράφια και να τα σοδιάζει στην αποθήκη του.

Το Λιοντάρι, ο Γάιδαρος κι η Αλεπού

Μια φορά, το λιοντάρι, ο γάιδαρος κι η αλεπού αποφάσισαν να βγαίνουν κι οι τρεις μαζί στο κυνήγι και να μοιράζονται όσα πιάνουν.

Το λιοντάρι είχε αρχίσει να γερνάει και σκέφτηκε πως του χρειάζονταν σύντροφοι πιστοί, για να βοηθούνε την ώρα που κυνηγούσε, μια που ένιωθε τις δυνάμεις του να λιγοστεύουν σιγά - σιγά.

Σκέφτηκε όμως πολύ, προτού διαλέξει τους συντρόφους του γιατί δεν ήθελε να είναι ούτε πολύ δυνατοί, ούτε πολύ άγριοι, μήπως το κοροϊδέψουν στη μοιρασιά.

Γι' αυτό πήρε το γάιδαρο, που ήταν δυνατός μόνο στις κλοτσιές και στην αγριοφωνάρα του, και την αλεπού, γιατί ήτανε παμπόνηρη και γρήγορη στο τρέξιμο.

Την πρώτη μέρα, το κυνήγι τους πήγε καλά. Το λιοντάρι που είχε κουραστεί, λέει στο γάιδαρο:

–Μοίρασε συ όσα πιάσαμε!

Ο γάιδαρος, που ήτανε ζώο τίμιο, κάθισε και μοίρασε σε τρία ίσα μέρη το κυνήγι. Όταν το είδε αυτό, το λιοντάρι θύμωσε.

–Παλιογάιδαρε! του φώναξε. Δεν ξέρεις να μοιράζεις.

Και, πέφτοντας απάνω του, τον έφαγε. Έπειτα ξαπλώθηκε κάτω από ένα δέντρο και λέει στην αλεπού:

–Μοίρασε συ τώρα το κυνήγι, κυρά αλεπού.

Εκείνη έβαλε τότε μπροστά του όλο το κυνήγι και κράτησε για τον εαυτό της μόνο δυο κότες.

–Ποιος σ' έμαθε να μοιράζεις τόσο σωστά, κυρά αλεπού; την ρώτησε παραξενεμένο το θηρίο.

–Η συμφορά του γάιδαρου, λιοντάρι μου! αποκρίθηκε θαρρετά η αλεπού.

Η Αλεπού κι ο Ξυλοκόπος

Μια αλεπού είχε ξεμακρύνει από τη φωλιά της ένα πρωί και βρέθηκε σ' ένα μέρος του δάσους, όπου τα δέντρα ήταν αραιά γιατί, εκεί κοντά, καθόταν ένας ξυλοκόπος που δουλειά του ήταν να κόβει δέντρα και να τα πουλάει.

Η αλεπού κοιτούσε γύρω της, ν' ανακαλύψει κανένα κοτέτσι, για να πάει τη νύχτα να το ρημάξει. Αλλά δεν έβλεπε τίποτα, γιατί εκεί κοντά δεν ήτανε κανένα χωριό.

Στενοχωρεμένη για την ατυχία της, σκέφτηκε να γυρίσει μέσα στο πυκνό δάσος, με την ελπίδα πως θα 'πιανε κανένα πουλί.

Αλλά, καθώς ετοιμαζότανε να μπει στο δάσος, άκουσε μια ντουφεκιά και τινάχτηκε τρομαγμένη, στυλώνοντας τ' αυτιά της. Σε λίγο, μέσα από τα δέντρα του δάσους είδε να 'ρχονται δυο κυνηγοί, με τα τουφέκια τους στα χέρια.

Να μπει μέσα στο δάσος και να κρυφτεί σε τίποτα πυκνούς θάμνους, δεν θα πρόφταινε, γιατί θα την έβλεπαν οι κυνηγοί και θα την τουφεκούσαν.

Ν' απομακρυνθεί από το δάσος, δεν τολμούσε, γιατί ήτανε χειμώνας, κι όλα τα χωράφια γύρω ήταν γυμνά κι οι κυνηγοί θα την έβλεπαν και θα της έριχναν με τα τουφέκια τους.

Στριφογυρνούσε σαν τρελή, κοιτάζοντας δεξιά κι αριστερά για ένα καταφύγιο και, τέλος, αποφάσισε να πάει στο λοτόμο, που στεκόταν έξω από την καλύβα του και πελεκούσε ένα δέντρο.

–Καλημέρα, κύριε άνθρωπε, του είπε λαχανιασμένη.

–Καλημέρα, κυρά αλεπού, της αποκρίθηκε εκείνος. Πώς από δω;

–Εγώ δεν σε πείραξα ποτέ μου ως τώρα, κύριε άνθρωπε....

–Μα δεν έχω κότες στην καλύβα μου, για να μου τις αρπάξεις.

–Κι αν είχες κότες, πάλι δεν θα σου τις πείραζα, γιατί είμαστε γείτονες και θέλω να τα 'χω καλά με τους γείτονές μου.

–Είσαι έξυπνη, κυρά αλεπού.

–Τώρα θα μου κάνεις μια χάρη, κύριε άνθρωπε;

–Τι χάρη θέλεις να σου κάνω, κυρά αλεπού;

–Να μ' αφήσεις να κρυφτώ μέσα στην καλύβα σου.

–Και γιατί;

–Είδα κάτι κυνηγούς και φοβάμαι μη με σκοτώσουν.

–Τότε κρύψου, κυρά αλεπού, μια που είσαι καλή γειτόνισσα και δεν μου τρως τις κότες που δεν έχω.

–Κάνε μου κι άλλη μια χάρη, κύριε άνθρωπε.

–Τι χάρη;

–Αν έρθουν οι κυνηγοί και σε ρωτήσουν, μην τους πεις πού είμαι κρυμμένη.

–Έννοια σου και δεν θα τους το πω, της υποσχέθηκε αυτός.

Η αλεπού έτρεξε μέσα στην καλύβα να κρυφτεί κι ο ξυλοκόπος εξακολούθησε τη δουλειά του.

Σε λίγο, ήρθαν κοντά του οι δυο κυνηγοί.

–Καλημέρα, του είπαν. Μήπως είδες πού κρύφτηκε μια αλεπού, που κυνηγάμε; τον ρώτησαν.

–Όχι, δεν την είδα, αποκρίθηκε φωναχτά ο ξυλοκόπος, για να τον ακούσει η αλεπού.

Αλλά, με το δάχτυλό του, έδειξε την καλύβα, για να δώσει στους κυνηγούς να καταλάβουν πού ήτανε κρυμμένη. Εκείνοι, όμως, δεν το πρόσεξαν κι εξακολούθησαν το δρόμο τους.

Όταν απομακρύνθηκαν αρκετά, η αλεπού βγήκε από την καλύβα κι έκανε να φύγει, χωρίς να πει τίποτα.

–Πού πας; την ρώτησε ο ξυλοκόπος. Δε θα μου πεις ούτε ένα ευχαριστώ που δεν σε πρόδωσα;

–Θα σου 'λεγα ευχαριστώ, του αποκρίθηκε η αλεπού, αν έκανε και το χέρι σου, ό,τι έκανε το στόμα σου.

Ο Ψαράς με τη φλογέρα

Ένας ψαράς πήγαινε κάθε μέρα σε μιαν ερημική ακρογιαλιά και ψάρευε, πότε με καθετή, πότε με πεζόβολο.

Καμιά φορά, έπιανε αρκετά ψάρια, έρχονταν όμως μέρες που δεν έπιανε τίποτα και τότε στενοχωριόταν, γιατί δεν ήξερε άλλη δουλειά κι απ' αυτά τα ψάρια, που έπιανε, περίμενε να ζήσει.

Τα βράδια, που πήγαινε στην καλύβα του και καθότανε να ξεκουραστεί, έπαιρνε τη φλογέρα του κι έπαιζε κανένα σκοπό. Ήξερε να παίζει καλή φλογέρα κι όταν ήτανε στενοχωρημένος έπαιζε σκοπούς θλιβερούς, κι αν πάλι είχε πιάσει αρκετά ψάρια κι ήταν ευχαριστημένος, έπαιζε χαρούμενους σκοπούς.

Ένα πρωί, που ετοιμαζότανε να πάει στο ψάρεμα, είπε μέσα του:

«Δεν παίρνω μαζί μου και τη φλογέρα; Τα ψάρια αγαπούνε τη μουσική, γιατί άκουσα να λένε πως τα δελφίνια, όταν ακούσουν μουσική σε κανένα καράβι, μαζεύονται στην επιφάνεια της θάλασσας και το ακολουθούν, ώσπου να σταματήσει η μουσική».

Πήρε λοιπόν τα σύνεργα της ψαρικής, πήρε και τη φλογέρα του και πήγε στην ερημική ακρογιαλιά κι ανέβηκε σ' ένα βράχο, που ήταν αρκετά ψηλός κι έγερνε πάνω στη θάλασσα.

«Ας μη ρίζω τον πεζόβολο», σκέφτηκε. «Ας παίξω πρώτα με τη φλογέρα μου κανένα σκοπό, για να μαζευτούνε πολλά ψάρια κι έπειτα ρίχνω τον πεζόβολο και τα πιάνω».

Απόθεσε λοιπόν πάνω στο βράχο, πλάι του, τον πεζόβολο, έβγαλε τη φλογέρα του κι άρχισε να παίζει ένα χαρούμενο σκοπό.

Όσο έπαιζε, είχε καρφωμένα τα μάτια του στη θάλασσα, που ήταν ήρεμη κι έλαμπε σαν καθρέφτης, αλλά δεν είδε κανένα ψάρι να βγάζει το κεφάλι του πάνω από τα νερά, για ν' ακούσει καλύτερα τη φλογέρα.

«Ίσως να μην τους άρεσε αυτός ο σκοπός», σκέφτηκε ο ψαράς.

Κι άρχισε έναν άλλον.

Μα κι εκείνος δεν έφερε κανένα ψάρι στην επιφάνεια των νερών.

Έπαιξε όλους τους χαρούμενους σκοπούς που ήξερε κι η θάλασσα απόμενε πάντα σαν καθρέφτης και κανένα ψάρι δεν φαινότανε.

«Ας παίξω σκοπούς λυπητερούς», είπε μέσα του ο ψαράς. «Μπορεί αυτοί να τους αρέσουν καλύτερα».

Όσο κι αν έπαιξε όμως, όλους τους λυπητερούς σκοπούς που ήξερε, δεν πέτυχε τίποτα.

Θύμωσε τότε, άφησε πλάι του τη φλογέρα κι έριξε τον πεζόβολο στη θάλασσα.

—Ας δοκιμάσω μ' αυτό που ξέρω, μουρμούρισε.

Όταν, ύστερα από λίγη ώρα, τράβηξε τον πεζόβολο και τον άδειασε στην αμμουδιά, χύθηκαν από μέσα του κόσμου τα ψάρια, που σπαρταρούσαν πάνω στην άμμο.

—Τόση ώρα, που σας έπαιζα τη φλογέρα μου δεν χορεύατε κι αρχίσατε το χορό τώρα που δεν παίζω κανένα σκοπό! τους είπε ο ψαράς γελώντας.

Τρία Βόδια κι ένα Λιοντάρι

Σ' ένα λιβάδι, κοντά σ' ένα πυκνό, άγριο δάσος, ζούσανε κάποτε τρία βόδια.

Ήταν και τα τρία καλοκαμωμένα, δυνατά, με μεγάλα κέρατα κι ήταν τόσο αγαπημένα μεταξύ τους, ώστε δεν χώριζαν ποτέ: Μαζί έβοσκαν το παχύ χορτάρι του λιβαδιού, μαζί έπιναν νερό, σ' ένα ποταμάκι, που περνούσε εκεί κοντά, μαζί κοιμόντουσαν κάτω από ένα δέντρο, με πυκνό φύλλωμα, που υψωνότανε καταμεσής στο λιβάδι.

Στο γειτονικό, άγριο δάσος, ζούσε ένα λιοντάρι.

Το λιοντάρι κυνηγούσε μέσα στο δάσος, όταν ένα πρωί, που πήγαινε στη σπηλιά του ν'αναπαυτεί, πέρασε τυχαία από την άκρη του δάσους κι είδε τα τρία βόδια.

«Αυτό είναι φαγητό για μένα!», σκέφτηκε.

Κι αντί να πάει στη σπηλιά του, κρύφτηκε πίσω από κάτι πυκνούς θάμνους, για να παρακολουθήσει τα βόδια.

Όλη εκείνη την ημέρα όμως, που έμεινε άγρυπνο, παρακολουθώντας τα βόδια, πρόσεξε πως πήγαιναν πάντοτε και τα τρία μαζί. Δεν χώριζαν ποτέ, ούτε στη βοσκή, ούτε στο πότισμα, ούτε στον ύπνο.

Όσο κι αν επιθυμούσε να τα φάει, το λιοντάρι ήταν αρκετά έξυπνο ώστε να καταλαβαίνει πως του ήταν αδύνατο. Γιατί ποτέ του δεν θα μπορούσε να τα βάλει με τρία βόδια συγχρόνως, που θα το χτυπούσαν με τις οπλές τους και θα το τρυπούσαν με τα κέρατά τους.

«Θα περιμένω να χωρίσουν», σκέφτηκε το λιοντάρι και πήγε να κοιμηθεί.

Από τότε, παρακολουθούσε κάθε μέρα, μέσα από τους θάμνους του άγριου δάσους, τα τρία βόδια, αλλά δεν τα είδε ποτέ να χωρίζουν. Τόσο αγαπημένα ήταν!

Αντί ν' απελπιστεί, το λιοντάρι σκέφτηκε να χρησιμοποιήσει την πονηριά, για να πετύχει το σκοπό του, μια που, με τη δύναμή του μονάχα, δεν θα μπορούσε ποτέ να νικήσει και τα τρία βόδια και να τα φάει.

Μια μέρα, λοιπόν, φώναξε σ' ένα από τα τρία βόδια, που βοσκούσε στην άκρη του δάσους, λίγο μακρύτερα από τ' άλλα δυο:

— Άκουσε, φίλε μου. Πρόσεχε τους δυο συντρόφους σου, γιατί έμαθα πως θέλουν να σε σκοτώσουν, για να 'χουν αυτοί οι δυο περισσότερη βοσκή. Κοίταξε πώς κρυφομιλάνε και σε κοιτάζουν....

Το κουτό το βόδι έστρεψε το χοντροκέφαλό του, είδε, πραγματικά, τους δυο συντρόφους του να κρυφομιλάνε και πίστεψε στα λόγια του λιονταριού. Από κείνη την ημέρα, όλο και ξεμάκραινε από τ' άλλα δυο βόδια, ώσπου βοσκούσε, έπινε νερό και πλάγιαζε μοναχό του.

Ύστερα από λίγες μέρες, το λιοντάρι βρήκε ευκαιρία κι είπε τα ίδια στο δεύτερο βόδι. Κι εκείνο πίστεψε τα λόγια του και ξεμάκρυνε, σιγά - σιγά, από το σύντροφό του.

Τώρα στο μεγάλο εκείνο λιβάδι, με το παχύ χορτάρι, τα τρία βόδια, που ήταν άλλοτε τόσο μονοιασμένα, βοσκούσαν σε μεγάλη απόσταση το 'να από τ' άλλο, έπιναν νερό στο ποταμάκι σε ώρες διαφορετικές και πλάγιαζαν κάτω από το δέντρο όσο μπορούσαν πιο μακριά το ένα από τ' άλλο.

Κι έτσι, το λιοντάρι βρήκε την ευκαιρία που ήθελε: Ένα πρωί βγήκε ξαφνικά μέσα από το πυκνό δάσος, πήδησε πάνω στη ράχη ενός βοδιού, του έσπασε τον τράχηλο με τα σιδερένια του δόντια και το' φαγε, χωρίς τ' άλλα δυο, που ήταν μακρύτερα και χωρισμένα, να τολμήσουν να του επιτεθούν.

Την άλλη μέρα έφαγε το δεύτερο βόδι και την παράλλη και το τελευταίο.

Κι έτσι την έπαθαν τα κουτά βόδια, που πίστεψαν τα ψεύτικα λόγια ενός εχθρού και ξέχασαν τη φιλία που τα κρατούσε ενωμένα τόσον καιρό και τα προφύλαγε από κάθε κίνδυνο.

Το Άλογο κι ο Γάιδαρος

Ένας άνθρωπος είχε ένα άλογο κι ένα γάιδαρο. Το άλογο το είχε για να το καβαλικεύει, ενώ το γάιδαρο τον είχε να τον φορτώνει.

Ο καημένος ο γάιδαρος έκανε κάθε μέρα δρόμους πάντοτε φορτωμένος βαριά, ενώ το άλογο, οπότε δεν το καβαλίκευε το αφεντικό του, έμενε στο παχνί του κι έτρωγε σανό, ή στο λιβάδι και βοσκούσε ελεύθερο.

Όταν βρίσκονταν στο παχνί και τα δυο μαζί, ο γάιδαρος παραπονιότανε στο σύντροφό του για την κούρασή του και το άλογο του έλεγε:

– Γιατί παραπονιέσαι, αφού είσαι γάιδαρος; Δεν ξέρεις πως οι γάιδαροι είναι γεννημένοι για να κουβαλάνε φορτώματα;

– Γιατί δεν μ' αφήνει κι εμένα το αφεντικό μας ν' αναπαυτώ μια μέρα, όπως αφήνει τόσο συχνά εσένα;

– Είμαι άλογο και τ' άλογα έχουν ευγενικιά καταγωγή και γι' αυτό τα περιποιούνται οι άνθρωποι.

Από το πολύ το φόρτωμα κι από τις πολλές πορείες, ο γάιδαρος είχε γίνει πετσί και κόκαλο, ενώ το άλογο ήταν καλοθρεμμένο και το πετσί του γυάλιζε.

Μια μέρα, ο άνθρωπος που είχε τα δυο ζώα φόρτωσε βαριά το γάιδαρο, καβαλίκεψε το άλογο και ξεκίνησε να πάει στη χώρα. Η απόσταση ήταν μεγάλη, ο καιρός ζεστός και το βαρυφορτωμένο γαϊδούρι αγκομαχούσε.

–Κάνε μου τη χάρη να σηκώσεις λίγο από το βάρος μου, παρακάλεσε το άλογο ο γάιδαρος.

–Είσαι τρελός; του αποκρίθηκε εκείνο. Εγώ δεν καταδέχομαι να σηκώνω φορτία.

–Λυπήσου με και βοήθησέ με γιατί δεν αντέχω πια!

–Δεν μπορώ να σου κάνω τίποτα. Σηκώνω τον αφέντη μου, όπως πρέπει να κάνει ένα άλογο και συ σηκώνεις τα πράγματά του, όπως πρέπει να κάνει ένας γάιδαρος.

Αλλ᾽ ο καημένος ο γάιδαρος δεν βαστούσε πια.

Κι ύστερα από λίγη ώρα, σ᾽ ένα δύσκολο ανήφορο, σωριάστηκε στο χώμα και ψόφησε.

Ο άνθρωπος ξεκαβαλίκεψε, είδε πως ο γάιδαρος ήταν πραγματικά ψόφιος και φόρτωσε τα δέματα που κουβαλούσε πάνω στο άλογο. Έπειτα σκέφτηκε πως θα μπορούσε να πουλήσει το τομάρι του γάιδαρου στη χώρα και να πάρει μερικά χρήματα. Τον έγδαρε λοιπόν κι έβαλε το τομάρι, πάνω από τ᾽ άλλα πράγματα, στη ράχη του αλόγου.

Και τότε κατάλαβε το άλογο πόσο είχε αδικήσει τον αδύνατο σύντροφό του. Αλλά τώρα ήταν αργά πια, γιατί ήταν υποχρεωμένο να σηκώνει όλα τα βάρη του γάιδαρου, επειδή δεν δέχτηκε, όταν ήταν καιρός, να σηκώσει λίγα απ᾽ αυτά.

Ο μαδημένος Αετός κι η Αλεπού

Ήτανε μια φορά ένας γεωργός που είχε και μερικά πρόβατα, που τ' άφηνε να βοσκήσουν στην πλαγιά του βουνού, όπου είχε τα χωράφια του.

Μια μέρα, όταν πήγε να μαζέψει τα πρόβατά του, είδε πως του έλειπε ένα.

Έψαξε παντού, μήπως είχε παραπλανηθεί, κοίταξε στους γκρεμούς μήπως είχε γλιστρήσει πουθενά, αλλά δεν το βρήκε. Ξένος δεν περνούσε κανένας από κείνη την ερημιά, ο πιο κοντινός του γείτονας ήταν ένας άλλος χωρικός, που έμενε μισή μέρα μακριά, επομένως το πρόβατο δεν το είχανε κλέψει. Αν, πάλι, έπεφτε λύκος στο κοπάδι, δεν θ' άρπαζε ένα μονάχα, αλλά θα 'πνιγε κι άλλα.

Έσπαζε το κεφάλι του, για να βρει τι είχε απογίνει το χαμένο πρόβατο, αλλά δεν το κατόρθωνε. Ύστερα από λίγες μέρες, χάθηκε κι άλλο πρόβατο, κι όσο κι αν έψαξε, δεν το βρήκε πουθενά. Αποφάσισε, λοιπόν, ν' αφήσει για λίγες μέρες, τα χωράφια του και να φυλάει τα πρόβατά του, για να δει πώς χάνονταν. Κι επειδή υποψιαζόταν ότι κάποιος του τα 'κλεβε, κρύφτηκε κιόλας, μέσα σε κάτι χαμόκλαδα, για να πέσει ξαφνικά πάνω στον κλέφτη και να τον πιάσει.

Αλλ' όσο κι αν παραφύλαγε, δυο μέρες συνέχεια, κανένας κλέφτης δεν παρουσιάστηκε, ούτε και χάθηκε κανένα άλλο πρόβατο.

Την τρίτη μέρα, όμως, άκουσε δυνατό φτερούγισμα πάνω από το κεφάλι του και, γυρνώντας τα μάτια, είδε έναν αετό, που έπεφτε πάνω στο κοπάδι κι έχωνε τα νύχια του στα πυκνά μαλλιά μιας προβατίνας.

—Εσύ είσαι, λοιπόν, ο κλέφτης; Τώρα θα δεις! φώναξε ο γεωργός και τινάχτηκε απάνω κουνώντας απειλητικά ένα ξύλο, γιατί άλλο όπλο δεν είχε.

Στο μεταξύ, ο αετός αγωνιζότανε να σηκώσει στον αέρα την προβατίνα, αλλά δεν τα κατάφερνε, γιατί ήτανε βαριά. Είδε το γεωργό, που ορμούσε απάνω του και θέλησε να πετάξει, να φύγει, αλλ' ούτε κι αυτό το κατόρθωσε, γιατί τα νύχια του είχανε μπερδευτεί στα μαλλιά της προβατίνας.

Όταν τον είδε σ' αυτή την κατάσταση, ο γεωργός άρχισε να γελάει.

—Δεν θα σε σκοτώσω, του είπε. Θα σ' εξευτελίσω όμως.

Και, παίρνοντας ένα μεγάλο ψαλίδι, που το είχε για να κουρεύει τα πρόβατα, του 'κοψε τις φτερούγες, έτσι, ώστε να μην μπορεί πια να ξαναπετάξει.

—Τώρα θα δεις τι θα σου κάνω! του είπε πάλι.

Και, δένοντάς τον μ' ένα σχοινί, τον έβαλε μέσα στο κοτέτσι του.

—Ζήσε τώρα εδώ μέσα σαν κότα! του είπε με κακία.

Ο καημένος ο αετός έμενε στη γωνιά του κοτετσιού λυπημένος κι ούτε έτρωγε, ούτε έπινε. Μόνο κουνούσε κάθε τόσο τις ψαλιδισμένες φτερούγες του, που δεν τον βοηθούσαν πια σε τίποτα.

Μια μέρα, ένας καλός άνθρωπος, που είχε έρθει ν' αγοράσει μερικές κότες, είδε τον αετό στο κοτέτσι και τον λυπήθηκε.

—Μου τον πουλάς; ρώτησε το γεωργό.

—Τι θα τον κάνεις;

—Θα τον δώσω στα παιδιά μου να παίζουν.

—Τότε σου τον χαρίζω, είπε ο γεωργός.

Ο καλός ο άνθρωπος πήρε τον αετό, αλλά δεν τον έδωσε στα παιδιά του να παίξουν. Τον άλειψε με μια αλοιφή, τον περιποιήθηκε κι όταν μεγάλωσαν πάλι τα φτερά του, τον άφησε ελεύθερο.

Ο αετός, που συγκινήθηκε από την καλοσύνη εκείνου του ανθρώπου, όταν ξαναπέταξε, ελεύθερος πια, πάνω από τα βουνά, τον πρώτο λαγό, που έπιασε με τα νύχια του, δεν τον έφαγε, μόνο τον έριξε στην αυλή του σπιτιού, όπου τον είχανε περιποιηθεί.

Μια αλεπού, που τον είδε και που ήξερε τις περιπέτειές του, τον ρώτησε περίεργη:

—Γιατί χάρισες το λαγό σου σ' αυτόν που σου φέρθηκε με καλοσύνη; Έπρεπε να τον ρίξεις στον άλλο, που σου είχε ψαλιδίσει τα φτερά, για να τον καλοπιάσεις, να μη σου ξανακάνει τα ίδια.

—Εκείνον μπορώ να τον αποφύγω, της αποκρίθηκε ο αετός, αλλά σ' αυτόν εδώ χρωστάω ευγνωμοσύνη.

Ο Αετός και το Σκαθάρι

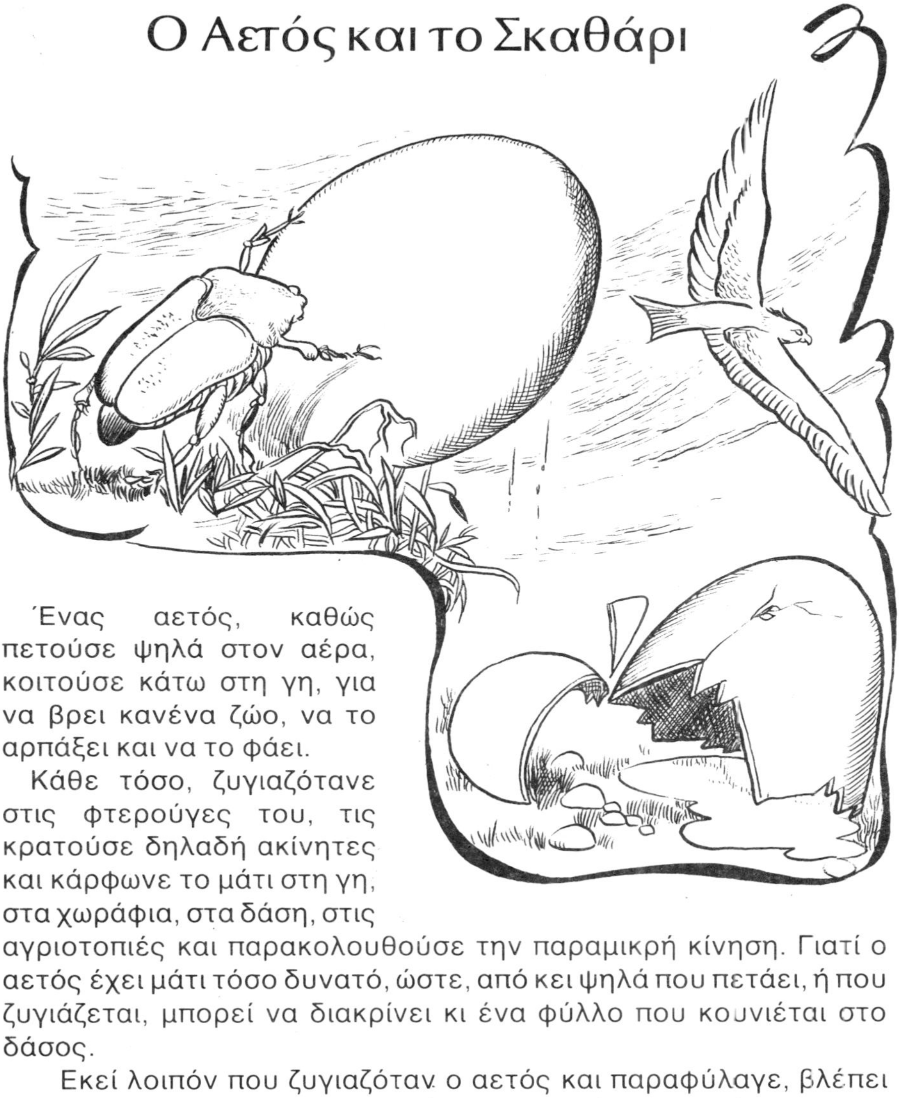

Ένας αετός, καθώς πετούσε ψηλά στον αέρα, κοιτούσε κάτω στη γη, για να βρει κανένα ζώο, να το αρπάξει και να το φάει.

Κάθε τόσο, ζυγιαζότανε στις φτερούγες του, τις κρατούσε δηλαδή ακίνητες και κάρφωνε το μάτι στη γη, στα χωράφια, στα δάση, στις αγριοτοπιές και παρακολουθούσε την παραμικρή κίνηση. Γιατί ο αετός έχει μάτι τόσο δυνατό, ώστε, από κει ψηλά που πετάει, ή που ζυγιάζεται, μπορεί να διακρίνει κι ένα φύλλο που κουνιέται στο δάσος.

Εκεί λοιπόν που ζυγιαζόταν ο αετός και παραφύλαγε, βλέπει κάτι σχίνα να κουνιούνται και κάρφωσε το μάτι του απάνω τους.

Ο αετός δεν είχε γελαστεί. Μέσα στα σχίνα ήτανε κρυμμένος ένας λαγός και, στη ρίζα του σχίνου, ήταν ένα σκαθάρι, που είχε πάει κοντά στη φωλιά του.

Ο λαγός και το σκαθάρι είχανε πιάσει φιλίες, ήταν καλοί γείτονες κι έλεγαν ο καθένας τον πόνο του στον άλλο.

– Είδα ένα άσχημο όνειρο, έλεγε ο λαγός. Φοβάμαι πολύ.

– Εσύ και πότε δε φοβάσαι; τον πείραζε το σκαθάρι. Εσύ, όλη μέρα κι όλη νύχτα, τρέμεις...

–Είμαι φοβιτσιάρης από γεννησιμιού μου, παραδέχτηκε ο λαγός. Αλλ' είναι να μην τρέμω, αφού όλοι με κυνηγάνε;

–Άν σε κυνηγήσει κανείς, εγώ είμαι εδώ! του είπε σοβαρό το σκαθάρι, για να του δώσει θάρρος.

Ο λαγός βγήκε μέσα από τα σχίνα, για να πάει να πιει νερό κι αμέσως τον είδε από ψηλά ο αετός και, μαζεύοντας τις απλωμένες φτερούγες του, έπεσε απάνω του σαν βολίδα και τον άρπαξε στα γαμψά του νύχια.

–Ώχ! βόγκηξε ο καημένος ο λαγός, που πόνεσε πολύ.

Το σκαθάρι τον λυπήθηκε κι άρχισε να παρακαλάει τον αετό:

–Άφησέ τον, του είπε. Κάνε μου αυτή τη χάρη, γιατί του υποσχέθηκα πως θα τον βοηθήσω να μην πάθει τίποτα.

Αλλ' ο αετός δεν έδωσε καμιά σημασία στα λόγια του σκαθαριού, μόνο άρχισε να τρώει μπροστά του το δυστυχισμένο το λαγό.

Το σκαθάρι, μόλο που ήτανε μικροσκοπικό, μπροστά στον αετό, δεν τον φοβήθηκε καθόλου.

–Έννοια σου! του φώναξε. Θα δεις τι θα πάθεις από μένα γιατί σκότωσες το φίλο μου!

Κι αποφάσισε να τον εκδικηθεί.

Όλη την ημέρα παραφύλαγε, ανεβασμένο πάνω σ' ένα ψηλό βράχο, για να δει πού θα πάει ο αετός. Το αγριοπούλι πότε χανόταν ανάμεσα στα σύννεφα, πότε έπεφτε ορμητικό πάνω σε κάποιο θήραμα και πότε ζυγιαζότανε στις φτερούγες του, παρακολουθώντας τι γινότανε κάτω στη γη.

Τέλος, όταν ο ήλιος πήγε πια να βασιλέψει, ο αετός τράβηξε για τη φωλιά του. Το σκαθάρι είδε πού ήταν η φωλιά και, την άλλη μέρα, όταν ο αετός πέταξε ψηλά κι η αετίνα τον ακολούθησε, το σκαθάρι ανέβηκε στη φωλιά τους και, σιγά - σιγά, κύλησε τ' αυγά τους κάτω και τα 'σπασε.

Ο αετός, όταν γύρισε και δεν βρήκε τ' αυγά, τρελάθηκε από το θυμό του, αλλά δεν μπορούσε να κάνει τίποτε άλλο παρά να φτιάσει καινούρια φωλιά και να βάλει εκεί μέσα τα καινούρια αυγά, που γέννησε η αετίνα.

Μα και πάλι το σκαθάρι τα πέταξε κάτω κι έσπασαν. Τότε ο αετός πέταξε στον Όλυμπο, παρουσιάστηκε στο βασιλιά των θεών, το Δία και του είπε τι πάθαινε κάθε τόσο από το σκαθάρι. Ο Δίας, που αγαπούσε πολύ τον αετό και τον είχε δικό του πουλί, τον λυπήθηκε.

–Φέρε τ' αυγά σου σ' εμένα, του είπε, κι εγώ θα τα κρύψω στον κόρφο μου.

Η αετίνα λοιπόν γέννησε καινούρια αυγά κι ο αετός τα πήγε

στο Δία, που τα 'κρυψε στον κόρφο του.

Αλλά το σκαθάρι ήτανε πεισματάρικο. Ανέβηκε στον Όλυμπο, μάζεψε κοπριά αλόγων, την έκανε ένα μεγάλο σβόλο και πετώντας πάνω από το κεφάλι του Δία, την άφησε να πέσει πάνω στο χιτώνα του.

Ο βασιλιάς των θεών, βλέποντας την κοπριά να κυλάει απάνω του, σηκώθηκε όρθιος για να την τινάξει και μαζί με την κοπριά, έπεσαν και τ' αυγά του αετού καταγής κι έσπασαν.

Από τότε, οι αετίνες δεν κλωσάνε ποτέ τ' αυγά τους, όσο είναι η εποχή των σκαθαριών, κι έμαθαν πως κανένας, όσο δυνατός κι αν είναι, δεν πρέπει να προσβάλλει τον άλλον, επειδή είναι αδύνατος.

Ο Γιδοβοσκός και τ' Αγριοκάτσικα

Ένας γιδοβοσκός έβοσκε τα γίδια του στην πλαγιά ενός βουνού. Η βλάστηση εκεί ήτανε πυκνή και τα γίδια έβρισκαν άφθονη τροφή.

Αλλά τα γίδια δεν είναι σαν τα πρόβατα, που βόσκουν ήσυχα - ήσυχα σ' ένα λιβάδι και μόνο όταν φαν όλα τα χόρτα σ' ένα μέρος, προχωρούν λίγο πιο πέρα. Τα γίδια μασάνε λίγη φτέρη εδώ, την παρατούν, τρέχουν πιο πέρα, αρπάζουν ένα χόρτο, έπειτα βλέπουν τα έλατα κι ορθώνονται στα πισινά τους πόδια, ακουμπάνε με τα μπροστινά τους στον κορμό του δέντρου και τεντώνουν τους λαιμούς τους, ώσπου ν' αρπάξουν ένα τρυφερό ελατόκλαδο.

Έτσι και τα γίδια εκείνα ξεμάκραιναν ολοένα από το γιδοβοσκό, ώσπου βγήκαν από το δάσος κι έφτασαν σε μιαν αγριοτοπιά, που ήταν πιο πολλές οι πέτρες παρά οι θάμνοι.

Σ' εκείνο το κακοτράχαλο μέρος συνήθιζαν να 'ρχονται αγριοκάτσικα που, αυτά πάλι, σπάνια μπαίνουν στο δάσος να βοσκήσουν, αλλά προτιμούν τις βουνοκορφές και τις απότομες πλαγιές, όπου κανείς δεν μπορεί να τα κυνηγήσει.

Τ' αγριοκάτσικα, λοιπόν, που έβοσκαν σ' εκείνη την αγριοτοπιά, είδαν τα γίδια να 'ρχονται προς το μέρος τους, αλλά δεν φοβήθηκαν, γιατί ο γιδοβοσκός είχε αποκοιμηθεί μέσα στο δάσος και δεν τα παρακολουθούσε.

Τα δυο κοπάδια βόσκησαν μαζί, πηδώντας από βράχο σε βράχο, έπαιξαν, κυνηγήθηκαν κι όταν κόντευε να βασιλέψει ο ήλιος, είχανε πιάσει μεγάλες φιλίες.

Στο μεταξύ, ο γιδοβοσκός ξύπνησε, είδε πως τα γίδια δεν ήταν μέσα στο δάσος κι έτρεξε, τρομαγμένος, να τα βρει. Τα βρήκε στην πλαγιά του βουνού, που ήταν γυμνή από δέντρα, και πρόσεξε πως, ανάμεσά τους, βρίσκονταν και πολλά αγριοκάτσικα.

«Αν τα καταφέρω και τα κλείσω στο μαντρί, θα κάνω την τύχη μου!», είπε μέσα του.

Ήξερε πως τ' αγριοκάτσικα δεν πιάνονται εύκολα, γιατί είναι πολύ πονηρά και πολύ γρήγορα στο τρέξιμο. Σκέφτηκε λοιπόν να τ' αφήσει λίγην ώρα ακόμη να βοσκήσουν μαζί με τα δικά του γίδια, που είχανε βαρεθεί πια να ψάχνουν για κανένα θάμνο στην αγριοτοπιά και κατέβαιναν προς το δάσος, όπου η βλάστηση ήτανε πιο πυκνή.

Όταν έφτασαν πια μέσα στο δάσος, ο γιδοβοσκός έτρεξε προς την αγριοτοπιά, κι από κει άρχισε να φωνάζει στα γίδια του και να τους ρίχνει πέτρες, για να τ' αναγκάσει να γυρίσουν στο μαντρί.

Τα γίδια, συνηθισμένα κάθε βράδυ από τις φωνές του και τις πέτρες του, πήρανε το μονοπάτι, αλλά τ' αγριοκάτσικα θέλησαν να φύγουν: Τα πιο μεγάλα απ' αυτά το κατόρθωσαν και, πηδώντας σαν τρελά από βράχο σε βράχο, βγήκαν από το δάσος κι ανέβηκαν στη βουνοκορφή.

Τα μικρότερα όμως, καθώς ήταν στριμωγμένα ανάμεσα στα γίδια, δεν πρόφτασαν να ξεφύγουν κι έτσι πήγανε μαζί τους στο μαντρί.

Ο γιδοβοσκός ήτανε κατενθουσιασμένος, γιατί, ανάμεσα στα γίδια του, ήταν και καμιά δεκαριά αγριοκάτσικα.

—Θα τα ημερώσω, μουρμούρισε, κι αυτά θα μου γεννήσουν του χρόνου κατσικάκια και, σιγά - σιγά, θα διπλασιάσω το κοπάδι μου.

Και, για να τα ημερώσει πιο γρήγορα, σκέφτηκε να τα περιποιηθεί περισσότερο από τα γίδια του. Μοίρασε λοιπόν το χορτάρι κι έβαλε λιγότερο στα γίδια του και το πιο πολύ στ' αγριοκάτσικα, που ποτέ τους δεν είχανε φάει τόσο πολύ, όσο εκείνο το βράδυ.

Τα γίδια πειράχτηκαν όταν είδαν πώς τους φερνόταν ο γιδοβοσκός, αλλά δεν είπαν τίποτα, γιατί νύσταζαν κι ήθελαν να κοιμηθούν.

Το άλλο το πρωί, ο γιδοβοσκός άνοιξε το μαντρί κι έβγαλε τα ζώα, γίδια κι αγριοκάτσικα μαζί, να τα πάει στη βοσκή.

«Μπορεί να 'χω την τύχη να πιάσω κι άλλα σήμερα», είπε μέσα του.

Μόλις όμως έφτασαν στο δάσος, τ' αγριοκάτσικα ξέκοψαν από το κοπάδι κι άρχισαν να τρέχουν σαν τρελά προς την αγριοτοπιά.

—Πού πάτε; τους φώναξε παραξενεμένος ο γιδοβοσκός. Εγώ σας περιποιήθηκα καλύτερα από τα γίδια μου και σεις δείχνεστε τόσο αχάριστα;

Ένα αγριοκάτσικο στράφηκε τότε και του είπε:

—Ίσια - ίσια γι' αυτό φεύγουμε κι εμείς. Μας περιποιήθηκες χτες το βράδυ και ξέχασες τα γίδια σου, που τα 'χεις τόσον καιρό. Αν έρθουν άλλα αγριοκάτσικα σήμερα στο μαντρί σου, θα περιποιηθείς εκείνα και θα ξεχάσεις εμάς...

Ο Λύκος ο χορτάτος και το Πρόβατο

Μια μέρα, ένας λύκος έπεσε μέσα σ' ένα μαντρί κι άρπαξε έξι πρόβατα. Τα δάγκωνε από το λαιμό, τα έσερνε ένα - ένα μέσα στο δάσος και τα 'τρωγε.

Αλλ' 'έφαγε τόσο πολύ, ώστε το έκτο πρόβατο τ' άφησε μισοφαγωμένο, γιατί η κοιλιά του είχε πρηστεί και δεν χωρούσε άλλο.

Κίνησε τότε να πάει σε μια πηγή του δάσους για να πιει νερό. Προχωρούσε αργά, γιατί τον βάραινε η κοιλιά του και με δυσκολία έσερνε τα πόδια του.

Ένα πρόβατο, μόλις είχε πέσει ο λύκος στο μαντρί, το 'χε βάλει στα πόδια, κατατρομαγμένο και τριγυρνούσε μέσα στο δάσος, ψάχνοντας να βρει ένα μέρος σίγουρο, για να κρυφτεί.

Εκεί που τριγυρνούσε, όμως, είδε αντίκρυ του το λύκο και, από τον τρόμο του, σωριάστηκε καταγής.

Ο λύκος, συνηθισμένος να κυνηγάει πρόβατα, πήγε κοντά του, μόλο που δεν είχε πια καμιά όρεξη για φαγητό. Μύρισε το πεσμένο πρόβατο, που έτρεμε ολόκληρο από το φόβο του και του είπε:

— Άκουσε, πρόβατο, αν μου πεις τρία πράγματα, που να καταλάβω πως είναι αληθινά, θα σ' αφήσω να φύγεις και δεν θα σε πειράξω καθόλου.

Το πρόβατο, μόλο που δεν πίστεψε στα λόγια του λύκου, αποφάσισε να του μιλήσει ειλικρινά, γιατί, έτσι κι αλλιώς, νόμιζε πως ήτανε χαμένο.

–Θα 'θελα να μη σ' έβρισκα στο δρόμο μου! του είπε αποφασιστικά.

Ο λύκος κούνησε το κεφάλι του.

–Αυτό το πιστεύω, είπε, είναι αληθινό. Τι άλλο θα μου πεις;

–Κι αν ήτανε να σ' ανταμώσω, συνέχισε πιο θαρρετά τώρα το πρόβατο, θα 'θελα να ήσουνα στραβός, για να μη με δεις.

–Κι αυτό το πιστεύω, παραδέχτηκε ο λύκος, κουνώντας το κεφάλι του. Είναι αληθινό. Τι άλλο θα μου πεις τώρα;

Αλλά το πρόβατο είχε πάρει πια θάρρος και του είπε με μίσος:

–Θα 'θελα να ψοφήσετε όλοι εσείς οι λύκοι, γιατί μας κυνηγάτε και μας τρώτε, ενώ εμείς δεν σας πειράζουμε ποτέ.

–Κι αυτό είναι αληθινό και το πιστεύω! μουρμούρισε ο λύκος.

Κι έφυγε, κουνώντας το κεφάλι του.

Γιατί κι ο πιο κακός, παραδέχεται καμιά φορά την αλήθεια.

Ο Γάιδαρος που έφυγε στο δάσος και η Αλεπού

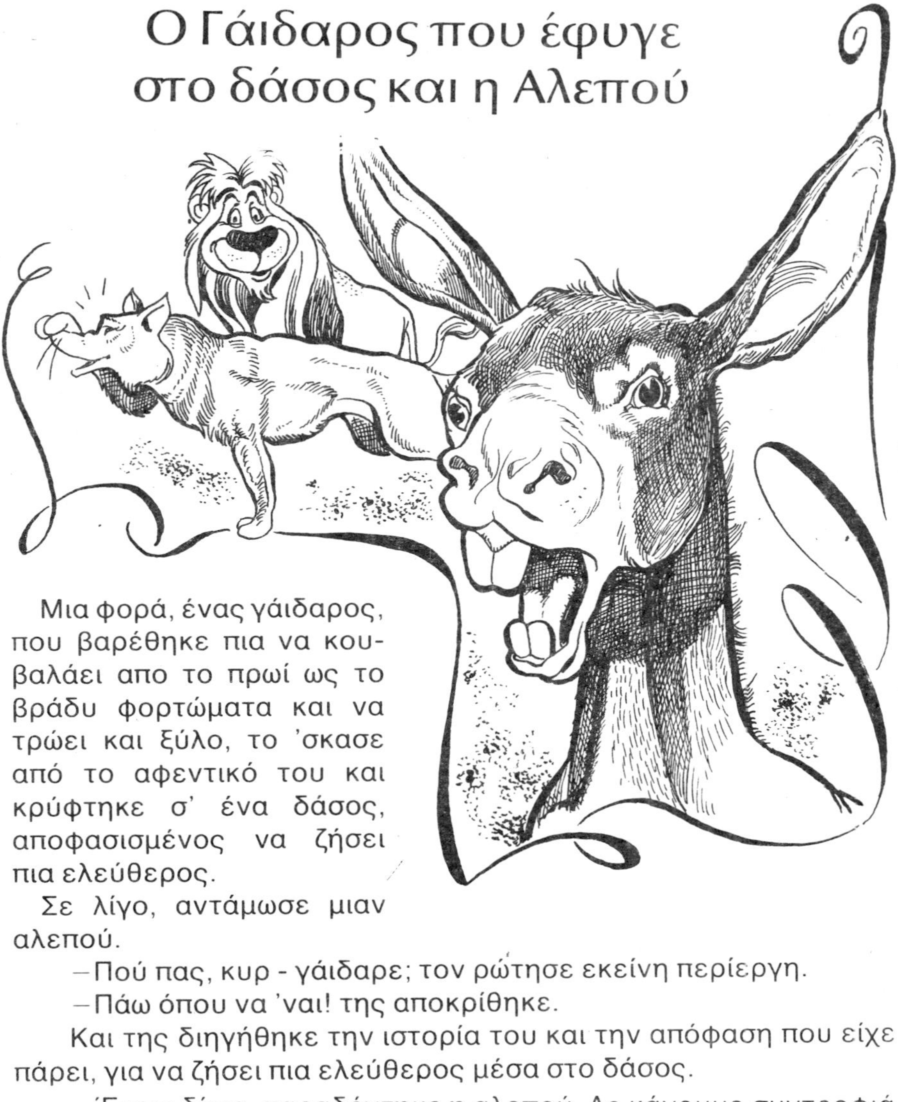

Μια φορά, ένας γάιδαρος, που βαρέθηκε πια να κουβαλάει απο το πρωί ως το βράδυ φορτώματα και να τρώει και ξύλο, το 'σκασε από το αφεντικό του και κρύφτηκε σ' ένα δάσος, αποφασισμένος να ζήσει πια ελεύθερος.

Σε λίγο, αντάμωσε μιαν αλεπού.

–Πού πας, κυρ - γάιδαρε; τον ρώτησε εκείνη περίεργη.

–Πάω όπου να 'ναι! της αποκρίθηκε.

Και της διηγήθηκε την ιστορία του και την απόφαση που είχε πάρει, για να ζήσει πια ελεύθερος μέσα στο δάσος.

–Έχεις δίκιο, παραδέχτηκε η αλεπού. Ας κάνουμε συντροφιά κι ας κυνηγούμε μαζί.

–Μ' όλη μου την καρδιά! δέχτηκε ενθουσιασμένος ο γάιδαρος.

Η πονηρή η αλεπού του είχε κάνει εκείνη την πρόταση, όχι γιατί χρειαζότανε σε τίποτα το γάιδαρο, που έτρωγε μόνο χόρτα, ενώ αυτή ορεγότανε τις κότες, αλλά γιατί σκέφτηκε πως, ίσως, καμιά μέρα, της φανεί ωφέλιμος.

Τριγυρνούσαν λοιπόν, από τότε, συντροφιά μέσα στο δάσος·

ο γάιδαρος έβοσκε κι η αλεπού κυνηγούσε κι ήταν ελεύθεροι κι ευχαριστημένοι κι οι δυο τους.

Όπου, μια μέρα, αντάμωσαν στο δρόμο τους ένα λιοντάρι.

Ο γάιδαρος ετοιμάστηκε να το βάλει στα πόδια, αλλ' η αλεπού τον εμπόδισε.

–Πού θα πας; τον ρώτησε. Το λιοντάρι, με δυο πηδήματα, θα σε φτάσει. Στάσου να πάω να του μιλήσω εγώ...

Κι αφήνοντας το γάιδαρο πήγε κοντά στο λιοντάρι.

–Καλημέρα, βασιλιά μου, του είπε, σιγανά, για να μην την ακούσει ο σύντροφός της. Ήρθα να σου παραδώσω το γάιδαρο, που είναι καλοθρεμμένος..

–Και πώς θα μου τον παραδώσεις; ρώτησε, απορώντας το λιοντάρι.

–Εδώ πιο πέρα, οι άνθρωποι έχουνε στήσει ένα δόκανο, για να πιάσουν εμένα, ή κανένα λύκο. Αλλ' εγώ είμαι έξυπνη και ξέρω να φυλάγομαι.Θα πάω λοιπόν το γάιδαρο εκεί πέρα, θα πιαστεί στο δόκανο και συ θα τον φας με την ησυχία σου.

–Έτσι ας γίνει! είπε το λιοντάρι.

Γύρισε τότε η αλεπού, χαρούμενη, στο σύντροφό της κι εκείνος την ρώτησε περίεργος:

–Τι του είπες;

–Του είπα ότι εμείς το αγαπούμε και το σεβόμαστε και το παρακάλεσα να μη μας πειράξει. Δέχτηκε, μόνο που δεν πρέπει, λέει, να κυνηγάμε και να βόσκουμε σ' αυτό το μέρος, γιατί είναι, λέει, δική του περιοχή. Τι μας νοιάζει; Έλα μαζί μου κι εγώ θα σου δείξω ένα μέρος όπου το χορτάρι είναι πιο παχύ και πιο φρέσκο.

Και τον πήγε εκεί, όπου ήξερε πως ήτανε στημένο το δόκανο.

Ο απονήρευτος γάιδαρος την ακολούθησε κι άρχισε να βόσκει ανύποπτος. Σε λίγο, όμως, πάτησε στο δόκανο και πιάστηκε το πόδι του.

Η αλεπού έτρεξε αμέσως να βρει το λιοντάρι.

–Σου τον έπιασα! φώναξε χαρούμενη. Πήγαινε να τον φας!

–Πρώτα θα φάω εσένα, που είσαι άπιστη! της είπε το λιοντάρι. Όσο για το γάιδαρο, μπορεί να περιμένει, πιασμένος καθώς είναι στο δόκανο.

Κι έφαγε πρώτα την αλεπού κι έπειτα το γάιδαρο.

Κι έτσι την έπαθε η αλεπού, γιατί θέλησε να στήσει παγίδα στο σύντροφό της.

Ο Γάιδαρος που έκανε πως κούτσαινε κι ο Λύκος

Ένας γάιδαρος είχε κουραστεί μια μέρα πολύ, γιατί, από το πρωί ως το μεσημέρι, κουβαλούσε μεγάλα δεμάτια σανό απ' το χωράφι στο σπίτι του αφεντικού του κι εκείνο το δρόμο τον είχε κάνει πάνω από δέκα φορές ως αργά μετά το μεσημέρι.

Το αφεντικό του, όμως, ήτανε καλός άνθρωπος και λυπότανε το καημένο το ζώο. Το είδε λοιπόν τόσο κουρασμένο και σκέφτηκε να το αφήσει ν' αναπαυτεί και να συνεχίσει την άλλη μέρα τη μεταφορά του υπόλοιπου σανού.

Πήρε το γάιδαρο, του έβγαλε το σαμάρι και τα χαλινάρια, τον πήγε σ' ένα λιβάδι, κοντά στο δάσος, όπου το χορτάρι ήτανε παχύ και τρυφερό και τον άφησε ελεύθερο.

–Φάε τώρα και ξεκουράσου! του είπε.

Κι έφυγε, για να γυρίσει στο χωριό του.

Ο γάιδαρος άρχισε να τρώει, κι όσο έτρωγε από κείνο το νόστιμο χορτάρι, τόσο ένιωθε να του φεύγει η κούραση. Ήτανε τώρα χαρούμενος και, βόσκοντας ολοένα, πλησίασε προς το δάσος.

Αλλά, μέσα σ' εκείνο το δάσος, έμενε ένας λύκος. Ο λύκος άκουσε το γάιδαρο, που γκάριζε ευχαριστημένος από την ελευθερία του κι από το άφθονο χορτάρι και βγήκε μέσα από τα δέντρα του δάσους.

Ο γάιδαρος τον είδε και κατάλαβε αμέσως πως κινδύνευε, γιατί το σπίτι του αφεντικού του ήτανε πολύ μακριά από το λιβάδι, κι ώσπου να φτάσει εκεί πέρα, όσο γρήγορα κι αν έτρεχε, ο λύκος θα τον έφτανε και θα τον έτρωγε.

Αλλ' ο γάιδαρος ήταν έξυπνος, κι αντί να τρομάξει και να το βάλει στα πόδια, έκανε πως δεν είδε το λύκο κι εξακολούθησε να βόσκει το παχύ χορτάρι. Μόνο που, τώρα, έκανε πως κούτσαινε από το πισινό του πόδι.

Ο λύκος πάλι ήτανε πολύ περίεργος κι όταν είδε το γάιδαρο να κουτσαίνει, θέλησε να μάθει τι είχε πάθει.

–Καλημέρα, κυρ - γάιδαρε, του είπε πηγαίνοντας κοντά του.

–Καλημέρα, κυρ - λύκο, αποκρίθηκε εκείνος, χωρίς να δείξει ότι τον φοβάται.

–Βλέπω ότι κουτσαίνεις...

–Ναι, μπήκε ένα αγκάθι στο πόδι μου και πονάω πολύ.

–Τώρα θα πάψεις να πονάς, γιατί θα σε φάω, είπε ο λύκος.

–Το ξέρω πως θα με φας, αποκρίθηκε ο γάιδαρος, αλλά πρόσεχε μη δηλητηριαστείς.

–Πώς θα δηλητηριαστώ;

–Τρώγοντάς με. Γιατί το αγκάθι, που χώθηκε στο πόδι μου, είναι δηλητηριασμένο κι άμα με φας θα δηλητηριαστείς αμέσως. Γι' αυτό, άλλωστε, δεν με νοιάζει που θα με φας, γιατί εγώ, έτσι κι έτσι, ήμουνα χαμένος... Σε λυπάμαι όμως, κυρ - λύκο μου. Γι' αυτό, αν θέλεις να μη δηλητηριαστείς, βγάλε πρώτα το αγκάθι από το πόδι μου κι έπειτα φάε με ήσυχος.

–Σ' ευχαριστώ που με προειδοποίησες, είπε ο λύκος. Σε ποιο πόδι σου χώθηκε το αγκάθι;

–Στο δεξί το πισινό. Να, κοίταξέ το να δεις πώς θα το βγάλεις.

Κι ο γάιδαρος σήκωσε το δεξί πισινό πόδι του, και καθώς ο λύκος έσκυβε να δει πού ήτανε χωμένο το αγκάθι, του δίνει μια δυνατή κλοτσιά και του σπάζει το κεφάλι.

–Καλά να πάθω! μουρμούρισε ο λύκος, προτού πεθάνει. Ο πατέρας μου μ' είχε μάθει τη δουλειά του χασάπη. Τι μου ήρθε να κάνω το γιατρό;

Τα παιδιά του Γεωργού που μάλωναν

Ένας γεωργός είχε έξι αγόρια. Όταν ήταν μικρά, ήταν ευχαριστημένος που απόκτησε τόσα παιδιά, γιατί, όταν μεγάλωναν, θα τον βοηθούσαν στη δουλειά.

Είχε όμως ένα παράπονο απ' αυτά: όλο μάλωναν μεταξύ τους και ποτέ τους δεν μόνοιαζαν. Όσο ήταν σε μικρή ηλικία, δεν έδινε και τόση σημασία, γιατί νόμιζε πως, μεγαλώνοντας, θα διορθώνονταν. Αλλ' εκείνα, όσο μεγάλωναν τόσο δε χώνευαν το ένα τ' άλλο, και πιάνονταν με το παραμικρό.

Και το χειρότερο ήταν που, καθώς μάλωναν διαρκώς μεταξύ τους, δεν έκαναν καμιά δουλειά σωστή.

Ο καημένος ο πατέρας τους τα συμβούλευε, αλλ' εκείνα δεν τον άκουγαν. Τα χωράφια έμεναν απεριποίητα, τα ζώα το ίδιο, κι ο γεωργός κόντευε να τρελαθεί από την απελπισία του.

Μια μέρα όμως, σκέφτηκε ν' αλλάξει τακτική.

Κάλεσε τα παιδιά του και τους είπε να του φέρουν καμιά δεκαριά βέργες από λυγαριά.

Εκείνα του τις έφεραν κι ο γεωργός τις έδεσε όλες μαζί και τους είπε:

– Όποιος σπάσει αυτές τις βέργες, θα κληρονομήσει όλη την περιουσία μου, όταν πεθάνω.

Έπιασε ο μεγαλύτερος το δεμάτι με τις βέργες, δοκίμασε, έβαλε όλη του τη δύναμη, αλλά, δεν μπόρεσε να τις σπάσει.

Δοκίμασε ο δεύτερος, ο τρίτος, δοκίμασαν όλοι, αλλά κανένας δεν το κατόρθωσε.

Τότε ο πατέρας τους έλυσε το δεμάτι κι έδωσε μια βέργα στον καθένα.

– Σπάστε τη! είπε.

Φυσικά, και τα έξι παιδιά έσπασαν τη βέργα, που είχε πάρει το καθένα τους.

– Αυτό να σας γίνει μάθημα, τους είπε ο πατέρας τους. Μια - μια, οι βέργες σπάζουν εύκολα. Όλες μαζί όμως δεν σπάζουν, ό,τι και να κάνετε. Και σεις σαν τις βέργες είσαστε. Αν εξακολουθείτε να μαλώνετε, ένας - ένας σας θα καταστραφεί. Αν μονοιάσετε όμως και κοιτάζετε όλοι μαζί τις δουλειές μας, τότε θα γίνετε πλούσιοι και κανείς δεν θα μπορέσει ποτέ να σας βλάψει.

Τα παιδιά κατάλαβαν εκείνο το μάθημα κι από κείνη την ημέρα δεν μάλωσαν πια μεταξύ τους, γιατί ήξεραν τώρα πως η ομόνοια φέρνει τη δύναμη και την επιτυχία.

Οι Βάτραχοι που ζητούσαν Βασιλιά

Σ' ένα μεγάλο βάλτο στα παλιά, πολύ παλιά χρόνια, ζούσανε πολλοί βάτραχοι. Όλη μέρα κι όλη νύχτα, άκουγες, σ' εκείνο τον απέραντο βάλτο:

—Βρεκεκέξ! Κοάξ! Κοάξ!

Κι όλη μέρα κι όλη νύχτα, άκουγες θυμωμένα «Βρεκεκέξ», πότε εδώ, πότε εκεί, γιατί πάντοτε υπήρχαν βάτραχοι, που θα μάλωναν μεταξύ τους, πότε για το' να και πότε για τ' άλλο.

Οι γεροντότεροι βάτραχοι, που δεν ήταν πια ζωηροί, σαν άλλοτε, κι έτσι δεν είχαν καμιάν όρεξη, ούτε και μπορούσαν να μαλώσουν, κουνούσαν θλιβερά τις χοντροκεφαλές τους κι έλεγαν:

—Βρεκεκέξ! Μόνο εδώ στο βάλτο σ' εμάς τους βατράχους γίνεται αυτό το κακό.

—Βρεκεκέξ! Κοιτάχτε τις αγριόπαπιες. Τις κυνηγούν οι άνθρωποι μέσα στο βάλτο, αλλ' αυτές δεν κυνηγιούνται αναμεταξύ τους.

—Βρεκεκέξ! Είναι γιατί έχουν βασιλιά!

—Βρεκεκέξ! Τι είναι βασιλιάς;

—Βρεκεκέξ! Αυτός που τους κυβερνάει και λύνει τις διαφορές τους για να μη μαλώνουν.

—Βρεκεκέξ! Θέλουμε κι εμείς βασιλιά!

—Κοάξ! Κοάξ! Θέλουμε βασιλιά.

Όλοι τώρα οι βάτραχοι άρχισαν να φωνάζουν ότι θέλουν βασιλιά κι άκουγες από παντού «Βρεκεκέξ! Κοάξ! Κοάξ!» τόσο πολλά και τόσο δυνατά, ώστε εκείνες οι φωνές έφτασαν και στον ουρανό, ψηλά στον Όλυμπο, εκεί όπου έμεναν οι δώδεκα θεοί.

Άκουσε τις φωνές των βατράχων ο Δίας, ο βασιλιάς των θεών και σούφρωσε τα φρύδια του. Ακούστηκαν τότε κάτι δυνατές βροντές κι αμέσως οι βάτραχοι σώπασαν κατατρομαγμένοι. Γιατί πάντοτε, όταν κουνούσε τα φρύδια του ο Δίας, ακούγονταν δυνατές βροντές κι όλος ο κόσμος, άνθρωποι και ζώα, τρόμαζαν.

—Τι έχετε και φωνάζετε, σεις οι βάτραχοι, μέσα στο βάλτο; ρώτησε ο Δίας.

—Βρεκεκέξ! Δία μου, θέλουμε βασιλιά! είπαν με σεβασμό οι γέροι βάτραχοι. Θέλουμε βασιλιά, για να μας κυβερνάει και να μη μαλώνουμε!

Γέλασε ο Δίας με τη βλακεία τους και, για να τους ξεφορτωθεί, πήρε ένα πεσμένο γέρικο έλατο και το 'ριξε μέσα στο βάλτο.

—Πάρτε το βασιλιά σας! φώναξε.

Το γέρικο έλατο έπεσε βροντώντας μέσα στο βάλτο κι οι βάτραχοι κρύφτηκαν κατατρομαγμένοι. Όταν συνήλθαν κάπως από τον τρόμο τους, μαζεύτηκαν όλοι γύρω του και το θαύμαζαν. Έπειτα όμως, βλέποντας πως δεν κουνιόταν, ούτε μιλούσε, ανέβηκαν απάνω του κι άρχισαν να πηγαινοέρχονται, για να βρούνε το στόμα του και τ' αυτιά του. Και, καθώς είχανε μαζευτεί χιλιάδες πάνω στο γέρικο έλατο, δεν άργησαν να μαλώσουν μεταξύ τους κι οι φωνές τους και τα «Βρεκεκέξ» τους ξύπνησαν το Δία, που κοιμόταν εκείνη την ώρα.

—Τι θέλετε, βάτραχοι, και φωνάζετε; τους ρώτησε θυμωμένος. Μου ζητήσατε βασιλιά και σας έδωσα. Γιατί δεν μονοιάζετε τώρα;

—Γιατί ο βασιλιάς που μας έστειλες ούτε σαλεύει, ούτε μιλάει! του εξήγησαν οι γέροι βάτραχοι.

—Πολύ καλά! αποκρίθηκε ο Δίας.

Και, πιάνοντας με τη χούφτα του μερικές νεροφίδες, τις έριξε μέσα στο βάλτο.

—Σας στέλνω άλλους βασιλιάδες! φώναξε.

Οι καινούριοι βασιλιάδες όμως, ούτε ακίνητοι, ούτε αμίλητοι ήταν. Άρχισαν να κυνηγούνε τους βατράχους και να τους τρων έναν - έναν, τόσο γρήγορα, που πια δεν ξανακούστηκε μέσα στο βάλτο κανένα «Βρεκεκέξ! Κοάξ! Κοάξ!».

Κι έτσι την έπαθαν οι ανόητοι βάτραχοι, που δεν τους άρεσε για βασιλιάς το αγαθό το έλατο, μόνο ζητούσαν αρχηγό πιο άγριο, που δεν άφησε κανένα τους ζωντανό.

Η Αλεπού με την κομμένη ουρά

Μια αλεπού τριγυρνούσε κάποτε σ' ένα δάσος, για να βρει τίποτα να φάει.

Δυο βραδιές, συνέχεια, είχε προσπαθήσει ν' αρπάξει κάτι κότες, από τα κοτέτσια του κοντινού χωριού, αλλά δεν τα κατάφερε. Την πρώτη φορά την μυρίστηκαν τα σκυλιά, που άρχισαν να γαβγίζουν και βιάστηκε να το βάλει στα πόδια. Τη δεύτερη φορά, όχι μόνο την γάβγισαν τα σκυλιά, αλλά την κυνήγησαν κιόλας και τρόμαξε να γλιτώσει.

Κρύφτηκε μέσα στη σπηλιά της, λαχανιάζοντας από το πολύ τρέξιμο κι έμεινε όλη την άλλη μέρα κρυμμένη εκεί μέσα, γιατί νόμιζε πως άκουγε ακόμα τα γαβγίσματα των σκυλιών.

Πεινούσε όμως τόσο πολύ, ώστε, όταν βράδιασε, αποφάσισε να βγει για κυνήγι. Αλλ' αυτή τη φορά θα κυνηγούσε στο δάσος και δεν θα 'μπαινε στο χωριό, για κανένα κοτέτσι, μια που τα σκυλιά ήταν άγρυπνα κι επικίνδυνα.

Καθώς τριγυρνούσε λοιπόν μέσα στο δάσος, ψάχνοντας για κανένα πουλί, της ήρθε μυρωδιά από φρέσκο κρέας. Έβαλε τη μουσούδα της στο χώμα και, παρακολουθώντας εκείνη τη δυνατή μυρωδιά, έφτασε σ' έναν πυκνό θάμνο. Εκεί, μέσα στο θάμνο, ήταν ένα κομμάτι κρέας.

Η αλεπού, αν δεν πεινούσε τόσο πολύ, θα πονηρευότανε πώς βρέθηκε το κομμάτι το κρέας, κρυμμένο μέσα στο θάμνο του δάσους.

Αλλά, πεινασμένη καθώς ήταν, χώθηκε μέσα στο θάμνο για ν' αρπάξει το κρέας.

Προτού όμως προφτάσει να το δαγκώσει, ακούστηκε ένα δυνατό «κρακ», τόσο δυνατό, ώστε η αλεπού τινάχτηκε τρομαγμένη. Αλλά δεν μπόρεσε να φύγει, γιατί η ουρά της είχε πιαστεί σ' ένα σιδερένιο δόκανο, που το είχε κρύψει μέσα στο θάμνο κάποιος χωρικός κι είχε βάλει για δόλωμα το κρέας, για να πιάσει, ίσως κανένα λύκο.

Η αλεπού τιναζότανε σαν τρελή, από το φόβο κι από τον πόνο, αλλά το σιδερένιο δόκανο κρατούσε γερά την ουρά της και την εμπόδιζε να φύγει.

Καταλάβαινε πως, αν έμενε εκεί, θα 'ρχόταν ο χωρικός και θα την σκότωνε. Έπρεπε να φύγει. Έπρεπε να φύγει με κάθε θυσία!

Και, σφίγγοντας τα δόντια της, για να βαστάξει τον ανείπωτο πόνο, τινάχτηκε τόσο απότομα και με τόση δύναμη, ώστε κόπηκε η ουρά της κι απόμεινε στο δόκανο.

Κι έτσι, καταματωμένη, χωρίς ουρά, σύρθηκε, όσο μπορούσε πιο γρήγορα, μέσα στη σπηλιά της και κρύφτηκε εκεί, νηστική, αλαλιασμένη από τον πόνο, ώσπου έκλεισε η πληγή.

Όταν βγήκε από τη σπηλιά, ήτανε πια πετσί και κόκαλο από τη νηστεία. Έπρεπε ν' αρχίσει πάλι το κυνήγι, για να φάει και να χορτάσει, αλλά ντρεπότανε να παρουσιαστεί μπροστά στ' άλλα αγρίμια του δάσους, κι ιδίως μπροστά στις άλλες αλεπούδες, που εκείνες είχαν ακόμα τη φουντωτή ουρά τους.

Αλλά, πονηρή καθώς ήταν, σκέφτηκε κάτι άλλο. Πήγε και βρήκε τις αλεπούδες κι άρχισε να τους λέει χαρούμενη:

– Είδατε τι έκανα; Έκοψα την ουρά μου.

– Γιατί; την ρώτησαν εκείνες παραξενεμένες.

– Γιατί μ' εμπόδιζε στο τρέξιμο, έτσι βαριά που ήτανε. Δεν ξέρετε πόσο ανάλαφρα νιώθω τώρα και πόσο πιο γρήγορα τρέχω! Κάντε και σεις το ίδιο. Κόψτε τις ουρές σας και να δείτε τι καλά που θα νιώθετε.

Μια από τις αλεπούδες όμως, η πιο γριά και πιο πονηρή, της είπε:

– Δεν θα μας έδινες αυτή τη συμβουλή, αν δε σε συνέφερνε. Πήγαινε στη δουλειά σου, κι εμείς τις ουρές μας δεν τις κόβουμε!

Το Καλάμι κι η Ελιά

Μια φορά, γειτόνευαν η ελιά και το καλάμι. Η ελιά ήταν ένα μεγάλο και δυνατό δέντρο, με πολλά κλαδιά, που κρατούσαν τα φύλλα τους όλη τη χρονιά και κάθε δυο χρόνια, έγερναν από το βάρος του καρπού.

Το καλάμι, πάλι, ήτανε ψηλόλιγνο, με καταπράσινα στενόμακρα φύλλα, με ωραιότατα παράξενα λουλούδια, που έμοιαζαν με τσαμπιά κι είχανε το σχήμα του αδραχτιού.

Η ελιά καυχιόταν ολοένα:

—Τι είσαι συ, μπροστά μου; έλεγε στο καλάμι. Εγώ είμαι ένα δέντρο μεγάλο, δυνατό, ευλογημένο. Οι άνθρωποι με λατρεύουν, γιατί τους δίνω τις ελιές και το λάδι μου, τους δίνω ξερόκλαδα για να ζεσταίνονται, τους δίνω ξύλα για να φτιάχνουν ακριβά έπιπλα. Είμαι μεγάλη, ψηλή, γερή και συ είσαι ένα αδύναμο πραγματάκι, που λυγίζεις μπροστά σ' όλους τους ανέμους και τους προσκυνάς. Δεν μπορώ να καταλάβω πώς έχεις την τόλμη να φυτρώνεις πλάι μου.

Το καημένο το καλάμι, που ήταν από φυσικού του ντροπαλό, τ' άκουγε όλα αυτά και δεν έλεγε τίποτα κι ούτε και θύμωνε, γιατί αυτό δεν είχε να καυχηθεί για τίποτα.

Ήρθε ένας χειμώνας όμως βαρύς κι άρχισε να φυσάει ένας αέρας δαιμονισμένος, που χτυπούσε με μανία την ελιά ώσπου στο τέλος, την ξερίζωσε.

Το καλάμι, με το πρώτο φύσημα του ανέμου, έγειρε, λυγερό όπως ήτανε, προς το νερό κι έτσι ο άνεμος περνούσε από πάνω του χωρίς να το πειράξει. Κι όταν η καταιγίδα σταμάτησε κι ο άνεμος έπαψε να φυσάει, η ελιά απόμεινε πεσμένη στο χώμα και το καλάμι σηκώθηκε πάλι όρθιο και λυγερό, όπως και πριν.

Γιατί το καλάμι ήξερε να υποχωρεί εκεί που ένιωθε ότι δεν είχε δύναμη ν' αντισταθεί, ενώ η ελιά πλήρωσε με τη ζωή της την υπερηφάνειά της.

Η Τσίχλα

Στην πλαγιά ενός βουνού, υπήρχε ένα μέρος όπου φύτρωναν πολλές μυρτιές.

Μια τσίχλα, που ζούσε στο δάσος, έτυχε να περάσει μια μέρα από κει, είδε τις μυρτιές, δοκίμασε τον καρπό τους και της άρεσε.

Από τότε, πού την έχανες, πού την έβρισκες, όλες τις ώρες της τις περνούσε στις μυρτιές.

Σ' εκείνο το δάσος τριγυρνούσε από καιρό ένας πουλολόγος.

Η δουλειά του ήτανε να πηγαίνει πρωί - πρωί στο δάσος, να στήνει τα ξόβεργά του και να περιμένει να πιάσει κανένα πουλί. Όταν του τύχαινε κανένα κοτσύφι, ή κανένα παχύ σπουργίτι, τα πήγαινε στο σπίτι του και τα 'τρωγε. Αν πιανότανε στις ξόβεργές του κανένα γαρδέλι, καμιά καρδερίνα, ή κανένα αηδόνι, τα 'βαζε σε κλουβιά και τα πουλούσε, γιατί τα πουλιά αυτά τα ζητούσαν πολλοί για τα σπίτια τους, για να τ' ακούνε να κελαηδάνε.

Μια μέρα, ο πουλολόγος είδε την τσίχλα μέσα στο δάσος και θέλησε να την πιάσει. Αλλ' ώσπου να στήσει τις ξόβεργές του, την έχασε από τα μάτια του.

Ο πουλολόγος όμως το 'βαλε πείσμα να την πιάσει κι από τότε, κάθε πρωί, πήγαινε κάτω από το δέντρο, όπου είχε τη φωλιά της, και την παρακολουθούσε. Πρόσεξε ότι, κάθε μέρα, η τσίχλα πετούσε προς το ίδιο μέρος. Κάθε μέρα λοιπόν την παρακολουθούσε κι ο πουλολόγος, ώσπου την είδε να κάθεται στις μυρτιές και να τρώει τους καρπούς τους.

Τη άλλη μέρα, πρωί - πρωί, έστησε τις ξόβεργές του πάνω στις μυρτιές κι έπιασε τη λαίμαργη τσίχλα.

«Καλά να πάθω!» είπε μέσα της εκείνη, όταν τα φτερά της κόλλησαν. «Γλυκάθηκα με το φαγητό και τώρα χάνω τη ζωή μου!».

Οι Οδοιπόροι και το τσεκούρι

Κάποτε, δυο φίλοι ξεκίνησαν για κάποια δουλειά τους και περπατούσαν συζητώντας.

Εκεί που βάδιζαν, μέσα σ' ένα δάσος, ο ένας απ' αυτούς πρόσεξε πως κάτι γυάλιζε ανάμεσα στα χόρτα. Έσκυψε να δει τι ήτανε και σήκωσε ένα τσεκούρι ολοκαίνουριο.

—Βρήκαμε ένα τσεκούρι! φώναξε χαρούμενος ο σύντροφός του.

Εκείνος όμως, που είχε βρει το τσεκούρι ταράχτηκε και του λέει:

—Να μη λες *βρήκαμε* ένα τσεκούρι, μόνο να λες: *βρήκες* ένα τσεκούρι.

Αλλά, καθώς προχωρούσαν, αντάμωσαν τρεις - τέσσερις λοτόμους, που είχανε χάσει το καινούριο τους τσεκούρι κι έψαχαν να το βρουν. Όταν είδαν τους δυο οδοιπόρους, που ο ένας τους κρατούσε το τσεκούρι, έπεσαν απάνω τους θυμωμένοι.

—Χαθήκαμε! φώναξε εκείνος που είχε βρει το τσεκούρι και το κρατούσε στα χέρια του.

Γυρίζει τότε ο φίλος του και του λέει:

—Να μη λες *χαθήκαμε,* να λες: *χάθηκα!* Ούτε όταν βρήκες το τσεκούρι μ' ήθελες για σύντροφό σου, ούτε τώρα που θα σου το πάρουν και θα φας και ξύλο θέλω να μ' έχεις σύντροφό σου!

Ο Ήλιος κι οι Βάτραχοι

Μια μέρα, σ' όλη τη γη μαθεύτηκε πως θα γίνονταν οι γάμοι του Ήλιου.

Είχε αρχίσει το καλοκαίρι, κι όλα τα ζώα, ήμερα κι άγρια, που είχανε δεινοπαθήσει το χειμώνα από το κρύο, τις βροχές και τα χιόνια, χάρηκαν όταν το 'μαθαν. Γιατί τον ήλιο τον αγαπούσανε πολύ, επειδή τα ζέσταινε και δεν τ' άφηνε να ξεπαγιάσουν, όπως έκανε ο εχθρός τους, ο Χειμώνας.

Πρώτος ο αετός έμαθε την είδηση γιατί μόνο αυτός πετάει ψηλά και μπορεί κι αντικρίζει τον ήλιο κατάματα. Είδε λοιπόν τις προετοιμασίες του γάμου, που γίνονταν στ' ολόχρυσο παλάτι του Ήλιου και το είπε στην πετροπέρδικα. Η πετροπέρδικα το είπε στην κίσσα, που είναι το πιο φλύαρο πουλί του λόγγου, κι εκείνη δεν άφησε πουλί που να μην το πει.

Από τα πουλιά του δάσους τ' άκουσαν οι σκίουροι, που σκαρφαλώνουν πάνω στα δέντρα. Κι οι σκίουροι κατέβηκαν γρήγορα - γρήγορα από τα δέντρα και το είπαν στους λαγούς κι οι λαγοί, όταν τους κυνήγησαν τα σκυλιά, άρχισαν να φωνάζουν:

– Μη μας κυνηγάτε, γιατί αύριο γίνονται οι γάμοι του Ήλιου κι όλα τα ζώα πρέπει να 'μαστε αγαπημένα.

Τα σκυλιά χάρηκαν κι άφησαν τους λαγούς ακυνήγητους.

Κι όταν οι αλεπούδες είδανε τα σκυλιά κι ετοιμάστηκαν να το βάλουν στα πόδια, εκείνα τους φώναξαν:

– Μη φεύγετε, γιατί δε θα σας κυνηγήσουμε. Αύριο γίνονται οι γάμοι του Ήλιου κι όλα τα ζώα είμαστε χαρούμενα και δεν πειράζουμε το ένα τ' άλλο.

Έτσι, από στόμα σε στόμα, το 'μαθαν κι οι βάτραχοι, που κατοικούσαν σ' ένα μικρό βάλτο κι άρχισαν κι αυτοί να φωνάζουν χαρούμενοι:

–Βρεκεκέξ! Κοάξ! Κοάξ!

–Βρεκεκέξ! Παντρεύεται ο Ήλιος!

Ένας όμως γερο - βάτραχος τους μάλωσε:

–Τι χαιρόσαστε, ανόητοι; τους είπε. Αφού μόνος του όπως είναι ο Ήλιος, ξεραίνει όλους τους βάλτους, φαντάζεστε τι θα γίνει τώρα που θα πάρει και γυναίκα;

Κι οι βάτραχοι κατάλαβαν ότι δεν έπρεπε να χαίρονται για κάτι που δεν τους συνέφερε.

Ο Ηρακλής κι ο Πλούτος

Όταν ο Ηρακλής πέτυχε τους άθλους του, ο Δίας τον ανέβασε στον Όλυμπο και τον έκανε ημίθεο.

Έμενε πια εκεί μαζί με τους άλλους θεούς, που ο Δίας τους κάλεσε όλους να φάνε μαζί, για να γνωρίσουν τον καινούριο ημίθεο, που η φήμη του είχε απλωθεί σ' όλο τον κόσμο και, φυσικά, είχε φτάσει κι ως τον Όλυμπο.

Οι θεοί έρχονταν ένας - ένας στη μεγάλη αίθουσα των συμποσίων του παλατιού του Δία κι ο Ηρακλής, που δεν ξεχνούσε πως, ως εκείνη την ημέρα ήταν άνθρωπος θνητός, σηκωνότανε και τους χαιρετούσε με σεβασμό, μόλο που είχε γίνει πια ημίθεος.

Αφού ήρθαν όλοι οι θεοί κι όλες οι θεές, έφτασε, τελευταίος, κι ο Πλούτος.

Μόλις τον είδε να μπαίνει μέσα στην αίθουσα, ο Ηρακλής, αντί να σηκωθεί και να χαιρετίσει με σεβασμό, όπως έκανε μ' όλους τους άλλους, έμεινε καθισμένος, τον κοίταξε στραβομουτσουνιάζοντας κι έπειτα κάρφωσε τα μάτια του στο δάπεδο.

Ο Δίας, που το πρόσεξε, παραξενεύτηκε για το φέρσιμό του και τον ρώτησε:

– Γιατί, Ηρακλή, χαιρέτισες με σεβασμό όλους τους θεούς κι όλες τις θεές και τώρα στραβομουτσούνιασες μόλις είδες τον Πλούτο;

– Θα σου εξηγήσω ευχαρίστως, βασιλιά των θεών, αποκρίθηκε ο Ηρακλής. Τον καιρό που ήμουν άνθρωπος και ζούσα στη γη, έβλεπα τον Πλούτο να συναναστρέφεται μόνο με κακούς ανθρώπους. Γι' αυτό δεν τον εκτιμώ καθόλου και δεν σηκώθηκα να τον χαιρετίσω.

Ο Άνθρωπος κι ο Δίας

Όταν ο Δίας έπλασε τα ζώα, άρχισε να τους μοιράζει χαρίσματα, διαφορετικά στο καθένα.

Έδωσε στο λιοντάρι τη δύναμη να σκοτώνει, μ' ένα χτύπημα του ποδιού του τον αντίπαλό του. Στον ελέφαντα έδωσε τέτοιον όγκο και τόσο βάρος, ώστε να μπορεί, μόνο μ' αυτά, ν' ανοίγει πέρασμα στην πυκνή ζούγκλα, χωρίς να χρειάζεται ξυλοκόπους για να του κόβουν τα δέντρα.

Στο άλογο έδωσε την ομορφιά και την περηφάνια, κι ακόμα όπλισε τα πόδια του με οπλές, που μπορούν να σκοτώσουν ένα αγρίμι, όταν του ρίχνεται να το φάει.

Έδωσε νόστιμο κρέας στο λαγό, αλλ' επειδή τον κυνηγούν όλοι για να τον φάνε, του 'δωσε και τη γρηγοράδα, για να μπορεί να ξεφεύγει από τους εχθρούς του.

Στη χελώνα πάλι, που δεν της έδωσε γρηγοράδα, της χάρισε ένα γερό καβούκι, για να κρύβεται εκεί μέσα και να γλιτώνει απ' όσους την κυνηγούνε, μια και δεν μπορεί να τους ξεφύγει τρέχοντας.

Έτσι μοίραζε ο Δίας τα χαρίσματα στα ζώα: Έδωσε στα ψάρια

ουρές και φτερουγάκια, για να κολυμπάνε γρήγορα μέσα στο νερό, έδωσε στους αετούς δυνατές φτερούγες, για να πετάνε πάνω κι από τα ψηλά βουνά, έδωσε και στα πουλάκια όμορφα, πολύχρωμα φτερά και φωνή γλυκιά να κελαηδούνε.

Ο άνθρωπος παρακολουθούσε το Δία να μοιράζει τα διάφορα χαρίσματα στα ζώα και περίμενε να τον στολίσει κι αυτόν με κανένα τέτοιο χάρισμα, σαν εκείνα που έδινε στα ζώα. Αλλ' ο Δίας δεν του έδωσε ούτε φτερά, ούτε οπλές, ούτε γρηγοράδα, ούτε τίποτα άλλο απ' αυτά.

Κι ο άνθρωπος δεν κρατήθηκε τότε και του παραπονέθηκε.

– Εμένα με άφησες χωρίς κανένα χάρισμα, όπως αυτά που μοίρασες στα ζώα, του είπε.

Κι ο Δίας του αποκρίθηκε:

– Σ' εσένα έδωσα το μεγαλύτερο χάρισμα, κι ωστόσο δεν το κατάλαβες και παραπονιέσαι για τα φτερά και τη γρηγοράδα που χάρισα στα ζώα.

– Ποιο χάρισμα; ρώτησε παραξενεμένος ο άνθρωπος.

– Σου χάρισα το λογικό, του εξήγησε ο Δίας, που είναι πιο δυνατό απ' όλα τα δυνατά και πιο γρήγορο απ' όλα τα γρήγορα.

Και τότε κατάλαβε ο άνθρωπος τι πολύτιμο δώρο είχε πάρει από τον πλάστη του και πως το λογικό είναι ανώτερο απ' όλα τα φυσικά χαρίσματα, μια που μπορεί να τ' αντικαταστήσει όλα.

Οι Λύκοι και τα Πρόβατα

Σ' ένα δάσος κρύβονταν δυο λύκοι.

Όταν νύχτωνε, έβγαιναν κυνήγι, πότε χώρια ο καθένας τους πότε κι οι δυο μαζί.

Έτρωγαν ό,τι έβρισκαν μπροστά τους. Καμιά φορά είχανε την τύχη να πέσουν σε κανένα ξεμοναχιασμένο γάιδαρο, ή κατσίκα, ή και βόδι, που το κομμάτιαζαν με τα κοφτερά τους δόντια κι έτρωγαν, έτρωγαν, ώσπου πρηζόταν η κοιλιά τους από το πολύ φαγητό και τότε σέρνονταν με δυσκολία στη φωλιά τους κι εκεί έπεφταν σε ύπνο βαθύ, ώσπου να χωνέψουν και να ξαναβγούνε για κυνήγι.

Όλα όμως αυτά τα ζώα, που κυνηγούσαν, δεν ήταν τίποτα, μπροστά σ' εκείνα, που τα 'χανε βάλει κι οι δυο στο μάτι, αλλά δεν μπορούσαν να τ' αρπάξουν.

Εκεί, κοντά στο δάσος, όπου έμεναν οι δυο λύκοι, έβοσκε ένα κοπάδι με πρόβατα, πολύ παχιά, γιατί το χορτάρι ήταν άφθονο σ' αυτό το μέρος. Αλλά το κοπάδι το φύλαγαν πέντε μαντρόσκυλα, που, μόνο να τα 'βλεπες, σ' έπιανε τρόμος, τόσο άγρια ήταν.

Όσες φορές προσπάθησαν, τη νύχτα, να πλησιάσουν οι δυο λύκοι το μαντρί, όπου κλείνονταν τα πρόβατα, οι μαντρόσκυλοι τους μυρίζονταν κι ορμούσαν απάνω τους, γαβγίζοντας τόσο άγρια, ώστε οι λύκοι το 'βαζαν στα πόδια κι έτρεχαν να κρυφτούν στο πιο πυκνό μέρος του δάσους για να γλιτώσουν.

Τότε αποφάσισαν ν' αλλάξουν τακτική και να πετύχουν με την πονηριά, ό,τι δεν κατόρθωναν με τη βία. Από την άλλη μέρα, άρχισαν να παρακολουθούν από μακριά τα πρόβατα, κι όταν έβλεπαν κανένα απ' αυτά ν' απομακρύνεται από το κοπάδι, πήγαιναν κοντά του κι άρχιζαν να του μιλούν με το καλό.

– Μη φοβάσαι! του έλεγαν. Εμείς δε θα σε πειράξουμε. Άλλωστε εμείς οι λύκοι έχουμε θανάσιμους εχθρούς μας τους σκύλους κι όχι τα πρόβατα.

– Τρώτε όμως πρόβατα, τόλμησε να τους πει το πρόβατο.

– Πέφτουμε μέσα στο κοπάδι για να σκοτώσουμε τους σκύλους και, στην αναμπουμπούλα, δαγκώνουμε, χωρίς να το θέλουμε, και κανένα πρόβατο, δικαιολογήθηκαν οι λύκοι.

Και, βλέποντας πως το αθώο πρόβατο τους άκουγε προσεχτικά, συνέχισαν:

– Διώξτε τους σκύλους, δώσ' τε τους σ' εμάς και τότε θα δείτε τι ωραία και ήσυχα θα περνούμε όλοι μας!

Σιγά - σιγά, οι δυο λύκοι ξεμονάχιασαν καμιά δεκαριά πρόβατα και τους έκαναν την ίδια πρόταση.

Τα μιλημένα πρόβατα, που είχανε πιστέψει τα λόγια των λύκων, συνεννοήθηκαν και με τ' άλλα του κοπαδιού κι ένα πρωί έδιωξαν τα μαντρόσκυλα.

– Δεν σας θέλουμε! τους φώναξαν. Φύγετε γιατί οι λύκοι κυνηγούν εσάς κι εξαιτίας σας τρώνε κι εμάς.

Οι διωγμένοι σκύλοι έπεσαν, ένας - ένας, στα νύχια των λύκων που τους κατασπάραξαν.

Τότε οι δυο λύκοι, που δεν είχαν πια να φοβούνται κανένα μαντρόσκυλο, έπεσαν μέσα στο κοπάδι και δεν άφησαν ούτε ένα πρόβατο ζωντανό.

Γιατί τ' αθώα πρόβατα δεν είχανε σκεφτεί πως, παραδίνοντας τους αρχηγούς τους, θα 'μεναν πια ανυπεράσπιστα και θα χάνονταν.

Ο πληγωμένος Λύκος και το Πρόβατο

Μια νύχτα, ένας λύκος μπήκε σ' ένα μαντρί για ν' αρπάξει κανένα πρόβατο, αλλά τα δυο σκυλιά, που φύλαγαν το κοπάδι, τον κατάλαβαν και χύμηξαν απάνω του γαβγίζοντας.

Ώσπου ν' αφήσει το πρόβατο, που είχε αρπάξει, τα σκυλιά άρχισαν να τον δαγκώνουν με λύσσα, τόσο που του καταξέσχισαν τα πλευρά με τα δόντια τους.

Ωστόσο, ο λύκος κατόρθωσε να τους ξεφύγει, τρέχοντας προς το δάσος, και τα σκυλιά τον κυνήγησαν για πολλή ώρα, χωρίς όμως να μπορέσουν να τον φτάσουν, γιατί, μόλο που ήτανε καταπληγωμένος, ο φόβος του θανάτου έδινε φτερά στα πόδια του. Τέλος, τα σκυλιά, βλέποντας ότι δεν τον έφταναν, και για να μην αφήσουν τα πρόβατα αφύλαχτα, παράτησαν το κυνηγητό και γύρισαν στο μαντρί.

Ο λύκος έτρεξε λίγην ώρα ακόμα, ώσπου κατάλαβε ότι δεν τον κυνηγούσαν πια τα σκυλιά, και τότε, αποκαμωμένος από την κούραση, λαχανιάζοντας από το τρέξιμο, νιώθοντας τις δυνάμεις του να τον εγκαταλείπουν από το αίμα που είχε χάσει, σωριάστηκε καταγής.

Διψούσε τρομερά, γιατί τον έκαιγαν οι πληγές του, αλλά δεν μπορούσε να συρθεί ως το ποταμάκι, που έτρεχε λίγο πιο πέρα, κι απόμεινε όλη τη νύχτα πεσμένος στο χώμα και βογκώντας από τους πόνους.

Το πρωί, έτυχε να περάσει από κει ένα πρόβατο.

—Κάνε μου τη χάρη, αρνί μου, το παρακάλεσε ο πληγωμένος λύκος, να μου φέρεις νερό να πιω κι έπειτα εγώ βρίσκω να φάω...

—Ναι, του αποκρίθηκε το αρνί, άμα σου φέρω νερό να πιεις να ξεδιψάσεις, θα φας εμένα για να χορτάσεις!

Κι έφυγε τρέχοντας όσο μπορούσε πιο γρήγορα.

Το Λιοντάρι και τ' Αγριογούρουνο

Ήτανε καλοκαιριάτικο μεσημέρι, πολύ ζεστό, κι ένα λιοντάρι, που διψούσε πολύ, βγήκε από τη σπηλιά του και ξεκίνησε να πάει στην πηγή, που βρισκότανε μέσα σ' ένα φαράγγι, για να πιει νερό.

Την ίδια ώρα, ξεκίνησε από τη φωλιά του κι ένα διψασμένο αγριογούρουνο, για να πάει στην ίδια πηγή, να σβήσει τη δίψα του. Τα δυο αγρίμια έφτασαν την ίδια στιγμή στην πηγή του φαραγγιού, που ήτανε πολύ μικρή κι έτσι δεν μπορούσαν να πιούνε και τα δυο μαζί.

—Θα πιω εγώ πρώτα! είπε το λιοντάρι.

—Και γιατί να πιεις εσύ πρώτα κι όχι εγώ; ρώτησε θυμωμένα το αγριογούρουνο.

—Γιατί είμαι ο βασιλιάς των αγριμιών!

—Εγώ δεν σε αναγνωρίζω για βασιλιά μου!

—Τραβήξου πιο πέρα, ώσπου να πιω νερό, γιατί αλλιώς θα χυμήξω απάνω σου και θα σε κατασπάραξω!

—Εύκολο να το λες, αλλά δύσκολο να το κάνεις. Δοκίμασε αν θέλεις και θα δεις πώς θα σε ξεσχίσω με τα χαυλιόδοντά μου! το απείλησε το αγριογούρουνο.

Τα δυο θεριά άρχισαν τότε να παλεύουν άγρια, αλλά χωρίς αποτέλεσμα, γιατί και τα δυο ήταν δυνατά κι επιδέξια.

Μια στιγμή όμως, που σταμάτησαν το πάλεμα, για ν' ανασάνουν, είδαν ένα κοπάδι από όρνια, που είχανε καθίσει στα γύρω δέντρα και περίμεναν ποιο από τα δυο θα σκοτωθεί για να πέσουν απάνω στο πτώμα του να το φάνε.

—Καλύτερα να γίνουμε φίλοι, παρά να μας φάνε τα όρνια! είπε το λιοντάρι.

—Συμφωνώ κι εγώ με τη γνώμη σου, είπε το αγριογούρουνο.

Κι ήπιαν με τη σειρά τους νερό, γιατί κατάλαβαν ότι με τα μαλώματά τους αυτά θα 'χαναν κι άλλοι θα κέρδιζαν.

Ο σπάταλος νέος και το Χελιδόνι

Ένας νέος κληρονόμησε από τον πατέρα του μεγάλη περιουσία.

Η περιουσία του ήτανε τόσο μεγάλη, ώστε σκέφτηκε πως δεν είχε καμιά ανάγκη να δουλεύει.

Ρίχτηκε λοιπόν στις διασκεδάσεις και ξόδευε ασυλλόγιστα τα χρήματα. Όσο μεγάλη όμως κι αν είναι μια περιουσία, όταν ξοδεύεται ασυλλόγιστα, τελειώνει κάποτε. Έτσι, μια μέρα, ο νέος είδε πως δεν του είχε απομείνει τίποτε άλλο, εκτός από τα ρούχα, που φορούσε.

Όπως καθότανε στενοχωρημένος, γιατί δεν έβρισκε χρήματα για να πάει να διασκεδάσει, όπως είχε κακοσυνηθίσει, είδε ένα χελιδόνι, που είχε έρθει πριν από τ' άλλα.

Μόλις το είδε, ο νέος ενθουσιάστηκε.

–Ευτυχώς, έφτασε πια το καλοκαίρι! είπε. Τώρα δεν μου χρειάζεται πια το πανωφόρι, γιατί θα κάνει ζέστη.

Κι έβγαλε αμέσως το πανωφόρι του, το πούλησε και, με τα χρήματα που πήρε, πήγε να διασκεδάσει. Αλλά, την άλλη μέρα, φύσηξε ένας άγριος χιονιάς κι ο νέος, που έτρεμε από το κρύο, γυρνούσε στους δρόμους ψάχνοντας να βρει κάπου να χωθεί για να ζεσταθεί.

Εκεί που περπατούσε στους δρόμους, είδε το χελιδόνι, που είχε έρθει πρώιμα, πεσμένο στο χώμα, πεθαμένο από το κρύο .

–Αχ, καημένο χελιδόνι, του είπε, εσύ κατάστρεψες εμένα και χάθηκες και συ!

Ο Φιλάργυρος

Ζούσε κάποτε ένας άνθρωπος τόσο φιλάργυρος, ώστε προσπαθούσε να μην ξοδεύει τίποτα, για να μαζεύει χρήματα. Έτρωγε μόνο ξερό ψωμί, έπινε μόνο νερό, ντυνότανε με κουρέλια κι ό,τι κέρδιζε από τη δουλειά του, το 'κρυβε, για να κάνει μεγάλη περιουσία.

Στο τέλος, έδωσε όσα χρήματα είχε κι αγόρασε ένα μεγάλο σβόλο χρυσάφι. Όλη εκείνη τη νύχτα, έμεινε άγρυπνος, για να μην του το κλέψουν, κι όλο χάιδευε το χρυσάφι και το καμάρωνε και κόντευε να τρελαθεί από τη χαρά του, πού είχε ένα τέτοιο θησαυρό δικό του.

Χαράματα ακόμα, έσκαψε ένα λάκκο στον κήπο του κι έθαψε εκεί μέσα το σβόλο το χρυσάφι, για να μην μπούνε κλέφτες στο σπίτι του και του τον αρπάξουν.

Κάθε τόσο, σκάλιζε το χώμα,.έπιανε το χρυσάφι στα χέρια του, το χάιδευε, το καμάρωνε κι έπειτα το 'θαβε πάλι.

Κάποιος όμως τον είδε και, μια νύχτα, που ο φιλάργυρος κοιμότανε, ξέθαψε το χρυσάφι, το πήρε και ξανάκλεισε το λάκκο.

Την άλλη μέρα, όταν ο φιλάργυρος σκάλισε το χώμα κι είδε πως έλειπε ο θησαυρός του, έπεσε κάτω κι άρχισε να κλαίει και να χτυπιέται. Εκείνη τη ώρα, περνούσε ένας διαβάτης, που τον είδε και τον ρώτησε τι έπαθε. Κι όταν ο φιλάργυρος του διηγήθηκε την ιστορία του, ο διαβάτης είπε:

–Και γι' αυτό το πράγμα χτυπιέσαι και δέρνεσαι, ανόητε; Κι όταν είχες το χρυσάφι, μήπως το είχες πραγματικά; Όχι, βέβαια, μια που το είχες θαμμένο. Θάψε, λοιπόν, στη θέση του μια πέτρα, πες πως είναι το χρυσάφι σου και το ίδιο κάνει, μια που το χρυσάφι δεν είχες σκοπό να το μεταχειριστείς.

Οι Οδοιπόροι κι η Αρκούδα

Δυο φίλοι ξεκίνησαν κάποτε για να πάνε σ' ένα μέρος, όπου είχαν δουλειά, και, για να μην αργήσουν πολύ, αντί να πάρουν το δημόσιο δρόμο, πήραν ένα μονοπάτι, που περνούσε μέσα από ένα πυκνό, άγριο δάσος.

Περπατούσαν ώρες πολλές, συζητώντας για τις υποθέσεις τους και λογαριάζοντας πως, αν πετύχαιναν εκεί που πήγαιναν, θα κέρδιζαν πολλά χρήματα.

–Πρέπει να συνεταιριστούμε και να κάνουμε μαζί εμπόριο, πρότεινε ο ένας.

–Μ' όλη μου την καρδιά, αποκρίθηκε ο άλλος. Έτσι αδερφικοί φίλοι που είμαστε, θα μπορέσουμε να δουλέψουμε καλά, μια που ο καθένας μας θα κοιτάζει το συμφέρον και των δυο κι όχι μόνο το δικό του.

Το μεσημέρι κάθισαν πλάι σε μια πηγή, έφαγαν ό,τι είχαν πάρει μαζί τους, κι όταν ξεκουράστηκαν συνέχισαν το δρόμο τους.

Ύστερα από λίγο όμως, πίσω από ένα βράχο, πρόβαλε μια μεγάλη αρκούδα και προχώρησε προς το μέρος τους.

Ο ένας από τους δυο φίλους παράτησε αμέσως το σύντροφό του, σκαρφάλωσε σ' ένα δέντρο και κρύφτηκε μέσα στο φύλλωμά του.

Ο άλλος, που δεν πρόφτασε να φύγει, έπεσε κάτω κι έκανε τον πεθαμένο. Η αρκούδα πήγε κοντά του κι άρχισε να τον μυρίζει, αλλ' αυτός κρατούσε την ανάσα του γιατί είχε ακούσει να λένε πως οι αρκούδες δεν πειράζουν τους πεθαμένους.

Πραγματικά, η αρκούδα, αφού τον μύρισε στο πρόσωπο, τράβηξε το δρόμο της και, σε λίγο, χάθηκε πίσω από κάτι βράχους.

Τότε ο φίλος του κατέβηκε από το δέντρο και πήγε κοντά του.

–Τι σου είπε η αρκούδα; τον ρώτησε.

–Με συμβούλεψε να μην ταξιδεύω στο εξής με φίλους που με παρατάνε όταν παρουσιάζεται κίνδυνος, αποκρίθηκε εκείνος.

Το Λιοντάρι κι ο Λαγός

Ένα λιοντάρι που πεινούσε πολύ, γιατί δεν είχε σκοτώσει τίποτα όλη τη νύχτα, που κυνηγούσε, τριγυρνούσε ένα πρωί μέσα στο δάσος, με την ελπίδα πως κάτι θα 'βρισκε να φάει.

Τ' αγρίμια όμως, τα περισσότερα, ήταν κρυμμένα στις φωλιές τους και το λιοντάρι, που απελπίστηκε, ετοιμαζότανε να γυρίσει κι αυτό στη σπηλιά του, για να ξεκουραστεί.

Εκείνη τη στιγμή, όμως, είδε ένα λαγό, που κοιμότανε μέσα σ' ένα θάμνο.

«Καλός είναι κι αυτός, για να ξεγελάσω την πείνα μου», σκέφτηκε το θεριό κι ετοιμάστηκε να τον αρπάξει με τα δόντια του.

Άκουσε όμως κλαδιά να σπάζουν και στράφηκε να δει: ήταν ένα μεγάλο ελάφι που προχώρουσε ανάμεσα στα δέντρα. Αμέσως το λιοντάρι άφησε τον κοιμισμένο λαγό κι όρμησε απάνω στο ελάφι. Εκείνο, όμως, γρήγορο καθώς ήτανε του ξέφυγε κι άρχισε τότε ένα άγριο κυνηγητό, που βάσταξε ώρες.

Στο τέλος, το ελάφι μπόρεσε να ξεφύγει οριστικά και το λιοντάρι, γύρισε πίσω στο θάμνο, όπου κοιμόταν ο λαγός, για να φάει εκείνον τουλάχιστον.

Αλλ' ο λαγός, στο μεταξύ, είχε ξυπνήσει κι είχε φύγει κι όταν έφτασε το λιοντάρι, δεν βρήκε τίποτα μέσα στο θάμνο.

«Καλά να την πάθω!», είπε μέσα του το θηρίο. «Άφησα το λαγό, που είχα στα πόδια μου και κυνήγησα το ελάφι, για να χορτάσω καλύτερα».

Τα δυο Σκυλιά

Ένας άνθρωπος είχε αγοράσει δυο μικρά σκυλιά και τα είχε πάει στο σπίτι του.

Το ένα λογάριαζε να το κάνει λαγωνικό, γιατί ήτανε και κυνηγός, και το άλλο, που είχε πλούσιο μεταξωτό τρίχωμα, θα το κρατούσε στο σπίτι του για να του το φυλάει και να του το στολίζει κιόλας.

Άρχισε λοιπόν, από την πρώτη μέρα κιόλας, που τα πήρε, να γυμνάζει το λαγωνικό ώρες ολόκληρες και να το κουράζει στο τρέξιμο, ενώ το άλλο τ' άφηνε να τεμπελιάζει ξαπλωμένο.

Όταν γύμνασε αρκετά το λαγωνικό, άρχισε να βγαίνει κάθε μέρα μαζί του στο κυνήγι, στους κάμπους και στα βουνά, κι όταν γύριζαν, αργά το βράδυ, στο σπίτι τους, έδινε, από το κυνήγι, που έφερνε, και στο σκυλί του σπιτιού να φάει.

Εκείνο έτρωγε ό,τι του έδιναν, κουνούσε την ουρά του και συνέχιζε τον ύπνο του, γιατί άλλη δουλειά δεν έκανε όλη μέρα.

Το καημένο το λαγωνικό σκυλί, που γύριζε κάθε βράδυ, στο σπίτι τσακισμένο από την κούραση, έβρισκε πως το αφεντικό του το αδικούσε. Γιατί, ενώ αυτό κουραζόταν όλη την ημέρα, το άλλο το σκυλί τεμπέλιαζε κι ωστόσο, το βράδυ, έτρωγαν και τα δυο το ίδιο φαγητό, και μάλιστα αυτό το κυνήγι, που εκείνο είχε σπάσει τα πόδια του για να το πιάσει.

Παραπονιότανε λοιπόν στο σύντροφό του:

—Δεν είναι σωστό αυτό που γίνεται: να τρέχω εγώ όλη την ημέρα και να σπάω τα πόδια του και συ να κάθεσαι ξαπλωμένο, να μην κάνεις τίποτα και να τρως απ' αυτά που φέρνω εγώ με τον κόπο μου.

—Γιατί τα βάζεις μαζί μου; του απαντούσε το τεμπέλικο σκυλί. Καλύτερα να παραπονεθείς στο αφεντικό μας. Αυτός μ' έμαθε να μην κάνω καμιά δουλειά, μόνο να ζω από τον κόπο το δικό σου.

Ο Διογένης ταξιδεύοντας

Κάποτε, ο Διογένης, ο αρχαίος φιλόσοφος, είχε κινήσει για ένα μακρινό ταξίδι.

Πεζοπορούσε, γιατί δεν είχε χρήματα για να νοικιάσει κανένα άλογο, ή κανένα γάιδαρο, αλλά δεν τον ένοιαζε, γιατί δεν βιαζότανε.

Κάποτε, έφτασε σ' ένα ποτάμι, που το νερό του ήταν αρκετά βαθύ κι ο Διογένης στάθηκε στην όχθη του αναποφάσιστος. Να μπει στο ποτάμι δεν το αποφάσιζε, γιατί δεν ήξερε κολύμπι, το νερό έφτανε ως τη μέση του και φοβότανε μήπως, πιο πέρα, ήταν βαθύτερο.

Κάποιος πονόψυχος άνθρωπος, που τον είδε, του πρότεινε τότε να τον πάρει στη ράχη του και να τον περάσει στην αντικρινή όχθη.

Ο Διογένης δέχτηκε κι έτσι πέρασε το ποτάμι, καβάλα στη ράχη εκείνου του ανθρώπου.

Όταν έφτασαν αντικρύ, στενοχωρήθηκε που ήταν τόσο φτωχός, ώστε δεν είχε να δώσει κάτι σ' εκείνο τον καλό τον άνθρωπο, για τον κόπο του.

Στο μεταξύ, όμως, έφτασε κι ένας άλλος στρατοκόπος κι ο καλός άνθρωπος προσφέρθηκε να τον περάσει κι εκείνον πάνω στη ράχη του.

Τότε ο Διογένης τον πλησίασε και του είπε:

– Νόμιζα ότι σου χρωστάω χάρη για το καλό που μου έκανες, αλλά τώρα βλέπω ότι δεν σου χρωστάω τίποτα. Γιατί, ό,τι κάνεις, δεν το κάνεις με την κρίση σου, αλλά με την τρέλα σου.

Και το πίστευε αυτό ο Διογένης γιατί θεωρούσε τρελό εκείνον που εξυπηρετεί κι ένα φιλόσοφο, όπως αυτόν, κι έναν ασήμαντο στρατοκόπο.

Το Περδικογέρακο και το Φίδι

Ένα περδικογέρακο ζήλευε τα μεγάλα τα γεράκια και, πιο πολύ, ζήλευε τους αετούς.

Έβλεπε τα γεράκια να πέφτουν απάνω στις κότες και στους πετεινούς, να τους αρπάζουν με τα νύχια τους και να τους σηκώνουν ψηλά κι έλεγε μέσα του:

«Αυτό μπορώ να το κάνω κι εγώ. Τι είναι μια κότα; Ένα μεγάλο περιστέρι. Αφού αρπάζω πουλιά και περιστέρια, γιατί να μην αρπάζω και κότες ή πετεινούς;»

Έβλεπε τον αετό, που άρπαζε λαγούς, κατσίκια, πρόβατα καμιά φορά και τα σήκωνε ψηλά, χτυπώντας τον αέρα με τις μεγάλες δυνατές φτερούγες του, κι έλεγε μέσα του:

«Αχ, γιατί να μη μοιάζω του αετού; Τι είναι τα περιστέρια, που αρπάζω εγώ, μπροστά στα πρόβατα που αρπάζει αυτός;»

Από τη ζήλια του να μοιάσει στον αετό ή, έστω, στο μεγάλο γεράκι, το περδικογέρακο αποφάσισε μια μέρα να μην κυνηγάει πουλιά μικρά, όπως τότε, αλλά ζώα πιο μεγάλα.

Βέβαια, δεν θα μπορούσε ν' αρπάξει μια κότα, ή έναν πετεινό, και πολύ περισσότερο ένα λαγό, ή ένα πρόβατο, αλλά σκέφτηκε πως, αν άρχιζε ν' αρπάζει μικρότερα ζώα, σιγά - σιγά, θα συνήθιζε ν' αρπάζει και μεγάλα.

Πετούσε λοιπόν χαμηλά, ψάχνοντας να βρει κανένα ζώο, που θα μπορούσε να τ' αρπάξει, και το μάτι του έπεσε πάνω σ' ένα φίδι.

Και, χυμώντας πάνω στο φίδι, το άρπαξε με τα νύχια του.

Αλλά το φίδι δεν τα 'χασε καθόλου. Στριφογύρισε το κεφάλι του και το δάγκωσε τόσο δυνατά, ώστε το περδικογέρακο έπεσε στο χώμα, παρασέρνοντας μαζί και το θύμα του.

—Καλά να πάθεις, του είπε τότε το φίδι. Γιατί να τα βάλεις μαζί μου, αφού δεν σε πείραξα ποτέ μου;

Η πλεονεξία του περδικογέρακου, βλέπετε, του στοίχισε τη ζωή.

Το Γουρουνόπουλο και τα Πρόβατα

Μια φορά, ένα γουρουνόπουλο το 'σκασε από την αυλή, όπου ζούσε, κι ανακατεύτηκε μ' ένα κοπάδι πρόβατα. Είχε βαρεθεί να είναι κλεισμένο όλη μέρα κι όλη νύχτα σ' εκείνη την αυλή, κι ήθελε να βγει έξω, στα λιβάδια και να τριγυρνάει ελεύθερο, όπως τριγυρνούσαν τα πρόβατα, βόσκοντας. Τα πρόβατα, που είναι ζώα καλόβολα κι αθώα, δεν το 'διωξαν. Το άφησαν να βόσκει μαζί τους στο λιβάδι, μόνο που το γουρουνόπουλο δεν έτρωγε χόρτα, όπως αυτά, αλλά σκάλιζε διαρκώς το χώμα με το ρύγχος του κι όλο κάτι έβρισκε κι έτρωγε, μέσα στις τρύπες που άνοιγε.

Ο βοσκός δεν το είχε πάρει είδηση, γιατί ήτανε μικρό και χανόταν ανάμεσα στα πρόβατα, που πήγαιναν όλα μαζί, όπως το συνηθίζουν. Έτσι, πέρασαν λίγες μέρες και το γουρουνόπουλο ήτανε κατενθουσιασμένο.

Ένα πρωί, όμως, ξεθαρρεύτηκε και τράβηξε λίγο πιο πέρα, από κει που έβοσκαν τα πρόβατα, γιατί νόμιζε πως εκεί το χώμα ήτανε πιο μαλακό, θ' άνοιγε βαθύτερες τρύπες με το ρύγχος του και θα 'βρισκε πιο νόστιμα πράγματα για να φάει.

Το είδε όμως ο βοσκός, άπλωσε την γκλίτσα του και το 'πιασε από το δεξί πισινό του πόδι.

Το γουρουνόπουλο, που δεν μπορούσε να ξεφύγει, άρχισε να τσιρίζει τόσο δυνατά, που τα πρόβατα το μάλωσαν.

– Τι τσιρίζεις έτσι; του είπαν. Κι εμάς ο βοσκός μας πιάνει έτσι με την γκλίτσα του, αλλά δεν ουρλιάζουμε όπως εσύ!

– Εσάς σας πιάνει για να σας αρμέξει, ή για να σας κουρέψει... Εμένα όμως με πιάνει για το κρέας μου, τους αποκρίθηκε το γουρουνόπουλο, τσιρίζοντας όλο και πιο δυνατά.

Κι είχε δίκιο το καημένο, γιατί αυτό κινδύνευε να χάσει τη ζωή του, ενώ τα πρόβατα έχαναν μόνο το γάλα τους, ή το μαλλί τους.

Το Ελάφι και τ' Αμπέλι

Ένα ελάφι βοσκούσε στο λόγγο μια μέρα, όταν ξαφνικά, βρέθηκαν μπροστά του, κυνηγοί. Το ελάφι, μ' ένα πήδημα, πέρασε ένα στενό ποταμάκι, που έκοβε στα δυο το λόγγο και βρέθηκε στην αντικρινή όχθη.

Οι κυνηγοί όμως, έτρεξαν λίγο πιο κάτω, όπου το ποταμάκι στένευε πολύ, και πήδησαν κι αυτοί στην αντικρινή του όχθη κι εξακολούθησαν να κυνηγούνε το ελάφι.

Εκείνο, όμως, για να τους ξεφύγει, δεν έτρεξε μέσα στο λόγγο, αλλ' άρχισε να κατεβαίνει την πλαγιά του βουνού. Γιατί, στο λόγγο μέσα, η βλάστηση ήταν πυκνή, τα κλαδιά των δέντρων του έκοβαν το δρόμο, κι άν μπερδεύονταν σ' αυτά τα κέρατά του, ήτανε χαμένο.

Τράβηξε λοιπόν προς την πλαγιά, κι εκεί βρέθηκε μπροστά σ' ένα πυκνόφυλλο αμπέλι, που τα κλήματά του ήταν στηριγμένα σε παλούκια κι ανέβαιναν ψηλά. Εκεί μέσα κρύφτηκε το ελάφι, για να μην το βρουν οι κυνηγοί.

Ακουμπούσε το κορμί του πλάι σ' ένα χοντρό κλήμα και, καθώς στεκόταν εκεί, πρόσεξε πόσο πράσινα και πόσο τρυφερά ήταν τα κληματόφυλλα. Δοκίμασε ένα και το βρήκε πολύ νόστιμο.

—Μη μου τρως τα φύλλα μου, το παρακάλεσε το κλήμα. Εγώ μ' αυτά ανασαίνω.

Αλλά το ελάφι, που είχε νοστιμευτεί, δεν έδωσε σημασία σ' εκείνα τα λόγια κι άρχισε να τρώει τα κληματόφυλλα, με τόση όρεξη, ώστε το κλήμα κουνιόταν, καθώς το τραβούσε με τα δόντια του.

Οι κυνηγοί, που είχανε χάσει το ελάφι, βλέποντας το κλήμα να κουνιέται με τέτοιαν ορμή, κατάλαβαν πως είχε κρυφτεί μέσα στ' αμπέλι, κι έριξαν μερικές σαΐτες. Μια απ' αυτές, βρήκε κατάστηθα το ελάφι, που σωριάστηκε στο χώμα και μουρμούρισε, πεθαίνοντας:

—Καλά να τα πάθω, αφού δεν σεβάστηκα τον ευεργέτη μου, που θα μου έσωζε τη ζωή.

Ο Γεωργός και το Δέντρο

Ένας γεωργός είχε στο χωράφι του ένα μεγάλο δέντρο, από κείνα που έχουν μεγάλα κλαδιά, πυκνό φύλλωμα, χοντρό κορμό, αλλά που δεν βγάζουν καρπό.

Πάνω στο δέντρο εκείνο ζούσαν εκατοντάδες σπουργίτια και τζιτζίκια. Ο γεωργός θύμωνε με το δέντρο, γιατί έδινε καταφύγιο στα σπουργίτια, που του έτρωγαν το σπόρο και στα τζιτζίκια, που, κάθε καλοκαίρι, τον ξεκούφαιναν με τα μονότονα τσιριχτά τους.

Αποφάσισε λοιπόν να κόψει το δέντρο και, μια μέρα, πήρε το τσεκούρι του κι ετοιμάστηκε να το πελεκήσει.

–Μην το κόψεις το δέντρο μας! τον παρακάλεσαν τα σπουργίτια. Εδώ πάνω έχουμε στήσει τις φωλιές μας κι ανατρέφουμε τα σπουργιτάκια μας.

–Μην το κόψεις το δέντρο, τον παρακάλεσαν και τα τζιτζίκια. Εμείς δεν πειράζουμε κανένα. Καθόμαστε απάνω στα κλαδιά του και τραγουδούμε το όμορφο καλοκαίρι και τον ήλιο το ζεστό.

Αλλ' εκείνος δεν έδωσε καμιά σημασία στα παρακάλια τους κι άρχισε να πελεκάει το χοντρό κορμό του δέντρου. Ο κορμός του δέντρου όμως είχε μια χαραμάδα κι από μέσα ήτανε κούφιος. Και, σ' εκείνη την κουφάλα, είχανε μαζευτεί ένα σμάρι μέλισσες κι είχανε στήσει την κυψέλη τους.

Έτσι, με την πρώτη τσεκουριά, που έδωσε ο γεωργός, πετάχτηκε ένα κομμάτι από το φλοιό του κορμού και φάνηκε η κυψέλη γεμάτη μέλι ευωδιαστό. Πέταξε τότε το τσεκούρι του κι αποφάσισε να μην πελεκήσει το δέντρο, μια που θα είχε μέλι να τρώει.

Οι άνθρωποι, βλέπετε, συγκινούνται περισσότερο από το κέρδος παρά από μια δίκαιη παράκληση.

Ο Γεωργός κι ο Αετός

Ένας γεωργός είχε στήσει βρόχια στο χωράφι του, για να πιάσει κανένα μικρό αγρίμι.

Σ' εκείνα τα βρόχια πιάστηκε ένας λαγός και, καθώς σπαρταρούσε για να φύγει, τον είδε από ψηλά ένας αετός και χύμηξε απάνω του. Τον άρπαξε στα νύχια του κι ετοιμάστηκε να πετάξει ψηλά, για να τον πάει στη φωλιά του, να τον φάει με την ησυχία του. Αλλά, καθώς άπλωνε τις φτερούγες του για να πετάξει, μπερδεύτηκε μέσα στα βρόχια κι έμεινε εκεί αιχμάλωτος.

Το άλλο το πρωί, ο γεωργός πήγε να δει αν είχανε πιάσει τίποτα τα δίχτυα του και βρήκε τον αετό. Ήταν ένα όμορφο, περήφανο πουλί κι ο γεωργός, που ήτανε καλός άνθρωπος, λυπήθηκε να τον σκοτώσει. Ξέλυσε λοιπόν τα βρόχια κι άφησε τον αετό να φύγει.

Αλλ' ο αετός δεν ήταν αχάριστος κι όλο πετούσε πάνω από το χωράφι του γεωργού, σαν να 'θελε να δείξει πως τον θυμόταν πάντα.

Ένα μεσημέρι, ο γεωργός είχε καθίσει, κουρασμένος, στον ίσκιο ενός παμπάλαιου τοίχου, για να κολατσίσει.

Ξαφνικά, πέφτει απάνω του ο αετός, του αρπάζει το σκούφο από το κεφάλι του και τον αφήνει απ' τα νύχια του στην άκρη του χωραφιού, πάνω σ' ένα χαμόδεντρο.

—Τι σ' έπιασε, κυρ - αετέ; του φώναξε ο γεωργός.

Και σηκώθηκε να πάει να πάρει το σκούφο του. Όταν γύρισε όμως πίσω, είδε πως ο παμπάλαιος εκείνος τοίχος είχε γκρεμιστεί και πως ένας σωρός από βαριές πέτρες είχε πέσει, εκεί ακριβώς όπου καθότανε, πριν λίγο, και κολάτσιζε.

Και τότε κατάλαβε πως ο αετός επίτηδες του είχε αρπάξει το σκούφο, για να τον απομακρύνει από τον ετοιμόρροπο τοίχο.

Η Δαμαλίτσα και το Βόδι

Μια φορά, στο στάβλο ενός γεωργού, ζούσανε μια δαμαλίτσα κι ένας ταύρος.

Η δαμαλίτσα δεν έκανε τίποτα όλη την ημέρα. Την έβγαζαν το πρωί, την άφηναν σ' ένα λιβάδι να βοσκήσει όσο ήθελε και το βράδυ την έκλειναν στο στάβλο, όπου υπήρχε πάντοτε άφθονο χορτάρι για να φάει αν ξαναπεινούσε. Την περιποιόντουσαν όλοι εκεί μέσα, την περνούσαν με ξυστρί, την έπλεναν, την καθάριζαν, φρόντιζαν να μη ζεσταίνεται το καλοκαίρι κι ούτε να κρυώνει το χειμώνα, την είχανε σαν παιδί τους.

Ο καημένος ο ταύρος ζούσε διαφορετικά: Κάθε πρωί, τον έβγαζαν από το στάβλο, αλλ' αντί να τον αφήσουν στο λιβάδι, όπως τη δαμαλίτσα, να βοσκήσει όσο ήθελε, τον έζεβαν στο αλέτρι κι όλη την ημέρα όργωνε τα χωράφια κι ο γεωργός του κεντούσε, κάθε τόσο, τα καπούλια με τη βουκέντρα του, για να πηγαίνει πιο γρήγορα. Τον έλυναν λίγη ώρα το μεσημέρι, για να τον ταΐσουν και το απόγευμα τον έζεβαν πάλι για να οργώσει. Αυτό γινόταν όλο το φθινόπωρο. Το χειμώνα και το καλοκαίρι πάλι δεν αναπαυότανε ποτέ. Κάθε μέρα σχεδόν, τον έζεβαν στη βοϊδάμαξα και κουβαλούσε, πότε ξύλα από το δάσος, πότε πράγματα από το χωριό, πότε τη σοδειά από τα χωράφια.

Κάθε βράδυ, τον έκλειναν κι αυτόν μέσα στο στάβλο, μαζί με τη δαμαλίτσα, κι έβαζαν στο παχνί του μπόλικο χορτάρι, για να τρώει, όταν πεινούσε, αλλ ο ταύρος ήτανε τόσο κουρασμένος από τις βαριές δουλειές, ώστε προτιμούσε να πλαγιάσει και να κοιμηθεί, παρά να φάει.

Η δαμαλίτσα, που έβλεπε ότι αυτήν την περιποιόντουσαν ιδιαιτέρως κι ότι δεν την έβαζαν να κάνει καμιά δουλειά, το είχε πάρει απάνω της κι έλεγε συχνά στον ταύρο:

– Σε λυπάμαι, καημένε! Κρίμα τη δύναμή σου! Πώς κάθεσαι και σε βασανίζουν όλη την ημέρα με τις δουλειές, δεν μπορώ να το καταλάβω! Βλέπεις εγώ τι περίφημα περνάω;

Ο ταύρος κουνούσε το κεφάλι του συλλογισμένος και δεν έλεγε τίποτα, γιατί ήτανε πολύ μεγαλύτερος από τη δαμαλίτσα κι είχε δει πολλά στη ζωή του.

Όπου, μια μέρα, που ήτανε γιορτή, άφησαν τον ταύρο ελεύθερο στο λιβάδι, να βοσκήσει όσο ήθελε, γιατί δεν θα δούλευαν εκείνη την ημέρα, και τη δαμαλίτσα την κράτησαν στο στάβλο για να την σφάξουν και να την μαγειρέψουν.

Καθώς έβγαινε από το στάβλο, ο ταύρος γύρισε και της είπε:

– Βλέπεις, δαμαλίτσα μου, γιατί δεν σ' έβαζαν να κάνεις δουλειές και γιατί σε περιποιόντουσαν τόσο πολύ; Για να παχύνεις και να σε φάνε!

Το Λιοντάρι που γέρασε κι η Αλεπού

Το λιοντάρι, είχε γίνει βασιλιάς όλων των ζώων, γιατί ήτανε το πιο δυνατό απ' όλα κι όλα το τρέμανε, μόνο που άκουγαν το βροντερό βρυχηθμό του.

Όταν νύχτωνε, έβγαινε στο κυνήγι, κι αλίμονο στο ζώο που τύχαινε μπροστά του. Κάθε βράδυ, έτρωγε όσο ήθελε και, χαράματα, πήγαινε στην πηγή να πιει νερό, κι έπειτα γυρνούσε σε μια μεγάλη και βαθιά σπηλιά, που ήτανε το παλάτι του, κι εκεί πλάγιαζε και κοιμόταν όλη την ημέρα, για να χωνέψει και να ξεκουραστεί.

Ξυπνούσε όταν άναβαν τα πρώτα αστέρια στον ουρανό, έβγαινε στην είσοδο της σπηλιάς του, βρυχιότανε δυνατά, για να ειδοποιήσει τους υπηκόους του πως ήταν έτοιμος κι έπειτα άρχιζε το κυνήγι.

Αυτό γινότανε χρόνια ολόκληρα.

Κάποτε, όμως, ένα ελάφι του ξέφυγε, γιατί μόλο που πήρε φόρα, το λιοντάρι δεν έκανε τόσο μακρύ πήδημα σαν άλλοτε, κι έπεσε πάνω στις πέτρες, αντί να πέσει πάνω στην πλάτη του ελαφιού, όπως υπολόγιζε.

Το ίδιο έγινε και το επόμενο βράδυ, και σε λίγες μέρες, είδε ότι όχι μόνο τα ελάφια, που είναι πολύ γρήγορα αγρίμια του ξέφευγαν, αλλ' ακόμα κι οι ζέβροι και, κάποιο βράδυ, δεν μπόρεσε να φτάσει ένα βούβαλο.

Τότε το λιοντάρι κατάλαβε πως είχε αρχίσει να γερνάει και στενοχωρήθηκε πολύ. Δεν θα μπορούσε πια να κυνηγήσει και, στο τέλος, θα κατάντούσε αυτό, που ήταν ο βασιλιάς των ζώων, να ψάχνει να βρει κανένα ψοφίμι, για να χορτάσει την πείνα του. Εκείνη την ημέρα δεν έκλεισε μάτι από τη στενοχώρια του κι όταν νύχτωσε δεν βγήκε στο κυνήγι. Είχε αποφασίσει να ξεκουραστεί ένα βράδυ, μήπως, έτσι, ξαναβρεί δυνάμεις και κυνηγήσει καλύτερα.

Η ύαινα, που, κάθε νύχτα, έπαιρνε το λιοντάρι από πίσω κι έτρωγε τ' αποφάγια του, ανησύχησε που δεν το άκουσε να βρυχιέται κυνηγώντας. Και περισσότερο ανησύχησε γιατί δεν βρήκε τίποτα να φάει κι αυτή εκείνο το βράδυ.

Το πρωί λοιπόν παρουσιάστηκε στην είσοδο της σπηλιάς και ρώτησε ταπεινά:

–Βασιλιά μου, δεν βγήκες στο κυνήγι χτες το βράδυ;

–Όχι, γιατί είμαι άρρωστο, αποκρίθηκε το λιοντάρι. Πες το στ' άλλα τα ζώα να το ξέρουν για να 'ρθουν να με περιποιηθούν...

Η ύαινα το είπε και πολλά αγρίμια λυπήθηκαν το λιοντάρι.

Το βόδι, πήγε πρώτο να επισκεφτεί τον άρρωστο.

–Πώς είσαι, βασιλιά μου; τον ρώτησε με συμπόνια, μπαίνοντας μέσα στη σπηλιά.

–Είμαι άρρωστο, μούγκρισε το λιοντάρι. Έλα πιο κοντά να δεις πώς είμαι!

Το βόδι πλησίασε ανύποπτο και τότε το λιοντάρι σήκωσε το μπροστινό του πόδι και, μ' ένα δυνατό χτύπημα, του έσπασε το λαιμό και το 'φαγε. Το άλογο, που πήγε την άλλη μέρα να επισκεφτεί τον άρρωστο βασιλιά του, είχε την ίδια τύχη.

Κάθε μέρα, κάποιο ζώο θα πήγαινε να το επισκεφτεί κι έτσι, συνέχεια, το λιοντάρι, που είχε γεράσει έτρωγε, χωρίς ν' αναγκάζεται να βγαίνει στο κυνήγι.

Ένα πρωί, πέρασε η αλεπού και στάθηκε στην είσοδο της σπηλιάς.

–Πώς είσαι, βασιλιά μου; ρώτησε.

–Άσχημα πολύ, μούγκρισε το λιοντάρι.

–Περαστικά σου, είπε η αλεπού κι έκανε να φύγει.

–Γιατί δεν μπαίνεις μέσα να δεις πώς είμαι; απόρησε το λιοντάρι.

–Γιατί βλέπω πολλά αχνάρια ζώων που μπήκαν εκεί μέσα, αλλά δεν ξεχωρίζω κανένα αχνάρι ζώου που να έχει βγει, αποκρίθηκε η αλεπού και το 'βαλε στα πόδια.

Γιατί, σαν φρόνιμη που ήταν, από κείνα τ' αχνάρια κατάλαβε τον κίνδυνο και γλίτωσε.

Ο δειλός Κυνηγός κι ο Λοτόμος

Μια φορά ένας κυνηγός, ξεκίνησε να κυνηγήσει ένα λιοντάρι, που του είχε κάνει μεγάλες ζημιές, γιατί είχε μπει, νύχτα, στα χτήματά του και του είχε κατασπαράξει βόδια κι άλογα. Κίνησε λοιπόν χαράματα, οπλισμένος καλά κι αποφασισμένος να εξοντώσει εκείνο το αγρίμι που του έκανε τόσες καταστροφές.

Έξω από το χτήμα του, βρήκε εύκολα τ' αχνάρια του θηρίου. Στην αρχή, ήτανε μια πλατιά, ματωμένη γραμμή, που έδειχνε πως το λιοντάρι έσερνε στο χώμα τα θύματά του, που τα είχε σκοτώσει πια.

Έπειτα, σε μια πλαγιά, βρήκε κόκαλα από τα ζώα που είχε χάσει: εκεί θα είχε καθίσει το αγρίμι για να τα ξεκοκαλίσει με την ησυχία του.

Τ' αχνάρια του λιονταριού διακρίνονταν τώρα καθαρά πάνω στο χώμα: τα πόδια του ήταν καταματωμένα, καθώς τα είχε βουτήξει μέσα στα σπλάχνα των θυμάτων του, την ώρα που τα 'τρωγε κι έτσι, στο χώμα, διακρίνονταν καφετιές οι βαριές πατημασιές του.

Ο κυνηγός τις ακολούθησε, ώσπου έφτασε σε μια πηγή. Εκεί το λιοντάρι θα στάθηκε για να σβήσει τη δίψα του και, φλογισμένο καθώς ήταν από το πολύ φαγητό, θα χώθηκε ολόκληρο στην πηγή, γιατί, από κει και πέρα, δεν διακρίνονταν πια καφετιά σημάδια στο χώμα.

Ωστόσο, ο κυνηγός ακολούθησε τ' αχνάρια του λιονταριού για λίγο διάστημα κι έπειτα τα 'χασε, γιατί ο τόπος ήταν όλο πέτρες. Είχε μπει πια μέσα στο δάσος και τώρα του ήτανε πολύ δύσκολο ν' ανακαλύπτει τα λιγοστά ίχνη, που άφηνε στο πέρασμά του το θηρίο: καμιά πατημασιά σε μέρος που υπήρχε χώμα, καμιά μακριά τρίχα από τη χαίτη του, που είχε κολλήσει πάνω σε πέτρα.

Προχωρώντας έτσι, ο κυνηγός, έφτασε σ' ένα μέρος όπου κάποιος λοτόμος έκοβε δέντρα.

–Καλημέρα! του είπε ο λοτόμος.

–Καλημέρα.

–Σε βλέπω οπλισμένο βαριά. Είσαι κυνηγός;

–Ναι.

–Και τι βγήκες να κυνηγήσεις;

–Ένα λιοντάρι, που μου 'φαγε άλογα και βόδια. Παρακολουθώ τ' αχνάρια του από το πρωί, αλλά τώρα τα 'χασα γιατί είναι πετρότοπος και δεν φαίνονται καθαρά. Μήπως είδες εσύ τίποτε αχνάρια λιονταριού;

–Αχνάρια δεν είδα γιατί δεν κοίταξα. Ξέρω όμως πού είναι η σπηλιά, όπου μένει το λιοντάρι. Θέλεις να σου την δείξω;

–Όχι, όχι, σ' ευχαριστώ, βιάστηκε να του πει ο κυνηγός. Εγώ τ' αχνάρια του λιονταριού σου ζήτησα να μου δείξεις, κι όχι τη σπηλιά του.

Κι έφυγε κατατρομαγμένος, σαν να 'βλεπε μπροστά του το ίδιο το λιοντάρι. Γιατί ο κυνηγός, εδώ που τα λέμε, ήτανε θρασύδειλος κι ένας θρασύδειλος παριστάνει το παλικάρι μόνο όταν δεν υπάρχει πραγματικός κίνδυνος.

Το Λιοντάρι, ο Προμηθέας κι ο Ελέφαντας

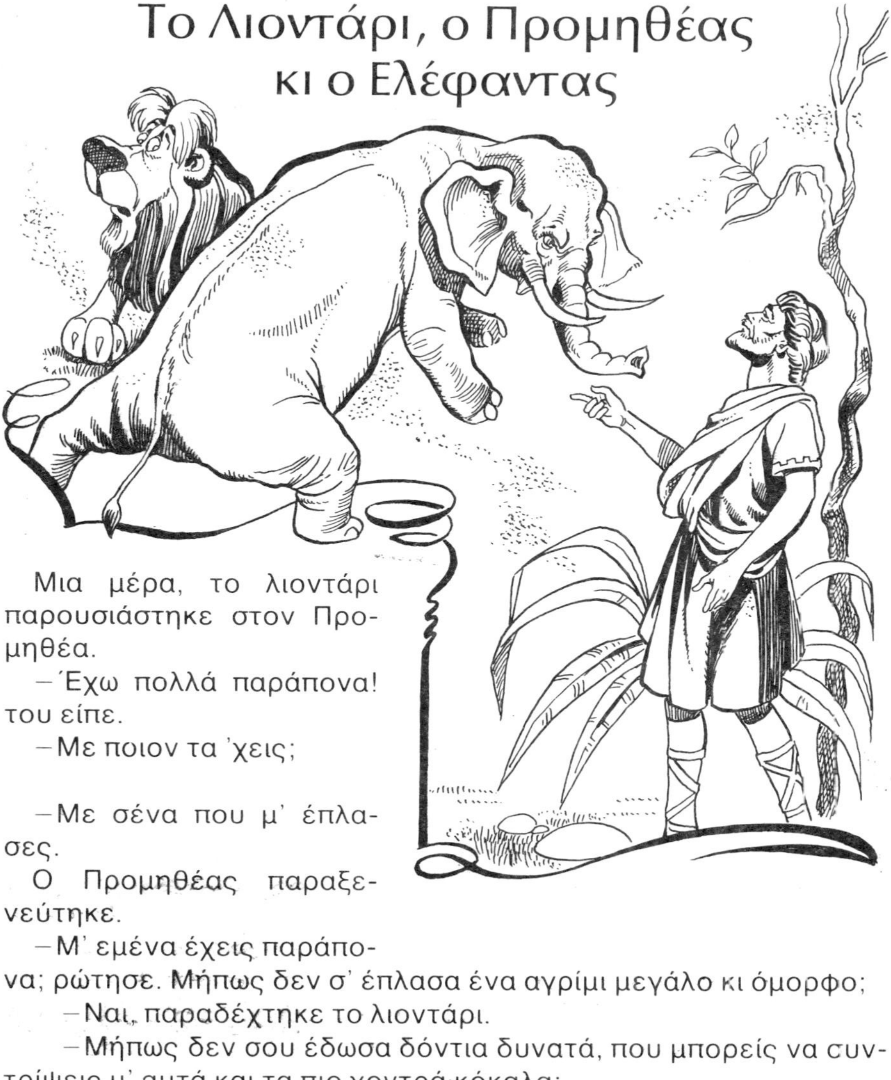

Μια μέρα, το λιοντάρι παρουσιάστηκε στον Προμηθέα.

– Έχω πολλά παράπονα! του είπε.

– Με ποιον τα 'χεις;

– Με σένα που μ' έπλασες.

Ο Προμηθέας παραξενεύτηκε.

– Μ' εμένα έχεις παράπονα; ρώτησε. Μήπως δεν σ' έπλασα ένα αγρίμι μεγάλο κι όμορφο;

– Ναι, παραδέχτηκε το λιοντάρι.

– Μήπως δεν σου έδωσα δόντια δυνατά, που μπορείς να συντρίψεις μ' αυτά και τα πιο χοντρά κόκαλα;

– Μου τα 'δωσες.

– Δεν σου έδωσα πόδια δυνατά και γρήγορα;

– Μου έδωσες.

– Δεν σου έδωσα νύχια δυνατά και κοφτερά;

– Κι αυτά μου τα 'δωσες, παραδέχτηκε το λιοντάρι.

– Τότε γιατί παραπονιέσαι μ' εμένα; απόρησε ο Προμηθέας.

– Παραπονιέμαι γιατί, ενώ είμαι μεγάλο, όμορφο και δυνατό θηρίο, φοβάμαι τον πετεινό, του εξήγησε το λιοντάρι.

– Τότε με τον εαυτό σου να τα βάζεις κι όχι μ' εμένα. Η ψυχή η δική σου φοβάται τον πετεινό κι εγώ δεν έπλασα την ψυχή σου.

Το λιοντάρι κατέβασε το δυνατό του κεφάλι, γιατί δεν είχε τι να πει στον Προμηθέα, μια που εκείνος δεν είχε πλάσει την ψυχή του και μια που η ψυχή του έφταιγε, που φοβότανε τον πετεινό. Γύρισε λοιπόν στενοχωρημένο στο άγριο δάσος, όπου ζούσε και μερόνυχτα ολόκληρα βασανιζότανε μ' αυτή τη σκέψη: γιατί φοβότανε τον πετεινό; Πώς θα 'κανε για να κατανικήσει εκείνο τον παράξενο φόβο του; Κι επειδή δεν έβρισκε καμιά λύση, αποφάσισε ν' αυτοκτονήσει.

Την ώρα λοιπόν, που πήγαινε ν' αυτοκτονήσει, αντάμωσε στο δρόμο του έναν πελώριο ελέφαντα, που κουνούσε διαρκώς τα τεράστια αυτιά του.

– Πες μου, τον ρώτησε περίεργο το λιοντάρι, γιατί κουνάς διαρκώς τ' αυτιά σου; Δεν κουράζεσαι;

– Κουράζομαι, αλλά δεν μπορώ να κάνω κι αλλιώς, του ομολόγησε ο ελέφαντας. Φοβάμαι το κουνούπι! Αυτό το μικροσκοπικό έντομο, που βουίζει διαρκώς, με κάνει και τρελαίνομαι από το φόβο μου, κι αλίμονό μου αν χωθεί μέσα, βαθιά στ' αυτί μου.

Το λιοντάρι, ακούγοντας εκείνα τα λόγια του ελέφαντα γύρισε πίσω στη σπηλιά του.

«Τι ανόητο που ήμουν», έλεγε μέσα του, «να πηγαίνω ν' αυτοκτονήσω, γιατί φοβάμαι τον πετεινό. Εγώ είμαι πιο δυνατό κι από τον ελέφαντα ακόμη, μια που εγώ τουλάχιστον φοβάμαι τον πετεινό, ενώ εκείνος φοβάται το κουνούπι!»

Κι αποφάσισε να ζήσει, έστω κι αν φοβότανε τον πετεινό. Είχε πάρει βλέπετε, θάρρος, μια που είδε πως υπήρχε και χειρότερος φόβος από το δικό του.

Το Άλογο, το Βόδι, ο Σκύλος κι ο άνθρωπος

Όταν ο Δίας έφτιαξε τον κόσμο και τα ζώα, που θα τον κατοικούσαν, όριζε, στο καθένα απ' αυτά, πόσα χρόνια θα ζούσε.

Σ' όλα, όπως στη θαλασσινή χελώνα, λόγου χάρη, όρισε να ζει ως τριακόσια χρόνια, σ' άλλα, σαν το κοράκι παραδείγματος χάρη, διακόσια, στον ελέφαντα εκατόν πενήντα, στη φάλαινα πεντακόσια, στις πεταλούδες τρεις μέρες.

Κι επειδή όλα ήταν για πρώτη φορά φτιαγμένα από το Δία και τότε θ' άρχιζαν να ζούνε, κανένα τους δεν περηφανεύτηκε, ούτε παραπονέθηκε για τα χρόνια που του είχε ορίσει.

Αφού έφτιασε όλα τα ζώα, ο Δίας έφτιασε και τον άνθρωπο. Σ' αυτόν έδωσε και κάτι, που δεν είχε δώσει στ' άλλα τα ζώα: του έδωσε το λογικό.

—Και πόσα χρόνια ορίζεις να ζω; ρώτησε ο άνθρωπος.

—Σαράντα! του απαντάει ο Δίας.

—Καλά! λέει ο άνθρωπος.

Αμέσως, με το λογικό του, σκέφτηκε πως σαράντα χρόνια είναι πολύ λίγα, όταν ένα κοράκι, λόγου χάρη, ζει τουλάχιστον εκατό. Δεν είπε όμως τίποτα, για να μην του τα πάρει κι αυτά ο Δίας.

Όταν βγήκε στη ζωή ο άνθρωπος, ήταν άνοιξη, όλα ήτανε όμορφα γύρω του, αλλά, τις νύχτες έκανε δροσιά και, καθώς δεν είχε χοντρό δέρμα, όπως τ' άλλα ζώα, για να προφυλάγεται, σκέφτηκε να φτιάσει. Μάζεψε φύλλα, τα 'ραψε και τα φόρεσε. Αλλά τα φύλλα μαραίνονταν και τρίβονταν. Τότε χρησιμοποίησε προβιές αγριμιών.

Έπειτα είδε πως τα πουλιά χτίζανε φωλιά και σκέφτηκε να χτίσει κι αυτός μια φωλιά, αλλά να είναι σκεπασμένη από πάνω, κι όχι ξέσκεπη, όπως οι φωλιές των πουλιών.

Με το λογικό λοιπόν, που του είχε χαρίσει ο Δίας, έφτιασε ένα σπίτι, με σκεπή, με πόρτα για να μπαινοβγαίνει και με παράθυρα, που του χρησίμευαν για να βλέπει τι γίνεται έξω, χωρίς ν' αναγκάζεται να βγαίνει από το σπίτι του.

Πέρασε η άνοιξη κι ήρθε το καλοκαίρι με τις ζέστες του. Τα ζώα έτρεχαν να βρούνε κανένα δέντρο, για να ξαπλώσουν κάτω από τον ίσκιο του. Ο άνθρωπος όμως είχε το σπίτι του, κι έτσι είχε όσο ίσκιο ήθελε.

Ήρθε κι ο χειμώνας κι άρχισαν οι βροχές, τα κρύα, τα χιόνια. Τα ζώα έτρεμαν από το κρύο και στριμώχνονταν το ένα πλάι στο άλλο για να ζεσταθούν. Ο άνθρωπος όμως κλεινότανε μέσα στο σπίτι του και δεν κρύωνε καθόλου.

Ένα βράδυ, που έκανε κρύο δυνατό, χτύπησαν την πόρτα του.

–Ποιος είναι; ρώτησε από μέσα ο άνθρωπος.

–Είμαι εγώ, το άλογο, ακούστηκε απέξω μια φωνή. Πάρε με μαζί σου, άνθρωπε, γιατί κρυώνω κι εγώ θα σου δουλεύω για να σε ξεπληρώσω.

–Μου χαρίζεις δέκα χρόνια από τη ζωή σου για να σε πάρω;

–Σου χαρίζω! υποσχέθηκε το άλογο.

Κι ο άνθρωπος το πήρε μέσα στο σπίτι του και το άλογο ζεστάθηκε κι άρχισε να του δουλεύει.

Το άλλο βράδυ, παρουσιάστηκε το βόδι.

–Πάρε με, άνθρωπε, να ζεσταθώ, κι εγώ θα σου δουλεύω! τον παρακάλεσε.

–Σε παίρνω, αν μου χαρίσεις δέκα χρόνια από τη ζωή σου, είπε ο άνθρωπος.

–Μ' όλη μου την καρδιά, παραδέχτηκε το βόδι.

Κι ο άνθρωπος το πήρε μέσα στο σπίτι του και το 'στρωσε στη δουλειά.

Το τρίτο βράδυ, ήρθε κι ο σκύλος, τουρτουρίζοντας.

–Πάρε με, άνθρωπε, στο σπίτι σου κι εγώ θα σου δουλεύω, του είπε.

—Εσύ για δουλειά δεν κάνεις, αποκρίθηκε ο άνθρωπος. Θα σε πάρω όμως για να φυλάς το σπίτι μου, όταν θα λείπω, φτάνει να μου χαρίσεις δέκα χρόνια από τη ζωή σου.

—Σου τα χαρίζω! φώναξε ο σκύλος πρόθυμα.

Κι ο άνθρωπος τον πήρε στο σπίτι του και τον έβαλε να το φυλάει κι εκείνος το φύλαγε πιστά.

Κι έτσι ο άνθρωπος κέρδισε άλλα τριάντα χρόνια. Μόνο που, όταν τελείωσε τα σαράντα τα δικά του κι άρχισε να ζει τα δέκα του αλόγου, άρχισε να καμαρώνει σαν εκείνο. Στα δέκα χρόνια του βοδιού, έγινε βαρύς και στενοκέφαλος κι ήθελε να γίνεται πάντα το δικό του. Και, στα τελευταία δέκα χρόνια, που είχε πάρει από το σκύλο, έγινε γκρινιάρης και θύμωνε με το παραμικρό.

Γι' αυτό, από τότε, οι άνθρωποι έχουν τέτοιο χαρακτήρα: είναι γιατί ζούνε τα χρόνια του αλόγου, του βοδιού και του σκύλου.

Το Κατσίκι κι ο Λύκος που έπαιζε φλογέρα

Ένας λύκος είχε συνηθίσει από μικρός να παίζει φλογέρα κι όλα τα ζώα, άγρια κι ήρεμα, που ζούσανε σ' εκείνη την περιοχή, ήξεραν το λύκο που έπαιζε τη φλογέρα.

Μια μέρα, λοιπόν, αυτός ο λύκος αντάμωσε στο δρόμο του, μέσα στο δάσος, ένα κατσίκι και πήδησε απάνω του για να το φάει. Το κατσίκι πρόφτασε και του ξέφυγε κι άρχισε να τρέχει όσο μπορούσε πιο γρήγορα. Ο λύκος όμως το κυνηγούσε, κι όσο περνούσε η ώρα, η απόσταση, που τους χώριζε, μίκραινε.

Το κατσίκι κατάλαβε πως δεν θα γλίτωνε, γιατί είχε αρχίσει κιόλας να λαχανιάζει, κι ο λύκος, σε λίγο, θα το 'φτανε. Θυμήθηκε τότε πως ο λύκος εκείνος έπαιζε φλογέρα και, καθώς βρισκόταν εκείνη τη στιγμή πάνω σ' ένα βραχάκι, στράφηκε και του είπε:

– Το ξέρω, κυρ - λύκο, πως θα με φας, και το πήρα πια απόφαση. Έχω όμως να σου ζητήσω μια χάρη.

– Τι χάρη; ρώτησε ο λύκος.

– Έμαθα πως παίζεις καλή φλογέρα, αλλά δεν έτυχε να σ' ακούσω ποτέ μου. Κάνε μου λοιπόν τη χάρη να παίξεις κανένα σκοπό με τη φλογέρα σου, για να σ' ακούσω κι εγώ προτού πεθάνω.

Ο λύκος κολακεύτηκε από τα λόγια του κατσικιού κι αποφάσισε να του κάνει εκείνη τη χάρη. Κάθισε λοιπόν στα πισινά του πόδια, έπιασε τη φλογέρα με τα μπροστινά του, την έβαλε στο στόμα κι άρχισε να παίζει ένα σκοπό, που τον ήξερε καλά.

Αλλά τη φλογέρα του λύκου την άκουσε ο γιδοβοσκός, την άκουσαν και τα σκυλιά του κι έτρεξαν αμέσως και τον πήραν στο κυνήγι.

– Καλά να τα πάθω, μουρμούριζε ο λύκος, τρέχοντας για να γλιτώσει. Αφού είμαι χασάπης, γιατί να κάνω το μουσικό;

Η Μαϊμού και το Δελφίνι

Ταξίδευαν, κάποτε, μερικοί έμποροι μ' ένα καράβι, πηγαίνοντας στα νησιά, ν' αγοράσουν ελιές και τυριά, για να τα πουλήσουν, γυρίζοντας, στον τόπο τους.

Ένας από τους εμπόρους είχε μαζί του και μια μαϊμού, που τους διασκέδαζε στο ταξίδι τους, με τις εξυπνάδες της και τις πονηριές της

Όταν σκαρφάλωναν οι ναύτες στα κατάρτια, για να λύσουν, ή να δέσουν τα πανιά, σκαρφάλωνε κι αυτή μαζί τους κι έκανε πως έδενε, ή έλυνε κόμπους, μιμούμενη τους ναύτες, κι έβγαζε και τη γλώσσα της έξω, καθώς προσπαθούσε να δουλέψει.

Αλλ' άφηνε, σε λίγο, τον κόμπο για να ξύσει το κεφάλι της, ή να παίξει με την ουρά της ή να κάνει μια τούμπα στον αέρα και να βρεθεί στη γέφυρα του καραβιού και να παίξει με τους μούτσους.

Όλοι γελούσαν με τα κάμωματά της κι ήταν ευχαριστημένοι, που την είχαν μαζί τους, γιατί περνούσαν **τις** ώρες τους διασκεδάζοντας.

Αλλά, μια μέρα, καθώς περνούσαν το Σούνιο, ο ουρανός μαύρισε από τα σύννεφα κι άρχισε να φυσάει ένας αέρας τόσο δυνατός, ώστε τα πανιά του καραβιού κινδύνευαν να σχιστούν και το πλοίο έγερνε επικίνδυνα. Οι ναύτες σκαρφάλωσαν γρήγορα - γρήγορα στα κατάρτια για να κατεβάσουν τα πανιά, αλλ' αυτή τη φορά η μαϊμού δεν πήγε μαζί τους. Είχε κρυφτεί, μισοπεθαμένη από το φόβο της, πίσω από κάτι κασόνια κι έβαζε τα χέρια στο πρόσωπό της, κρυφοκοιτούσε ανάμεσα από τα δάχτυλά της, κι έκλαιγε σαν μικρό παιδί.

Ήτανε πολύ αστεία, έτσι όπως καθόταν, αλλά κανένας δεν την πρόσεχε, ούτε είχε όρεξη να γελάσει με τα καμώματά της, γιατί ο κίνδυνος ήτανε μεγάλος κι όλοι έτρεχαν εδώ κι εκεί αλαφιασμένοι.

Τα κύματα τινάζονταν αγριεμένα πάνω στη γέφυρα, το καράβι έτριζε ολόκληρο, το τιμόνι έσπασε, το μεσαίο κατάρτι γκρεμίστηκε με πάταγο και το πλοίο έμοιαζε με καρυδότσουφλο, πάνω στη μανιασμένη θάλασσα.

Ένα δυνατό κύμα το χτύπησε στο πλευρό και το καράβι βυθίστηκε στη θάλασσα ξυλάρμενο.

Μερικοί από τους επιβάτες του παρασύρθηκαν μαζί του στην άβυσσο, οι πιο πολλοί όμως άρχισαν να κολυμπάνε και, μαζί τους, κι η μαϊμού.

Ένα κοπάδι δελφίνια, που περνούσε από κει, είδε τους ναυαγούς και πήγε κοντά τους να τους βοηθήσει. Γιατί τα δελφίνια συνηθίζουν να παίρνουν στη ράχη τους όσους ναυαγισμένους βρίσκουν και να τους βγάζουν στη στεριά.

Ένα δελφίνι είδε τη μαϊμού που κολυμπούσε και νόμισε πως ήτανε κι αυτή άνθρωπος. Την πήρε λοιπόν στη ράχη του κι άρχισε να κολυμπάει προς τη στεριά.

Η μαϊμού, που είχε αγκαλιάσει το δελφίνι με τα χέρια της και με τα πόδια της, κατάλαβε ότι τώρα πια δεν κινδύνευε και ξεθάρρεψε.

—Από πού είσαι; την ρωτησε το δελφίνι. Μήπως είσαι από την Αθήνα;

—Ναι, από την Αθήνα είμαι, καυχήθηκε η μαϊμού, κι είμαι από αρχοντική οικογένεια.

—Τον Πειραιά τον ξέρεις; την ξαναρώτησε το δελφίνι.

Η μαϊμού, που δεν είχε ακούσει ποτέ της να μιλάνε για τον Πειραιά, νόμισε πως ήτανε κανένας άρχοντας της Αθήνας και βιάστηκε ν' απαντήσει:

—Πώς δεν τον ξέρω; Είναι φίλος μας και κάθε μέρα σχεδόν τρώει στο αρχοντικό μας.

Τότε το δελφίνι θύμωσε με τα ψέματά της και κατάλαβε πως η μαϊμού δεν ήταν άνθρωπος, όπως είχε νομίσει. Βούτηξε λοιπόν στη θάλασσα, ώσπου πνίγηκε η μαϊμού, κι έπειτα ξαναγύρισε στην επιφάνεια και κολύμπησε να βρει τους άλλους συντρόφους του.

Ο Κύκνος κι ο κύριός του

Υπάρχει ένας θρύλος, που λέει πως όταν ο κύκνος προαισθανθεί το θάνατό του, κελαηδάει τόσο μελωδικά, όσο κανένα πουλί στον κόσμο δεν κελάηδησε ποτέ, και το κελάηδημά του είναι τόσο αρμονικό και τόσο συγκινητικό, ώστε, όποιος τ' ακούσει δεν μπορεί να συγκρατήσει τα δάκρυά του. Ένας πλούσιος λοιπόν είχε δει, κάποτε, έναν κύκνο, που τον πουλούσαν, κι επειδή του άρεσε πολύ, γιατί είχε λευκά, σαν το χιόνι φτερά, μακρύ κι ευλύγιστο λαιμό και κατάμαυρο ράμφος, τον αγόρασε.

Τον έβαλε μέσα σε μια τεχνητή λιμνούλα, που είχε στον κήπο του και πρόσταξε τους υπηρέτες του να τον περιποιούνται πολύ. Πραγματικά, του κύκνου δεν του έλειπε τίποτα κι έτσι, κάθε μέρα, γινότανε και πιο όμορφος.

Ο πλούσιος είχε ακούσει πως οι κύκνοι κελαηδούνε μελωδικά, δεν του είχανε πει όμως ότι το μοναδικό κελάηδημά τους ακούγεται την ώρα που πρόκειται να πεθάνουν. Γι' αυτό, περίμενε να τον ακούσει κι επειδή ο κύκνος δεν κελαηδούσε, νόμιζε πως ήτανε μικρός ακόμα.

Ένα βράδυ, ο πλούσιος έδινε τραπέζι στον κήπο του κι είχε πολλούς καλεσμένους. Για να τους ευχαριστήσει λοιπόν, είπε να φέρουν τον κύκνο και να τον στήσουν πάνω στο τραπέζι. Κι όταν οι υπηρέτες του έκαναν όπως τους πρόσταξε, ο πλούσιος άρχισε να χαϊδεύει το μεγάλο πουλί και να το παρακαλάει να κελαηδήσει.

Μ' όλα του τα χάδια όμως και μ' όλα του τα παρακάλια, δεν κατόρθωνε να πείσει τον κύκνο ν' ανοίξει το στόμα του. Θύμωσε λοιπόν τότε και πρόσταξε τους υπηρέτες του να τον σφάξουν. Αλλά, μόλις οι υπηρέτες ετοιμάστηκαν να τον σκοτώσουν, ο κύκνος άρχισε να κελαηδάει τόσο μελωδικά, τόσο υπέροχα, ώστε όλοι δάκρυσαν.

– Εγώ φταίω που τόση ώρα σε παρακαλούσα, είπε ο κύριός του. Έπρεπε να πω ευθύς εξαρχής να σε σκοτώσουν...

Ο Κάβουρας κι η Αλεπού

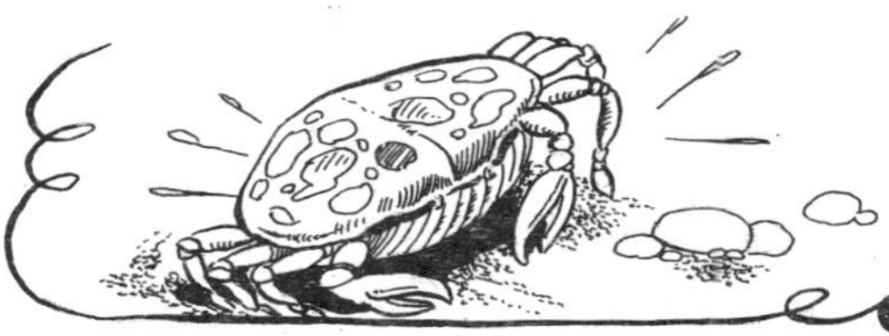

Ζούσε, κάποτε, ένας κάβουρας σε μιαν ακρογιαλιά.

Ήταν πολλά καβούρια σ' εκείνη την ακρογιαλιά, που ζούσαν ανάμεσα στους βράχους και στα φύκια και, καμιά φορά, έβγαιναν για λίγο στην αμμουδιά, ως εκεί που έφτανε το κύμα της θάλασσας, κι έπειτα ξαναγυρνούσαν στις φωλιές τους.

Εκεί, ανάμεσα στα βράχια και στα φύκια, που πότε τα σκέπαζε και πότε τα ξεσκέπαζε η θάλασσα, ζούσαν όλα μαζί τα καβούρια, έτρωγαν, έπαιζαν, κοιμόντουσαν. Κι εκεί, στις πιο βαθιές σπηλίτσες, ή κάτω από βραχάκια, που σχημάτιζαν κουφάλα, κρύβονταν όταν τ' απειλούσε κανένας κίνδυνος.

Αλλ' αυτός ο κάβουρας είχε βαρεθεί να ζει όπως τ' άλλα τα καβούρια. Όταν ανέβαιναν στην ακρογιαλιά και τ' άλλα έτρεχαν να ξαναπέσουν στο νερό, αυτός αργοπορούσε και, καμιά φορά, προχωρούσε λίγα μέτρα στην αμμουδιά, γιατί ήθελε να δει πώς είναι ο κόσμος της στεριάς.

Τέλος, μια μέρα, αποφάσισε να μην ξαναγυρίσει στη θάλασσα.

Προχώρησε στην αμμουδιά ώσπου βρήκε ένα ποταμάκι που κυλούσε ανάμεσα σε πέτρες κι ανέβηκε την κοίτη του ποταμού για να δει τι είναι πιο πέρα.

Έφτασε, έτσι, σ' ένα δάσος και παραξενεύτηκε γιατί ποτέ στη ζωή του δεν είχε δει δέντρα και, στην αρχή, νόμισε πως είναι κατάρτια καραβιών.

Αλλά, καθώς προχωρούσε θαυμάζοντας όσα έβλεπε γύρω, τον είδε μια πεινασμένη αλεπού και πήδησε απάνω του για να τον φάει.

«Καλά να τα πάθω!», είπε μέσα του ο καημένος ο κάβουρας. «Αφού ήμουνα θαλασσινός, τι γύρευα στη στεριά;»

Ο Γάιδαρος και το Αλάτι

Ήτανε μια φορά ένας χωρικός που είχε ένα γάιδαρο και τον χρησιμοποιούσε για να κάνει τις διάφορες δουλειές του.

Επειδή ο γάιδαρος του ήταν πολύ χρήσιμος, τον αγαπούσε και τον περιποιόταν και, πολλές φορές, του συγχωρούσε και τα γαϊδουρινά του πείσματα.

Μια μέρα, ο χωρικός φόρτωσε κοφίνια με αλάτι στο γάιδαρο, και κίνησε να τα πάει στο διπλανό χωριό, όπου θα μπορούσε να τα πουλήσει. Όμως, για να φτάσουν σ' αυτό το χωριό, έπρεπε να περάσουν ένα ποτάμι.

Καθώς λοιπόν το περνούσαν, ο γάιδαρος παραπάτησε και βούλιαξε μέσα στο νερό. Το αλάτι, όμως, μόλις βρέθηκε μέσα στο νερό έλιωσε κι έτσι, ο γάιδαρος, σηκώθηκε πιο αλαφρός από μέσα.

Ο χωρικός στενοχωρήθηκε πολύ που έχασε το αλάτι, αλλά ο γάιδαρος ήταν πολύ ευχαριστημένος.

Μια άλλη μέρα, ο χωρικός φόρτωσε ξανά κοφίνια το γάιδαρο, αλλά, αυτή τη φορά, τα κοφίνια είχαν μέσα σφουγγάρια. Ο γάιδαρος νόμιζε πως θα μπορούσε να γλιτώσει και τώρα απ' το φορτίο του κι έτσι, την ώρα που περνούσαν ξανά απ' το ποτάμι, έκανε πως γλίστρησε και βούλιαξε ξανά μέσα στο νερό.

Όμως, τα σφουγγάρια ήπιαν νερό και βάρυναν κι έτσι, ο γάιδαρος, δεν μπόρεσε να βγει στην επιφάνεια και πνίγηκε.

ΠΕΡΙΕΧΟΜΕΝΑ

	Σελ.
Ο Βοριάς κι ο Ήλιος	7
Ο Δουλευτάρης κι ο Ακαμάτης	9
Το Παιδί που έκλεβε κι η Μητέρα του	12
Η Αλκυόνα	14
Λιοντάρι και Ποντίκι	16
Ο Σκύλος, ο Πετεινός κι η Αλεπού	18
Το ερωτευμένο Λιοντάρι κι ο Γεωργός	20
Οχιά και Νεροφίδα	22
Η Καλιακούδα και τα Περιστέρια	25
Το Κουνούπι και το Λιοντάρι	27
Ο Βοσκός που αστειευόταν	29
Το Λιοντάρι, η Αλεπού και το Ελάφι	32
Αλεπού και Μαϊμού	36
Τα δυο Σκαθάρια	39
Ο Γεωργός και τα Σκυλιά	41
Ο Ξυλοκόπος κι ο Ερμής	43
Ο Κόρακας κι η Αλεπού	46
Ο Αγριόγατος κι ο Πετεινός	48
Αετός και Αλεπού	50
Ο Ληστής και η Μουριά	53
Ο Γάτος και τα Ποντίκια	55
Ο Λύκος κι η Κατσίκα	57
Ελάφι και Λιοντάρι	59
Η Γίδα και ο Γάιδαρος	62
Η Γριά και ο Γιατρός	64
Το φυλακισμένο Λιοντάρι κι ο Κυνηγός	66
Ο Λύκος κι ο Βοσκός	68
Άνθρωπος και Αλεπού	70
Η Γυναίκα κι οι δουλειές	72
Ο Γεωργός και το παγωμένο Φίδι	73
Η Γίδα κι ο Γιδοβοσκός	74
Ο Λύκος και τ' Αρνί	75
Οι Κλέφτες κι ο Πετεινός	76
Καλιακούδα και Πουλιά	78
Ο Λύκος κι η Γριά	79
Ο Γέρος κι ο Θάνατος	81
Το Πουλί κι η Νυχτερίδα	82
Ο Αγριόγατος κι οι Κότες	83
Ο Τόνος και το Δελφίνι	84
Ο Ποντικός κι ο Βάτραχος	85
Οι Ποντικοί κι οι Γάτες	86
Ο Γάιδαρος που πουλιόταν	87

Ο Γάιδαρος και το Σκυλάκι ... 88
Ο Τζίτζικας και τα Μερμήγκια ... 89
Λιοντάρι και Γάιδαρος ... 90
Το Λιοντάρι και ο Ταύρος ... 92
Το Λιοντάρι που τρόμαζε από έναν Ποντικό κι η Αλεπού ... 93
Το Λιοντάρι και το Δελφίνι ... 94
Το Λιοντάρι, η Αρκούδα κι η Αλεπού ... 95
Λαγοί και Βάτραχοι ... 96
Ο Σκύλος που κυνηγούσε ένα Λιοντάρι κι η Αλεπού ... 98
Ο κοιμισμένος Σκύλος και ο Λύκος ... 99
Το κυνηγιάρικο Σκυλί και τ' άλλα ... 100
Η Καλιακούδα και τα Γεράκια ... 101
Ο Γάιδαρος κι ο Περιβολάρης ... 103
Άνθρωπος και Σκύλος ... 104
Το Μερμήγκι και το Περιστέρι ... 105
Ο Γάιδαρος, ο Πετεινός και το Λιοντάρι ... 106
Η Νυχτερίδα κι οι Γάτες ... 107
Το Μερμήγκι και το Σκαθάρι ... 108
Η Ουρά και το κεφάλι του Φιδιού ... 109
Το Χελιδόνι και τα Πουλιά ... 110
Πατέρας και Κόρες ... 111
Ο Ζευγολάτης και ο Λύκος ... 112
Η παρακαταθήκη και ο Όρκος ... 113
Το Παιδί και το Ζωγραφιστό Λιοντάρι ... 115
Ο Λύκος κι ο Ερωδιός ... 117
Η Νυχτερίδα, ο Βάτος κι η Βουτηχτάρα ... 118
Ο Μελισσοκόμος ... 119
Ο Γεωργός και τα Παιδιά του ... 120
Οι Νεαροί και ο Χασάπης ... 122
Ο κακός Γιατρός ... 123
Οι Λύκοι και οι Σκύλοι που συμφιλιώθηκαν ... 124
Το Έλατο κι ο Βάτος ... 125
Ο Γιατρός κι ο Άρρωστος ... 127
Η Μαϊμού κι οι Ψαράδες ... 128
Ο Πουλολόγος και το Φίδι ... 129
Οι δυο Εχθροί ... 130
Το Κατσίκι που στεκόταν σε μια στέγη και ο Λύκος ... 131
Το Λιοντάρι, ο Λύκος κι η Αλεπού ... 132
Ο Οδοιπόρος κι ο Πλάτανος ... 133
Ο Γάιδαρος που φόρεσε λιονταροτόμαρο κι η Αλεπού ... 134
Ο Βοσκός κι η Θάλασσα ... 135
Ο Κύκνος που τον επήραν αντί για Χήνα ... 136
Το Φίδι και ο Κάβουρας ... 137
Ο Χειμώνας κι η Άνοιξη ... 138
Το Αγριογούρουνο, το Άλογο κι ο Κυνηγός ... 139
Το Ελάφι με το ένα μάτι ... 140
Ο Βοσκός κι ο Λύκος, που τον έτρεφε μαζί με τα σκυλιά του ... 141

Η Καμήλα, ο Ελέφαντας και η Μαϊμού 142
Το Μερμήγκι 143
Το Λιοντάρι, ο Γάιδαρος κι η Αλεπού 144
Η Αλεπού κι ο Ξυλοκόπος 145
Ο Ψαράς με τη φλογέρα 146
Τρία Βόδια κι ένα Λιοντάρι 149
Το Άλογο κι ο Γάιδαρος.................................. 151
Ο μαθημένος Αετός κι η Αλεπού 153
Ο Αετός και το Σκαθάρι 155
Ο Γιδοβοσκός και τ' Αγριοκάτσικα 158
Ο Λύκος ο χορτάτος και το Πρόβατο 161
Ο Γάιδαρος που έφυγε στο δάσος και η Αλεπού 163
Ο Γάιδαρος που έκανε πως κούτσαινε κι ο Λύκος 165
Τα παιδιά του Γεωργού που μάλωναν 167
Οι Βάτραχοι που ζητούσαν Βασιλιά........................ 169
Η Αλεπού με την κομμένη ουρά 172
Το Καλάμι κι η Ελιά 174
Η Τσίχλα 175
Οι Οδοιπόροι και το τσεκούρι 176
Ο Ήλιος κι οι Βάτραχοι 177
Ο Ηρακλής κι ο Πλούτος 179
Ο Άνθρωπος κι ο Δίας 180
Οι Λύκοι και τα Πρόβατα 182
Ο πληγωμένος Λύκος και το Πρόβατο........................ 184
Το Λιοντάρι και τ' Αγριογούρουνο 185
Ο σπάταλος νέος και το Χελιδόνι............................ 186
Ο Φιλάργυρος 187
Οι Οδοιπόροι κι η Αρκούδα 188
Το Λιοντάρι κι ο Λαγός.................................... 189
Τα δυο Σκυλιά.. 190
Ο Διογένης ταξιδεύοντας 191
Το Περδικογέρακο και το Φίδι 192
Το Γουρουνόπουλο και τα Πρόβατα 193
Το Ελάφι και τ' Αμπέλι 194
Ο Γεωργός και το Δέντρο.................................. 195
Ο Γεωργός κι ο Αετός 196
Η Δαμαλίτσα και το Βόδι 197
Το Λιοντάρι που γέρασε κι η Αλεπού 199
Ο δειλός Κυνηγός κι ο Λοτόμος 201
Το Λιοντάρι, ο Προμηθέας κι ο Ελέφαντας 203
Το Άλογο, το Βόδι, ο Σκύλος κι ο άνθρωπος 205
Το Κατσίκι και ο Λύκος που έπαιζε φλογέρα 208
Η Μαϊμού και το Δελφίνι 209
Ο Κύκνος κι ο κύριός του.................................. 211
Ο Κάβουρας κι η Αλεπού.................................... 212
Ο Γάιδαρος και το Αλάτι 213

ΛΟΓΟΤΕΧΝΙΚΗ ΒΙΒΛΙΟΘΗΚΗ

για παιδιά και νέους

σχήμα 15Χ23

1. Όλιβερ Τουίστ, *Κ. Ντίκενς*
2. Πρίγκιπας και Φτωχός, *Μ. Τουαίν*
3. Η καλύβα του Μπάρμπα-Θωμά, *Μπ. Στόου*
4. Τα ταξίδια του Γκιούλιβερ, *Τζ. Σουίφτ*
5. Το μικρό σπίτι στο λιβάδι (Βιβλίο Α'), *Λ. Ουάιλντερ*
6. Όταν τα νιάτα θέλουν, *Νίτσας Τζώρτζογλου*
7. Τα παιδιά που έβλεπαν τα τρένα να περνούν, *Έντιθ Νέσμπιτ*
8. Οι περιπέτειες του Τομ Σώγιερ, *Μ. Τουαίν*
9. Η Πολυάννα και το παιχνίδι της χαράς, *Ε.Η. Πόρτερ*
10. Κβο Βάντις Ντόμινε; - Πού πηγαίνεις, Κύριε; *Ε. Σιέγκεβιτς*
11. Ελ Σιντ, *Π. Κορνήλιου*
12. Οι τρεις Σωματοφύλακες, *Αλ. Δουμά*
13. Ο δάσκαλος με το βιολί και τ' αστέρι, *Θέτη Χορτιάτη*
14. Μύθοι, Θρύλοι, Παραδόσεις, *Τ. Παπαποστόλου*
15. Δυο ιστορίες που ρωτάνε, *Μάνος Κοντολέων*
16. Οι θησαυροί του Σολομώντα, *Ρ. Χάγκαρτ*
17. Ο Μαγικός Δράκος, *Περλ Μπακ*
18. Ο Χιτών, *Λ. Ντάγκλας*
19. Ο Μεγάλος Ψαράς, *Λ. Ντάγκλας*
20. Μπεν Χουρ, *Λιου Ουάλλας*
21. Η Πολυάννα μεγαλώνει, *Ε.Η. Πόρτερ*
22. Η Πολυάννα παντρεμένη, *Χ. Λ. Σμιθ*
23. Η φλόγα της νιότης, *Τάκη Χατζηαναγνώστου*
24. Το μαγικό βιολί, *Φιλομήλα Βακάλη-Συρογιαννοπούλου*
25. Οι Μάγοι της Κασέτας, *Γαλάτεια Γρηγοριάδου-Σουρέλη*
26. Ο Ρομπέν των Δασών, *Τζων Φίννεμορ*
27. Μέγας Αλέξανδρος, *Μπάμπη Γραμμένου*
28. 135 Μύθοι του Αισώπου
29. Το μικρό σπίτι στο λιβάδι (Βιβλίο Β'), *Λώρα Ουάιλντερ*
30. Ο Ολυμπιονίκης Μακεδόνας, *Καλλιόπη Σφαέλλου*
31. Το ξεχασμένο συρτάρι, *Κατερίνα Μουρίκη*

32. **Το καλάθι με τα λάθη**, *Ι.Δ. Ιωαννίδη*
33. **Ιερή Γη**, *Τάκη Χατζηαναγνώστου*
34. **Ο τελευταίος των Μοϊκανών**, *Τζ. Φεν. Κούπερ*
35. **Η Πολυάννα μαμά**, *Χ.Λ. Σμιθ*
36. **Όμορφος Κόσμος**, *Χάρη Σακελλαρίου*
37. **Ο μικρός Πραματευτής**, *Τάκη Χατζηαναγνώστου*
38. **Τα χρυσά γεράκια του Τζένγκις Χαν**, *Ρίτα Ρίτσι*
39. **Το μικρό σπίτι στο λιβάδι** (Βιβλίο Γ΄), *Λώρας Ουάιλντερ*
40. **Τζέην Έυρ**, *Καρλόττα Μπροντέ*
41. **Η Πολυάννα και η ακτινοβολία της αγάπης**, *Χ. Λ. Σμιθ*
42. **Χάιντι**, *Γιοχάνα Σπύρι*
43. **Οι περιπέτειες του Μόγλη**, *Ράντγυαρντ Κίπλινγκ*
44. **Μαίρη Πόππινς**, *Π.Λ. Τράβερς*
45. **Η επιστροφή της Μαίρης Πόππινς**, *Π.Λ. Τράβερς*
46. **Μικρές Κυρίες** (Βιβλίο Πρώτο), *Λουίζα Μ. Άλκοτ*
47. **Μικρές Κυρίες** (Βιβλίο Δεύτερο)
    Οι Μικρές κυρίες Παντρεύονται, *Λουίζα Μ. Άλκοτ*
48. **Η Χάιντι μεγαλώνει**, *Κάρολου Τρίττεν*
49. **Μικρές Κυρίες** (Βιβλίο Τρίτο)
    Τ' αγόρια της Τζο, *Λουίζα Μ. Άλκοτ*
50. **Μικρές Κυρίες** (Βιβλίο Τέταρτο)
    Η βαφτισιμιά του δόκτορα Μαρτς, *Λουίζα Μ. Άλκοτ*
51. **Με Οικογένεια**, *Έκτωρ Μαλό*
52. **Μικρή πριγκίπισσα**, *Φ.Χ. Μπάρνετ*
53. **Ντέιβιντ Κόπερφιλντ**, *Τσαρλς Ντίκενς*
54. **Η Μελωδία της Ευτυχίας**, *Μαρίας Φον Τραπ*
55. **Η Οικογένεια Φον Τραπ στην Αμερική**, *Μαρίας Φον Τραπ*
56. **Το μικρό σπίτι στο λιβάδι** (Βιβλίο Δ΄), *Λώρας Ουάιλντερ*

ΕΛΛΗΝΙΚΗ ΛΟΓΟΤΕΧΝΙΑ

για παιδιά και νέους

σχήμα 15Χ23

1. **Το κλειδί του Αιγαίου**, (Μύθοι και θρύλοι από τον Πόντο και τον Εύριπο), *Τάσου Παπαποστόλου*
2. **Ο φίλος μου ο Δέλφινας**, *Νίτσας Τζώρτζογλου*
3. **Το αστέρι της αγάπης**, Άλκης Γουλιμή
4. **Φως στο πυργόρεμα**, *Τάσου Παπαποστόλου*
5. **Σαν παραμύθι**, *Τάσου Παπαποστόλου*
6. **Μπροστά σ' έναν άγνωστο κόσμο**, *Ρένας Βελισσαρίου*
7. **Ο Νικητής**, *Καλλιόπης Σφαέλλου*
8. **Τα Προσφυγόπουλα**, *Ιωάννας Μπουκουβάλα-Αναγνώστου*
9. **Πέντε παιδιά κι ένα... βουνό**, *Ιωάννας Μπουκουβάλα-Αναγνώστου*

ΕΛΛΗΝΙΚΗ ΛΟΓΟΤΕΧΝΙΑ - ΙΣΤΟΡΙΑ

για παιδιά και νέους

σχήμα 15Χ23

1. **Στο Μαραθώνα**, *Γιώργου Τσουκαλά*
2. **Στις Θερμοπύλες και στη Σαλαμίνα**, *Γιώργου Τσουκαλά*
3. **Στα χρόνια του Περικλή** (Βιβλίο Πρώτο), *Γιώργου Τσουκαλά*
4. **Στα χρόνια του Περικλή** (Βιβλίο Δεύτερο), **(Αλκιβιάδης - Εκστρατεία στη Σικελία)**, *Γιώργου Τσουκαλά*
5. **Κάποτε στη Βασιλεύουσα**, *Αγάπης Ευαγγελίδη*
6. **Κωνσταντίνος Παλαιολόγος**, *Θεοδώρας Λούφα-Τζοάννου*
7. **Οι άθλοι του Θησέα**, *Γιώργου Τσουκαλά*
8. **Θησέας και Μινώταυρος**, *Γιώργου Τσουκαλά*
9. **Οι Ήρωες της Αρχαίας Ελλάδας**, *Γιώργου Τσουκαλά*

ΣΥΓΧΡΟΝΗ ΛΟΓΟΤΕΧΝΙΑ

για παιδιά και νέους

σχήμα 15X23

1. **Άννυ και Αλέξανδρος**, *Λίτσα Παναγιωτοπούλου*
2. **Το μυστικό του 5ου ορόφου**, *Μαρία Βελετά-Βασιλειάδου*
3. **Στο Γαλαξία της Ενωμένης Ευρώπης**, *Γυναικείας Λογοτεχνικής Συντροφιάς*
4. **Το στοίχημα των παιδιών της Ευρώπης**, *Γιώργου Βοϊκλή*
5. **Δώδεκα θαυμαστά ταξίδια στην Ευρώπη**, *Γιώργου Βοϊκλή*
6. **Όταν υπάρχει μια Ελένη...**, *Αντώνη Δελώνη*
7. **Το Καραβάνι του Θεού**, *Τάσου Παπαποστόλου*
8. **Η Χαμένη Συνέχεια...**, *Ι.Δ. Ιωαννίδη*
9. **Αθάνατη Ιδέα**, *10 συγγραφείς - 10 διηγήματα για την Ολυμπιακή ιδέα*
10. **Η Εξομολόγηση**, *Αντώνη Δελώνη*
11. **Καλημέρα Θάλασσα**, *Φωτεινή Μυλωνά*
12. **Όπου ο ήλιος σπάει το ρόδι**, *Θέτη Χορτιάτη*
13. **Το μεγάλο όνειρο της Νίκης**, *Μπριγκίτε Μπλομπέλ*
14. **Κάθε τέλος μια αρχή**, *Μπριγκίτε Μπλομπέλ*
15. **Αγαπάει, Γιάγκο αγαπάει!**, *Φιλομήλα Βακάλη-Συρογιαννοπούλου*
16. **Το Φιλί της Γοργόνας**, *Φιλομήλα Βακάλη-Συρογιαννοπούλου*
17. **Στη γειτονιά του Θεού**, *Ζωή Κανάβα*
18. **Το πιο όμορφο ταξίδι**, *Λιλής Μαυροκεφάλου*
19. **Επείγον τηλεγράφημα**, *Μαρίας Βελετά-Βασιλειάδου*